Mal ehrlich!

Christina Hecke

Mal ehrlich!

Mein Blick hinter unser Leben

Patmos Verlag

VERLAGSGRUPPE PATMOS

PATMOS
ESCHBACH
GRÜNEWALD
THORBECKE
SCHWABEN
VER SACRUM

Die Verlagsgruppe
mit Sinn für das Leben

Für die Verlagsgruppe Patmos ist Nachhaltigkeit ein wichtiger
Maßstab ihres Handelns. Wir achten daher auf den Einsatz
umweltschonender Ressourcen und Materialien.

2. Auflage 2020
Alle Rechte vorbehalten
© 2020 Patmos Verlag
Verlagsgruppe Patmos in der Schwabenverlag AG, Ostfildern
www.patmos.de

Umschlaggestaltung: Finken & Bumiller, Stuttgart
Umschlagabbildung: © Steffi Henn/GLAMPOOL
Gestaltung und Satz: Schwabenverlag AG, Ostfildern
Druck: CPI books GmbH, Leck
Hergestellt in Deutschland
ISBN 978-3-8436-1218-0 (Print)
ISBN 978-3-8436-1234-0 (eBook)
ISBN 978-3-8436-1238-8 (AudioDownload)

Inhalt

Vorwort

Mal ehrlich ... Das Leben ist wie ein Warenhaus. Es gibt unendlich viele Angebote, und Sie haben die Entscheidungskraft, in ihr Körbchen zu packen, was immer Ihnen beliebt. Niemand zwingt Sie. Sie entscheiden, ob Nudeln, Gurken, Schokolade oder Fisch – denn auch, ob und was »gut« für Sie ist: Sie entscheiden. Auch wenn wir gelegentlich das Gefühl haben, in unserer Wahl *nicht* frei zu sein, weil Schlagworte wie »gesund«, »Diät« oder »Sucht« eine Rolle bei der Wahl der »Artikel« in unseren Warenkörben spielen, so ermutige ich Sie dennoch, zu Ihrer Autorität und Entscheidungskraft zu stehen und sage: Sie *haben* die Wahl.

Aus meiner Sicht haben wir *alles*, was sich in unseren Leben abspielt – ob bewusst oder unbewusst – selbst gewählt oder wenigstens mitgestaltet. Und sei es nur passiv durch ein Verhindern oder Wegschauen. Diese Verantwortung ist den meisten unangenehm oder unbequem. Bequemer ist es durchaus, wenn man im Hintergrund einen anderen, einen Schuldigen, hat, den man beim Fehlgang mancher Entscheidung entsprechend belasten kann.

Bevor Sie dieses Buch lesen, möchte ich Sie warnen. Nicht mit einer Drohung, nein. Es ist vielmehr eine liebevolle Aufmerksamkeit. Denn was Sie zu lesen bekommen, hat das Potenzial, ihre Sicht auf das Leben auf eine Art zu verändern, die Sie vermutlich nicht mehr zu dem Punkt zurückgehen lässt, an dem Sie sich zuvor glaubten. An manchem mögen Sie sogar Anstoß nehmen. Denn das, was bereits in Ihren

»Warenkörben« liegt, korrespondiert womöglich nicht mit dem, was Sie jetzt lesen werden.

Vorausgesetzt ist nur eines: Ihre Bereitschaft – Ihre Offenheit – sich der Möglichkeit zuzuwenden, dass es neben dem physischen Körper auch eine Seele gibt – oder allgemeiner formuliert: neben der Form auch etwas Formloses. Nur mal theoretisch: Wenn es eine solche Dualität gibt – Körper, also Materie, und Geist, also etwas Nichtmaterielles – und der Mensch sich von Geburt zu Tod *durchgeschlagen* hat, was geschieht dann mit dem Anteil, der *nicht* im Boden verbuddelt oder verbrannt wird? Was passiert mit dem Geist, dem Bewusstsein? Sie mögen jetzt sagen: Reinkarnation & Co haben schon andere vor mir thematisiert. Was soll daran neu sein? Stimmt. Neu daran ist gar nichts. Es ist nur meine Erfahrung damit. Unzählige grenzgängerische wie universelle, menschliche wie skurrile Momente und Erlebnisse in meinem bisherigen Leben haben in mir ein Weltbild reifen lassen, das eben keine Handlungen oder Gedanken ohne Verantwortung mehr zulässt. Sei es nur die Eigenverantwortung oder auch die damit verwobene Verantwortung des Einzelnen im Verhältnis zu und mit anderen. Denn der Einzelne ist nie getrennt vom Ganzen. Im Kern sind wir alle EINS. Nichts bleibt ohne Folgen.

Warum ich das so sage? Weil es Teil meiner Erkenntnis ist. Weil es wahr ist. Für mich. Weil wir alle auf Augenhöhe sind. Ob wir das zu unserer Lebensrealität machen oder nicht.

Da wir im Hinblick auf *Erkenntnisse* gerne den Abgleich mit bisherigen Erfahrungen suchen – die Orientierung an einer *Lösung* – möchte ich gerne noch eines vorausschicken: im Zusammenhang mit dem Aspekt einer *Lösung* haben wir die Tendenz, uns am *Perfekten* zu orientieren. Der Einstufung in *richtig* oder *falsch*. Aber *perfekt* gibt es nicht! Vielleicht ergeben sich *Antworten*. Aber *Lösungen* bietet es nicht. Schon alleine die eben erwähnte Dualität von Form und Formlosigkeit macht es unmöglich, dass je irgendetwas oder irgendwer *perfekt, richtig* oder *falsch* sein könnte. Es ist ein ständiger Vertiefungsprozess, ein Aufruf in der Verantwortung zu leben, dass alles, was wir tun, einen Fingerabdruck hinterlässt. Es ist ein ständiger Prozess der Bewusstwerdung darüber, dass alles zusammenhängt.

Es gibt nicht Nichts. Alles ist also: alles. Und darin gibt es nur die perfekte Imperfektion.

Dabei stellt sich nur die Frage, was wir mit dieser Verantwortung anstellen ...

Mich mit dieser beständig wachsenden Erkenntnis, dem zurückgewonnenen Gefühl von diesem EINS-Sein, der Allverbundenheit, auseinanderzusetzen, mich von der Sicherheit des Intellekts – einer antrainierten Intelligenz – zu lösen und auf meine *innere* Weisheit als Kompass N°1 wieder vertrauen zu lernen – das war eine Entscheidung. Eine wagemutige. Ein *Wagnis,* in das vermeintlich Unbekannte zu treten, und *mutig* genug, mich damit in den Wind zu stellen. Das war, und ist, ein Bewusstwerdungsprozess – ohne Drogen oder tagelanges Schweigen. Eine Entscheidung *mitten* im praktischen Leben neue Wege zu gehen. Es ist die Bereitschaft, die Augen dafür zu öffnen, was meine Seele mich sehen lassen kann. Nicht, was der Verstand mir zu erklären vermag. Es ist ein Loslassen. Ein Zulassen. *Urvertrauen:* das Einatmen der universellen Wahrheit. Dabei sind die Füße fest am Boden und gehen meine Schritte.

Ein vierjähriges Jurastudium hat mich spätestens gelehrt, was es heißt zu repetieren – wiederzugeben, was andere vor mir schon gesagt haben. Diese Form der Intelligenz – von vielen mit Intellekt gleichgesetzt – hat allerdings aus meiner heutigen *Erfahrung* deutliche Grenzen. Diese Laufrichtung der

Denkfähigkeit: vom Denken hin zum Leben – ist reaktiv. Analytisch. An Lösungen orientiert. Und damit begrenzt. Außerdem eröffnet sie die Idee davon, Wissen besitzen zu können. Umgekehrt sehe ich eine Wahrheit: vom Leben hin zum Denken. Dem Leben als Impulsgeber für den Verstand. Der Verstand als Diener, nicht Diktator. Diese Form der Intelligenz ist unerschöpflich. Es zählt das *Erleben*. Das Entdecken und Vertiefen. Von Moment zu Moment. Ein Leben in Präsenz.

Auf dieser Qualität basiert dieses Buch. Sie werden lesen, dass ich diesem Buch mein Leben als roten Faden zugrunde gelegt habe. Das soll aber weniger dem Zweck dienen, Ihnen mein Leben zu erzählen, um *mich* darzustellen, sondern vielmehr dazu, Phänomene unseres Zusammenlebens exemplarisch zu betrachten. Verstehen Sie dieses Buch gerne als ein Angebot. Es ist kein wissenschaftlicher Abriss. Kein angelesenes Wissen. Wenngleich das Leben mir als Ort des Studiums gedient hat. Es ist zum Anfassen. Es ist mein Angebot an Sie. Ein ehrliches.

Sie mögen es in Ihren Warenkorb legen, vielleicht nur einzelne Kapitel oder nur eine Zeile lesen. Oder Sie entscheiden sich, es gänzlich zu verachten oder zu ignorieren. Es ist Ihre Wahl. Richtig oder falsch erlaube ich mir in diesem Zusammenhang auszuklammern, da diese Bewertung weder für Sie noch für mich irgendeinen Sinn hätte. Es wäre nichts weiter als eine Erhöhung oder Erniedrigung, je nach Perspektive auf Sie oder mich.

Ich hätte Sie, mich, all diese Erkenntnisse und meine Liebe zum Leben und allem, was uns eint, verraten, hätte ich mich nicht eines Tages hingesetzt und angefangen zu schreiben. Es wäre mir als Zurückhaltung – wenn nicht gar Verantwortungslosigkeit – erschienen, es nicht zu tun. Eine Missachtung dessen, was wir sind: Liebe. Nicht romantisch, nicht verklärt,

nicht Hollywood. Sie ist purer Respekt, Harmonie, Stille –
und damit eine wahre Freude. Eine lebendige Leichtigkeit
und keine Behauptung. Diese Liebe ist aus meiner Sicht die
Basis, das Fundament für Ehrlichkeit und bietet damit das
Potenzial zu einer *gemeinsamen* Wahrheit zu finden. Sie ist
warm und haltend. Und vor allem: absolut! Sie existiert. In
Ihnen. In mir. In jeder und jedem. Auch wenn wir das manchmal bezweifeln.

Ich danke Claudia Lueg vom Patmos Verlag, dass sie mich
dazu angestoßen hat zu schreiben und unterwegs eine stete
Begleitung in diesem Prozess gewesen ist. Serge für seine be-
dingungslose Reflexion. Und vor allem meiner Frau Stefanie.

Aller Anfang ...

... beginnt mit dem ersten Schritt. Wir könnten sagen, dass hier auf dem Planeten doch eigentlich alles ganz gut läuft. Wir sind organisiert, strukturiert und funktionieren ganz gut. Und das, was nicht so gut funktioniert, sind wir stets bemüht zu thematisieren und zu verbessern. *Eigentlich* ... Da schwingt schon mit, was den Kern der Sache unmittelbar trifft. Es ist nämlich doch alles *irgendwie* dissonant. Ein Verbessern, das haben wir tausendfach aus unserer Geschichte gelernt, ist noch keine Richtungsänderung. Das ist, wie ein altes Haus wieder und wieder zu renovieren, aber die morschen Balken werden doch irgendwann brechen. Da hilft auch die schönste Farbe nichts. Dabei sind wir zwar bereit, den ein oder anderen Grundpfeiler auf seine Stabilität zu überprüfen, aber das Wagnis diesen Balken auch austauschen, gehen wir nicht ein. Manchmal muss man die Balken aber austauschen, um das Haus in eine neue Stabilität zu bringen. Das ist als wären wir zwar alle bereit loszulaufen – aber als hätten wir Angst oder kein Vertrauen, den ersten Schritt oder neue Wege zu gehen. In welche Richtung sollen wir laufen? Da sind wir orientierungslos. Gemeinsam?

Hier geht es schon los, denn das Gemeinsame ist nicht mehr spürbar. Das Individuelle, das ausschließlich mit dem unmittelbaren Umfeld zusammenhängt, das ist uns vertraut. Aber das große Bild – das *Wir* im Zusammenhang – ist verschüttgegangen hinter einer Perspektive, die das *eine* Leben auf den Abschnitt zwischen Geburt und Tod reduziert. Auf eine endliche Existenz, in der jeder versucht, nur sein eigenes Ding best- oder schlechtmöglichst abzureiten. Das obliegt jedem selbst. Aus der Perspektive dieser *Endlichkeit* und damit einer linearen Existenz herauszutreten und zu fragen, »ob das wirklich alles ist?«, würde gleichermaßen die Frage aufwerfen: »Ist das bisherige *Normale* wirklich die einzige Wahrheit?« Wieso sollten wir uns dieser Frage überhaupt stellen? Läuft doch, *irgendwie*! Hm: ehrlich? Wir hatten noch nie so viel hochentwickelte Technologie wie zurzeit. Alle paar Monate gibt es neue Smartphones … Aber: Haben wir unser *Zusammenleben* mit dem gleichen Engagement weiterentwickelt und tatsächlich *verbessert*? Wir fliegen zum Mond und produzieren künstliche Intelligenz – aber haben wir psychische Erkrankungen, Krebs- und Suizidraten, Gewalt untereinander im Griff? Früher gab es den Marktplatz, auf dem Menschen öffentlich angeklagt und auf dem Schafott verbrannt wurden – heute gibt es Twitter und »Shitstorms« im Internet, und das mit dem Schafott erledigen manche dann selbst. Die Methoden im zwischenmenschlichen Umgang sind *moderner* geworden – aber das Prinzip ist dasselbe geblieben. In diesem Punkt sind wir maximal damit beschäftigt, diesen Grundpfeiler unseres Miteinanders beständig neu mit Farbe zu bepinseln, aber keinesfalls damit, diesen auszutauschen. Wir übermalen, was wir unbedingt erhalten wollen. Vielleicht ist er noch nicht morsch genug?

Würden wir es wagen zu erkennen, dass es einer Restauration statt einer bloßen Renovierung bedarf, müssten wir grundsätzlich neue Wege gehen. Und dazu müssten wir einen *ersten Schritt* machen. Da dieser Schritt aber ins Ungewisse oder Unbekannte *gewagt* werden müsste, heißt es schnell: »Aller Anfang ist schwer!« Was genau ist eigentlich so schwer am ersten Schritt? Es liegt ein *Wagnis* darin. Mit einem Schritt in ein Gebiet vorzudringen, das eben keine Routine oder Erfahrungswerte vorweist. Augenscheinlich jedenfalls … Denn möglicherweise ist es auch so, dass wir eben doch schon eine Menge Erfahrungen gemacht haben und die »Angst« daher kommt, dass wir dem Braten nicht mehr so recht trauen. Wir projizieren schon unsere Bilder und Vorahnungen auf das vor uns Liegende oder haben auf die Verantwortung, die mit dem Betreten des neuen Terrains verbunden ist, von vornherein einfach keine Lust. Und: ZACK – wird es uns leicht gemacht zu sagen: »Es ist schwer!« Und so *wagen* wir nichts. Klagen lieber an, statt einen Richtungswechsel zuzulassen. Gehen den Schritt nicht – raus aus der Routine, da sie doch bis hierher »ganz gut funktioniert«. Und mit dem, was nicht funktioniert, gehen wir dann eben um. Wir *um – gehen* es. Wir haben eine große Palette an Gründen und Entschuldigungen zur Hand, warum wir es nicht einfach wagen. Das Unbekannte nicht einfach nur auf uns zukommen lassen und dem Leben *neu* begegnen. Und sei es nur das Argument der »Angst vor der Unberechenbarkeit« … Das ist ein bisschen so wie mit Kolumbus und der Kugelgestalt der Erde. Wenn man nicht mal losläuft, wird man nie erfahren, was es sonst noch zu entdecken gibt. Was also von dem bisher Geglaubten Nonsens und was an Unerwartetem möglicherweise bereichernd ist …

Mein erster Schritt in meine gegenwärtige Existenz, also eine weitere Runde auf dieser Welt zu wagen, beginnt auf eine Weise, die erstmal all diese negativen Befürchtungen bestätigt hätte. »Besser nicht loslaufen!« hätte die Warnung heißen können. Denn als ich auf die Welt komme, wird es für uns beide, meine Mutter und mich, erstmal »schwer« – so könnte man *werten*. Denn meine Mutter hätte bei meiner Geburt fast ihr Leben gelassen, da sich die Plazenta nicht gelöst und sie sehr viel Blut verloren hat. Meine Vorratskammer sozusagen oder die Küche (ein Ort an dem ich mich übrigens zeitlebens mehr als wohl fühlen werde), der uns beide verbindende

Sack, den meine Mutter in diesem Fall wohl nicht so recht loslassen wollte. Genauer betrachtet: mich oder unsere Verbindung wohl nicht recht gehenlassen konnte. Ich komme also hier an und habe schon die Aufgabe, mich einer Situation stellen zu müssen »Mein Leben zum Preis eines anderen ...?« Das ist doch mal eine großartige, erste Lernaufgabe! Selbst wenn mein kleiner, erster Schritt mit Mut und Freude gesetzt ist, so werde ich doch gleich mit der Erkenntnis konfrontiert: Andere hängen (im wahrsten Sinne des Wortes) auch damit zusammen. Und schon ist in diesem Bruchteil von Sekunden, in einem meiner ersten Atemzüge, das ganze Ausmaß des weltlichen Daseins offenbart: Es sind die Verletzungen, die Ängste und die möglichen Folgen, die wir zu meiden versuchen. Der stete Schrecken der drohenden Endlichkeit. Es ist ein bangendes, klammerndes Festhalten an einer *einzigen* Existenz. Ein weiterführendes oder übergreifendes Verantwortungsprinzip: unbekannt. Lieber halten wir uns an Begriffen wie »Schicksal« »Fügung« oder »Zufall« fest.

Was aber, wenn alles zusammenhängt? Was, wenn meine Mutter durch meine Geburt lernen durfte, ihr Leben anzunehmen? Sich »unabhängig« zu machen? Was, wenn ich lernen durfte zu erkennen: »Ich bin nicht *schuld*«? Lernaufgaben, vor denen wir stehen. Folgen unserer Entscheidungen zu sagen: »Was gibt es diesmal zu lernen?« Nicht mehr und nicht weniger. Faire Verantwortungsverteilung, wie ich finde!

Sie mögen sagen: »... da warst du doch noch so klein und kannst das alles gar nicht gewusst haben.« Ja, stimmt. Mit Wissen hatte das auch nicht viel zu tun. Aber mit Ge*wiss*heit. Meinem Gespür. Ich bin zwar noch winzig und habe gerade erst meinen ersten Atemzug getan, aber doch sind schon all meine Sinne voll ausgebildet. Ich nehme die Dinge wahr. Schmerz zum Beispiel. Oder Kälte. Ich habe doch zuvor auch schon eine Weile im Bauch meiner Mutter verbracht und wahrgenommen. Da habe ich mit an ihren Entscheidungen gehangen – ob sie mir gefallen haben oder nicht. Ihre Wahl der Nahrung kam ungefragt bei mir an. Vibrationen und Töne, Stimmungen und Gemütszustände. Fremde Hände, die den Bauch meiner Mutter berührt haben – also auch mich. Ich stecke zwar gerade in einem winzigen Körper, aber meine Wahrnehmung ist voll ausgereift. Und mein Hausaufgabenheft prall gefüllt.

Sie können jetzt selbstverständlich wissenschaftliche Theorien und Statistiken über meine Aussage ergießen – das obliegt Ihnen. Ich wäre an dieser Stelle nur in der misslichen Lage, dass ich, so ist das in einer Beweislast-Position, Ihnen etwas *beweisen* müsste, das ich nicht beweisen kann. Da mir die Dinge einfach nur *gewiss* sind. Derzeit ist mein einziger »Beweis« dafür, dass es so war: mein Bewusstsein – oder nennen Sie es ein tieferes Wissen, eine Angebundenheit. Das ist schier unmöglich zu beweisen. Es wäre natürlich einfacher für Sie und mich, hätte ich im Bauch meiner Mutter ein Handy dabeigehabt. Irgendetwas, um zu dokumentieren, was ich hier behaupte. Wir wissen gerade beide, dass das ein großer Blödsinn ist. Ich hätte damit ja auch nur einen Beweis über das Außen dokumentieren und nicht das Fühlen beweisen können. Also bleibe ich lieber bei dem, was mir bewusst ist, und unterziehe es keinem statistischen Analyseversuch. Es wäre ein Urteil über Richtig und Falsch. Und wie eingangs erwähnt, möchte ich uns beide da gerne raushalten. Denn das scheint mir ein weiterer, eiternder Stachel im Fleisch unserer Wahrnehmung zu sein: dass wir immer nach diesen Lösungen suchen. Uns gerne im Kampf um »Richtig & Falsch« verlieren, statt uns gegenseitig einfach mal zuzuhören. Und Aussagen erstmal nachklingen zu lassen, statt direkt mit möglichen Antworten zurückzuschießen, weil wir glauben, wir *wissen* es besser. Die vielen Perspektiven zu genießen – die so reich sind, so vielzählig, wie es Menschen gibt.

Außer meinem Gefühl von tiefer Verbundenheit, einer Art Urvertrauen, habe ich am Abend des 22. 02. 1979 nichts vorzuweisen. Der Beweis liegt also darin, dass ich *bin*. Nicht was ich *kann*. Nicht mehr – und nicht weniger. Wie ich da im Kreissaal in Stuttgart mein Leben beginne, liegt Schrecken in der Luft. Eine ganze Reihe an Informationen, vor allem aber: Lebensgefahr. Das drohende Ableben meiner Mutter. Mein Vater sitzt in einem Zug irgendwo zwischen Mannheim und Ludwigsburg mit Stromausfall fest. Mein erster Schritt ist zwar getan: Ich bin da. Aber schon hat die ganze Sache ein enormes Ausmaß. Nicht das romantische Papi-Mami-Kind-Bild. Versuchen Sie bitte erst gar nicht, hier ein Kindheitstrauma reinzuprojizieren. Ich bin damit vollkommen im Frieden. Ich trage nämlich noch keinen Vergleich in mir. Der wird mir erst später angeboten, durch ein Idealbild, wie es *hätte gewesen sein können*. Durch einen Abgleich mit dem, *wie es mal war* oder *wie wir es uns wünschen,* prägen wir unser Hier und Jetzt ständig! Wäre ich jetzt ein Erwachsener, würde ich nämlich vielleicht schon in Panik um das Leben meiner Mutter bangen, ich würde telefonieren, schreien, flehen, hilflos im Netz recherchieren: was weiß ich. Aber das Schöne am Neubeginn ist, dass bei all dem Wahrnehmen, der Unmittelbarkeit, noch eine Art »Stille-Bonus« im Gepäck liegt. Den habe ich mir ausgesucht mitzubringen. Der liegt in meinem Warenkorb. Ich weiß insgeheim: Egal, was passieren wird, es hat einen Sinn. Ob für meine Mutter oder mich oder für sonst wen. Ich weiß: alles seinen Rhythmus.

Auch wenn meine Mutter jetzt sterben sollte, auch wenn mir etwas passieren sollte – es ist alles gut. So, wie es ist. Wir kommen und gehen sowieso in denselben Zustand zurück. Den Zustand der Formlosigkeit. Alle. Eines Tages. Da bleibt keiner zurück. Das ist mir gewiss. Diese Liebe, das Gefühl von haltender, bedingungsloser und allumfassender Liebe ist das

Nest, aus dem ich gefallen bin. Und da bin ich kein Sonderling der Ausgabe »besonders liebender Mensch«, sondern ein Mensch wie jeder andere auch. Das ist ein tief verankertes Gefühl, ein Wissen, zu dem *jede und jeder* Zugang hat. Da bin ich mir sicher. Das spüre ich, wenn ich Menschen in die Augen schaue. Ob der Einzelne das wählt oder nicht. Da bin ich, wie gesagt, nichts Besonderes. Diesen Zugang habe ich mir *bewahrt*. Das ist alles. Der Beweis liegt damals schon darin, dass ich unter all dem Stress um mich herum diese Qualität *in mir* wiederfinden kann. Daran andocken kann. Ich trage sie in mir. Ich kann sie *atmen*. Ich bin ruhig. Ich bin leicht. Umgeben von einem sehr praktischen Handeln der zuständigen Schwestern und Ärzte, die sich bemühen auszustrahlen: »Wir haben das im Griff.« Aber fühlen tun wir alle: Das hier ist eine schwierige Situation. *Schwierig*, weil wir glauben, sie steuern zu müssen oder zu können. Wir wollen nicht, dass jemand stirbt, und das zu verhindern, ist die Aufgabe. Dazu gibt es ja die Medizin. Aber die Bedrohung für uns liegt gar nicht im Tod an sich, sie liegt vielmehr in dem Zusammenhang begründet, dass wir im Hinblick auf das Leben uns auf *eine einzige Existenz* begrenzt haben. Die Möglichkeit der Wiedergeburt ausgeschlossen haben. *Schwierig* ist in Wahrheit also zu akzeptieren, dass es eine Ordnung gibt, die wir nicht durchschauen können. Dass unser Geist reist, von Leben zu Leben. Dass *alles* nur ein Lernschritt ist. Ein Netz, in dem wir zusammenhängen, in dem alles seinen Rhythmus hat – in dem wir lernen dürfen. Alle. Für meine Mutter gilt es zu lernen: in das Vertrauen zurückzufinden und – loszulassen. Für mich gilt es, die Qualität des Seins nicht zu verlieren. Mein Urvertrauen. Und für die beteiligten Ärzte und Schwestern gilt es ebenfalls, ein Vertrauen in ihre Fähigkeiten, ihre Erfahrungen und Impulse einzunehmen und danach zu handeln. Denn ob ein Körper dann den medizinischen Angeboten folgt – meine Mutter also überlebt – oder ob er es nicht tut –

meine Mutter also nicht überlebt –, entscheidet sich ganz woanders. Nämlich auf der Ebene des Nichtmateriellen. Der Seelenebene. Nennen Sie es Seele, nennen Sie es Liebe, Gott. Die Frage nach der Begrifflichkeit ist die bekannte Gretchen-Frage. Denn Begriffe können so verwirrend sein, da sie durch so unterschiedliche Erfahrungen geprägt sind. Das Wort *Gott* alleine hat schon Nationen, Familien, ganze Kulturen gespalten. Weil man die Definitionsfindung darüber auf dem »Richtig & Falsch-Schachbrett« ausgetragen hat, sich womöglich hinter einer selbsternannten Religion versteckt und damit verteidigt hat – um sich schließlich folgenreich in deren Namen gegenseitig die Köpfe einzuhauen. Religionen wurden von Menschen geschaffen. Es sind Interpretationen dieses Nichtmateriellen, des Göttlichen. Es bleibt an uns zu vertrauen. Uns von den Vorgaben dieser Interpretationen freizumachen. An das Vertrauen zu unser aller Ursprung wieder anzuknüpfen, dem, »was die Welt im Innersten« – was *uns alle* – zusammenhält. Dieses Netz ist nicht erst seit Goethes »Faust« bewusst, der hier durchklingt. Das ist ein uraltes Wissen. Ein Vertrauen in unsere Impulse. In unser Sein. Das WIR, nicht das ICH in unser Handeln zu bringen. »Vom ICH zum WIR *durch* das ICH als Teil des WIR.« So würde ich resümieren.

Es ist das Gefühl von Urvertrauen, das mich trägt. Es ist wohl auch nur damit zu erklären, dass ich weder schreie noch weine. Ob meine Mutter geht oder nicht: Es ist gut so, wie es ist. Und auch sie spürt das. Das kommunizieren wir ohne Worte. Und es gelingt ihr loszulassen, und sie schafft es nach einer langen OP, gestärkt am Leben zu bleiben und ihre Entscheidung, erneut Mutter zu werden, anzunehmen. Ja, da gibt es schon jemanden, der ebenfalls Teil meiner Reise ist: meine ältere Schwester Martina. Und auch, wenn meine Mutter und ich an verschieden Orten in dieser Frauenklinik sind, man mich wäscht und versorgt und einpackt, während sie operiert wird, sind wir verbunden. Auch mein verzweifelt ankommen wollender Vater ist in diesem Netz verwoben. Wir alle hängen zusammen. Wir können uns natürlich auch auf die »menschliche Tragik« von Situationen reduzieren und versuchen zu steuern, was wir vielleicht gar nicht steuern können. Aber damit wären wir wieder auf diese *eine* Existenz reduziert, die sich linear am Horizont entlang zieht. Ohne eine tiefere Bedeutung, ohne Zusammenhang. Ein auf Endlichkeit ausgerichtetes, einmaliges Event. Ein Leben mit dem großen schwarzen NICHTS am Ende.

Es gibt nicht Nichts …

Schon allein die Tatsache, dass ich das erinnern kann, dass ich heute wieder so fühlen kann, dass ich diese Zusammenhänge sehen und wahrnehmen kann – beweist mir, dass es eine Ebene gibt, die mit materieller Fassbarkeit nichts zu tun hat. All das Praktische, Erfahrbare, Wunderbare auf dieser Welt *dient* schließlich dem Verständnis unseres Wachstums – der eigenen und damit auch der kollektiven Evolution auf der nichtmateriellen Ebene, nicht auf der materiellen. Auf die haben *wir* uns nur *reduziert*. Die Idee davon, dass es nur diese *greifbare* Welt gibt, in der wir ein buntes Durcheinander aus Tätern und Opfern, Freiwilligen und Unfreiwilligen, Herrschern und Beherrschten erleben, die haben *wir* geschaffen. Wir haben uns getrennt – und uns hinter dieser Reduktion verschanzt. Und damit haben wir eine Tür geschlossen, die wieder zu öffnen eine Offenbarung wäre. Denn nicht unser *Wille* ist Dreh- und Angelpunkt unseres Zusammenlebens, sondern es ist die *Quelle*, die wir mittels unseres freien Willens anzapfen. Wir entscheiden lediglich, was wir gerne hätten – der Rest wird uns gegeben. Zusammenhänge sehen zu wollen: das ist lediglich eine Bereitschaft. Die Zusammenhänge sehen zu können, ist dann ein tieferer Einblick, der mir gewährt, der mir *gegeben* wird. Die Zusammenhänge *nicht* sehen zu wollen: das kann ich ebenfalls mittels meines freien Willens entscheiden. Und alles, was dieser Entscheidung folgt, wird mir ebenfalls gegeben – und sei es nur die Identifikation mit dem Gedanken, selbst die Quelle allen Denkens zu sein. Wir sind Instrumente. Empfangsstationen. Das Programm machen andere. Wir wählen nur den Sender. Solange wir diese Verantwortung ablehnen, werden wir blind gehalten für die Wahrheit eines größeren Zusammenhangs. Und sei es aus der Bequemlichkeit der Verantwortungslosigkeit, des *Nicht sehen-Wollens*. Damit haben wir aber auch keine Möglichkeit, die Freude und Größe unserer Verantwortung zu erleben.

Wie ich wohl auf die Idee komme, dass das alles so ist, wie ich es beschreibe? Ich habe es erfahren. Ich weiß es. Heute wieder. Damals auch. Unterwegs habe ich das mal für eine Weile abgelegt. Mich dankend in die Veranwortungslosigkeit eingereiht. Die meisten Jahre meines Lebens, muss ich gestehen. Dieses Allverbundenheits- Urvertrauens-Dings war mir zu unbequem. Lästig gar. Es hat mir den Weg versperrt, »mitgehen« zu können. Auf der Radiowelle funken zu können, auf der die absolute Mehrheit dieser Bevölkerung funkt. Dem *Normal*. Der Begrenzung des *Nicht-sehen-Wollens*. Ich habe es sogar regelrecht bekämpft. Das zu erkennen, zu dem wieder zurückzukehren, was ich mal als wahr empfunden habe, als Kind, ist unglaublich kraftvoll. Der Tatsache, dass es noch eine alternative Funkfrequenz gibt. Ich wähle. Je nachdem, was ich will, muss ich nur den Sender wechseln. Es ist ein ewiger Kreislauf, in dem wir stecken. So wie das Leben ein Kommen und Gehen ist. Ein Trainingscamp für den Willen. Ein Hin und Her bei der Senderwahl. Welche Frequenz wählen Sie – Reduktion auf das enge Anfang&Ende-Prinzip oder Ausdehnung hin zur universellen Allverbundenheit? Es gibt immer eine Sendung.

Sollte Ihnen dieser Ansatz gänzlich zuwider sein, möchte ich gerne folgende Geschichte mit Ihnen teilen:

Eine Freundin von mir hat eine ganz bezaubernde Tochter. Als diese fünf Jahre alt war, kam sie eines nachmittags zu ihrer Mama gelaufen und sagte: »Ich hab dich soooo lieb!«. Worauf meine Freundin entgegnete: »Ich dich auch, mein Schatz!« Die Kleine wiederum: »Ich bin so froh, dass wir uns haben!!« – Schon mit leichtem Erstaunen, die Mutter zurück: »Ich auch, mein Engel!« – Und dann kommt durch das kleine Mädchen folgender Satz ans Tageslicht: »Weißt du – ich wollte ja schon mal zu dir. Da wolltest du mich nicht. Aber jetzt haben wir uns ja!« – Worauf meine Freundin erst erstarrte und dann in Tränen ausbrach. Denn sie hatte einige Jahre zuvor einen Schwangerschaftsabbruch vornehmen lassen, von dem außer ihrem behandelnden Arzt und ihrer engsten Freundin niemand wusste. Bis zu diesem Tag. Und mit *niemand* meint: niemand.

Das Leben schenkt uns so wunderbare Momente. Wahre Momente. Für mich ist dieser Moment des Lebens – neben vielen anderen ähnlicher Natur, die ich Ihnen jetzt dazu erzählen könnte, – der Beweis dafür, dass wir zusammenhängen. Das das Leben einen Kreislauf ist. Das folglich auch der Tod kein singuläres, getrenntes Ereignis ist. Bei der Zeugung eines Kindes geschieht weit mehr, als dass nur ein Ei und ein Spermium aufeinandertreffen. Es braucht einen reinkarnationswilligen Geist. Den Anteil, den wir später nicht begraben oder verbrennen können, wenn das Herz aufhört zu schlagen. Das ist nochmal was anderes als die Seele. Die können wir nicht vergraben. Die Seele ist dem Geist eine ewige Lehrerin, bis die beiden wieder vereint sind. Dazu nochmal Goethe: »Zwei Seelen wohnen, ach, in meiner Brust!« Die Seele ist immer bereit, sich dem großen Gemeinsamen wieder zuzuwenden. Vielmehr sich immer weiter hinein zu vertiefen in das große Ganze, denn sie bildet ein Teil davon. Der Geist hingegen (im englischen *Spirit*, das ist mir geläufiger) ist der Anteil, der sich abgewendet hat. Der sein eigenes Ding machen will. Der die Radiofrequenz »Reduktion« gut findet und durch die Programmwahl ständig unterstützt. Und genau diese Zerrissenheit, einerseits »Mein-eigenes-Ding-machen« zu wollen, andererseits aber zu spüren: »Da gibt es noch was anderes«, das ist die tiefe Trennung, unter der wir leiden.

Deshalb die Reinkarnation: damit die Seele dem Spirit (oder Geist) Lehrerin sein kann, sich wieder zu vereinen, sich zurückzu*verbinden*. Diese Differenzierung zwischen Seele und Geist ist wichtig. Denn sie erklärt diese innere Zerrissenheit, die im Goethe-Zitat mit den *zwei* Seelen benannt wird. Es ist der Geist, der durch die Seele wachsen kann, es aber meist einfach nicht will. Keinen Bock! Zu stolz ... Entscheidend ist also die Bereitschaft, die Erkenntnis darüber zu gewinnen und zu vertiefen, dass es noch eine andere Frequenz gibt, auf der wir »gemeinsam« funken. Dass es neben dem Menschlichen, der Materie, also auch die Seele, das Nichtmaterielle, gibt. Um diesen Unterschied lesen zu lernen und zu verstehen, haben wir unsere Körper. Damit wir *bewusst* die Sender zu unterscheiden lernen und bewusster werden in unserer Wahl. Das sind die *Instrumente,* die sensibilisiert sind für die verschiedenen Sendungen, die uns angeboten werden. Sensibel genug um uns zu lehren, von welchem Ort aus wir entscheiden: vom Geist oder von der Seele. Wozu sagen wir Ja?

Wir sind ein Haufen von Teilchen. Diese Teilchen reagieren auf Energie. Das ist wie in der Quantenphysik: Teilchen reagieren auf Energie. So also auch unsere Körper. Auf denen lernen wir – vielmehr: *durch* sie lernen wir. Nur weil uns diese Wahrheit abhandengekommen ist, vielmehr: weil wir sie eingetauscht haben gegen die Arroganz unseres Denkens, wir seien die »Hersteller« und nicht die »Konsumenten«, funken wir fröhlich auf der Radiofrequenz *Reduktion*. Die ist bequemer als *Ausdehnung* und *Vertiefung*. Aus dieser Motivation der Bequemlichkeit leben wir.

Und so behandeln wir auch unsere Körper, unsere hochsensiblen Instrumente. Wie auf abgehalfterten Klampfen von Straßenmusikern schmettern wir drauf rum, hauen sie in die Ecke und verfluchen sie, wenn sie nicht so klingen, wie wir das wollen. Statt sie wie Stradivaris wertzuschätzen, zu pflegen und mit derselben Liebe und Achtsamkeit zu behandeln, wie wir ein Baby auf dem Arm halten. Wir gehen willkürlich und wahllos mit diesem Geschenk um. Dabei sind wir ständig von der Magie des großen Ganzen umgeben und bereichert. Unsere Körper sind die Resonanzböden dafür. Nur, ob wir diese Göttlichkeit, deren Schönheit und den Zusammenhang des gemeinsamen Ursprungs sehen oder hören wollen – oder mit welchem der fünf Sinne auch immer wir das erfahrbar machen wollen –, ist eben wieder so eine Entscheidung … Der sechste Sinn ist ja auch noch zur Verfügung. Es ist der Sinn der Erfahrbarkeit von Klar- und Hellfühligkeit, also der Zugang zur Welt der Energie. Dem uralten Wissen. Er lässt Sie ganz praktisch wahrnehmen. Wenn Ihnen beispielsweise jemand gegenübersteht, der Sie zwar freundlich anspricht, aber unter der Haut eine andere Motivation hegt, werden Sie das deutlich spüren können. Sei es eine unterdrückte Wut oder dass derjenige Sie eigentlich nicht mag oder manipulativ etwas von Ihnen will. Diese Hellfühligkeit, die Erfahrbarkeit von Energie ist kein Hokus-Pokus. Wir tragen sie in uns. Diesen Sinn wieder mehr anzukurbeln, wäre vielleicht Motivation genug, häufiger mal den Sender zu wechseln!

Was uns den Senderwechsel schwer macht, ist die Tatsache, dass wir tief in Zeit und Leistung verstrickt sind. Angebote des Senders N°2 mit dem Namen *Reduktion*. Weitere Resultate dieser Senderwahl sind, dass wir unsere Ursprünge verneinen; unsere Empfangsbereitschaft für Sender N°1 mit Namen *Ausdehnung* abgelegt haben. Dass wir unsere Denkfähigkeit – genauer gesagt: unseren Intellekt – als einzige wahre Instanz anerkennen; dass wir das Denken *über* unsere Körperintelligenz, unser von Innen geleitetes Wissen – letztlich die Fähigkeit zu *fühlen* gestellt haben.

Wenn ich von *Fühlen* spreche, meine ich nicht reaktionsgeladene Emotionen. Da möchte ich gerne einen feinen Unterschied zu den Gefühlen machen, die vom Körper kommen. Die aus der Stille, dem Empfangen geboren sind. Die eine Beobachtung sind – Impulse aus dem Zusammenhang des großen Ganzen. Aus der einen Wahrheit, die das vereinte Wissen unserer Seelen repräsentiert. Das ist für mich wahre Intelligenz. Oder welche Worte würden Sie wählen für Dinge, die Sie »erahnt« haben? Was ist eine Ahnung, die sich nicht auf anerzogenes Wissen berufen kann, anderes, als ein Wissen ohne vorherige Bildung durch das Außen? Im Gegensatz zu Emotionen, die sich als Reaktionen auf Verletzungen, Erregungen oder Überschätzung durch Dritte aus dem Individuum ergießen, und sich nicht frei vom Außen entwickeln.

Kennen Sie das: Da rasten Sie in einem Moment vollkommen aus, und im nächsten fragen Sie sich: »Was war das denn«? Woher, glauben Sie, kommt das? Einfach aus dem Nichts? Oder wäre es möglich, dass Ihnen dieser Ausraster gegeben werden konnte, weil Sie an einer ungeheilten Verletzung oder ungestillten Erwartung festgehalten haben und damit Tür und Tor aufgerissen, Sie zu einem Berserker werden zu lassen? Das Abgeben Ihrer Verantwortung in allen Situationen ist eine Einladung an das Chaos und die Bequemlichkeit. Alles Angebote des Senders N°2. Warum ich die Sender mit N°1 und N°2 bezeichne? Simpel: zuerst waren wir *eins*. Das ist Programm auf dem Sender N°1. Dann kam die Trennung und damit die Sendung auf Kanal N°2.

Nur weil wir *Erwachsenen* schon »groß« sind, maßen wir uns an zu glauben, dass wir alles wissen, das Leben im *Griff* haben. Und dass die *Kleinen* nichts mitbekommen. Ein Glaubenssatz. Das Gegenteil ist der Fall. Das macht vielleicht die Angst aus, die uns immer wieder an der gemeinsamen Wahrheit zweifeln lässt. Die Kleinen sind die Kolumbusse und wir die Zweifler. Wir wollen alles erklärbar haben. Damit wir das Gefühl von Kontrolle und »Steuerbarkeit« oder wenigstens Kalkulierbarkeit aufrecht erhalten können. Die Angst davor, in unserer Reduktion auf das Erklärbare, Beweisbare, Nachvollziehbare entlarvt zu werden, ist zu groß. Wir wollen nicht dastehen und sagen müssen »Ich weiß es nicht. Da müsste ich mich mal zurücklehnen und zuhören, welche Antwort kommt.« Diese Blöße würden wir nicht verkraften. Die Blöße: das nackte Ehrlichsein, ist uns unangenehm, weil wir mit allem *identifiziert* sind. Mit unserem Wissen, unseren Emotionen, dem Ich. Dem identifizierten *Geist*, der seine Verantwortung innerhalb des großen Zusammenhangs ablehnt. Der manchmal eben schlicht keinen Bock hat. Der würde das nicht verkraften: das Zugeständnis, dass es da vielleicht mehr gibt, als der Verstand berechnen und erfassen kann. Nein! Wir haben doch schon so viel in diese Fähigkeit des Denkens investiert! Das würde sich nicht rechnen. Dann müssten wir ja mal anhalten und uns öffnen. Uns auf Empfangsbereitschaft für die Frequenz N° 1 bringen, statt immer nur *selbst* zu senden oder sich berieseln lassen zu wollen. Das ist nämlich das Versprechen, mit dem die meist gehörte Radiostation N°2 lockt: der Ruhm und die Identifikation. Auf dieser Frequenz bekommen wir das Gefühl vermittelt, dass wir *selbst* die Sender sind. Und das liebt der Geist. Die Seele hingegen ist losgelöst von alldem. Die braucht das nicht. Die weiß: Es gibt nur uns alle als großes Ganzes. Und bietet also ihren Beitrag dazu an.

»Kindermund tut Weisheit kund.« Das ist ein Spruch, den wir nicht ernst nehmen. Nicht, weil wir nicht können, sondern weil wir nicht wollen. Denn diese Sensibilität, die Welt auf einer anderen als der rationalisierten Ebene zu sehen zu wollen, haben wir kollektiv als wenigstens »zweitrangig«, wenn nicht gar als »nicht wert« abgeschüttelt. Wir setzen stattdessen lieber auf studiertes Wissen und verdrängen, was uns einst gewahr war. Was hier sichtbar wird ist, dass das *Leistungsprinzip* als oberstes Gebot akzeptiert wurde. Genau da liegt der Finger auf einer der Wunden unseres Miteinanders: Wir identifizieren uns über das TUN, nicht das SEIN. Denn: etwas wissen, ohne zuvor etwas dafür getan zu haben?! Eine Unmöglichkeit in unserer durch schulische und hierarchische Strukturen geprägten Pyramide an *Wichtigkeit*. Kein Zeugnis = kein Können. Eine Mühle, die wir alle durchlaufen mussten. »Beweis erstmal, dass du was gelernt hast!«

Verstehen Sie mich nicht falsch. Ich liebe das Leben. Und ich scheue keine Taten. Mein Tagesablauf ist prall gefüllt. Und es liegt mir fern, hier irgendwas oder irgendwen zu verurteilen oder das Leben schlecht zu reden. Im Gegenteil. Ich frage nur nach den Motivationen. Ich spreche aus der Perspektive der Wertschätzung und vor allem einem tiefen Verständnis für all das im Leben, was auch ich erfahrbar machen konnte. Ja, auch für die scheinbar unschönen Dinge. Es ist der Respekt vor dem freien Willen eines jeden Menschen. Die Perspektive der Akzeptanz einer Ordnung, die mir zu durchdringen mit dem Verstand definitiv nicht möglich ist. Aber spürbar ist sie. Es gibt tausend Ereignisse, die ich nicht gut finde, die wehtun, die erschrecken und verletzen. Sollen sie ja auch. Damit wir ihn ja nicht machen: den ersten Schritt …

Und auch *das* ist Teil von allem. Meine Aufgabe – oder unsere, wenn Sie sich schon jetzt anschließen möchten –, ist es, in dieser Ordnung unseren Platz zu finden. Immer wieder aufs Neue. Und dabei für die Werte einzustehen, die uns gewahr sind. So geht es mir eben auch schon in meinem winzig kleinen Leichtbau am 22. 02. 1979, als ich gegen 19 Uhr meinen ersten Schritt in dieses Leben gewagt habe. Mit all dem Wissen. Mit all der Verbundenheit. Und mit meiner Wahl der beiden Menschen, die ich mir für dieses Leben als Eltern ausgesucht habe. Ohne vorher jemanden dazu befragt zu haben, ohne Schulbildung, ohne Beweise, ohne Wissenschaft. Also ich jetzt. Zu diesem Zeitpunkt meiner Inkarnation. Meines Lebensbeginns als Christina Hecke. Einfach nur, weil ich bin. Und das für den Moment auch erstmal total erschöpft. Weil mir das alles um mich herum eben nicht entgangen ist. In diesem Gefühl bade ich, während ich mit meinen paartausend Gramm eingewickelt drauf warte, was meine nächsten Schritte – damals vielmehr noch Atemzüge – wohl bringen würden …

Kindertage:
Mädchen – jaah.
Bübchen – boah!

Den ersten Schritt habe ich – so befinde ich – also zunächst ganz gut gemeistert. Aber einmal begonnen zu gehen, hört es ja nicht auf. Jedem Schritt folgt ein nächster. Einmal eingeatmet, geht das beständig weiter. Einatmen, Ausatmen, Einatmen, Ausatmen. Und mit jedem Atemzug werden wir aufgefordert zu entscheiden, welche Frequenz uns leiten soll. Dur oder Moll. Coole Hits oder konsequente Wahrheit. Und darunter schlägt unser Herz. Beständig und im Takt der Qualität unseres Lebens. Unserer Entscheidungen. Des Einatmens, also dem Tanken von Qualität, und dem Ausatmen, also dementsprechenden Handeln. Damit gehen wir unsere Schritte. Das ist das beständige *Workout* unseres freien Willens. Grundsätzlich verwenden wir den Begriff Workout für eine auf ein Ziel ausgerichtete Maßnahme. Also: was ist das Ziel dieses Trainings? Vielmehr die Frage: *Wohin* gehen wir denn? Das ist eine ziemlich gute Frage …

»Wenn zwei Menschen an einem Punkt – nehmen wir den Alexanderplatz in Berlin – loslaufen. Und einer bis nach Potsdam und der andere bis nach Paris läuft. Wer ist weiter gekommen?« Wir würden sagen: »Naja, derjenige, der bis nach Paris gelaufen ist.« Korrekt. Das ist, in Kilometern ausgedrückt, richtig. Also in der *Quantität*. Aber selbst, wenn beide

Personen einmal um den Globus rumlaufen – wo kommen sie denn an? ...«Na, am Alex.« Dort, wo sie losgelaufen sind. Wenn sie glauben, dabei geradeaus gelaufen zu sein, ist das schon eine Illusion. Die Erde ist rund und dreht sich im Kreis. *Wir* bewegen uns im Kreis. Um den Globus herum, wenn Sie so wollen. Das Leben verläuft nicht linear. Es ist so simpel, und wir wollen es einfach nicht begreifen, weil das Wettbewerbsprinzip uns so fest am Wickel hat. Fakt ist: Wir gehen *nirgends* hin. Es ist so absurd, wie wir denken, dass es immer irgendwo *hin*geht. NO WAY. Wo wollen Sie denn auch hin? Wir kommen aus dem Diskurs Leben nicht raus. Weil wir aber in ein Flugzeug steigen können und dann an einen anderen Ort gelangen, glauben wir, wir wären raus aus dem Zusammenhang unseres Lebens. Befreit von den Problemen, die zu Hause stattfinden. Mit denen hängen wir aber zusammen, egal, wo wir uns aufhalten. Es ist eine Illusion, dass wir irgendwo *hin*gehen, uns auf einer Geraden bewegen. Diese Illusion kennen wir nur, weil wir Geburt und Tod als Lebenslinie mit Anfangs- und Endpunkt denken statt als Kreislauf. Höher, schneller, besser – also Wettbewerb und Konkurrenz – alles, was sich darauf aufbaut, stößt irgendwann an ein Limit. Wie schnell soll ein Mensch noch laufen können? Wie hoch sollen Häuser, wie schnell sollen Autos noch werden? Es wird ein Limit geben. Aber solange das nicht erreicht ist, versuchen wir die Körper zu dominieren, alles aus ihnen rauszuquetschen, unsere Denkfähigkeit zu disziplinieren, um noch mehr erwirtschaften, noch mehr erfinden, noch mehr *wissen* zu können. Wir lieben Komplexität. Wir tun letztlich alles, um nicht akzeptieren zu müssen, *dass* wir uns im Kreis drehen. Dass es nur die Qualität zu vertiefen gilt, in der wir leben. Simplizität. Wir müssen nicht beständig Lösungen hinterherhecheln, die wir als Fixpunkte auf einer Geraden angenommen haben. Tiefer, weiser und gegen die Zentrifugalkraft dieses Leistungsprinzips, dass uns von unserem Bewusstsein im inneren

Kern immer weiter hinaus in das Außen katapultiert, mit seiner Ausrichtung auf einen nimmer endenden Horizont des Höher & Schneller & Besser. Die Karotte *Endlichkeit*, die bedrohlich vor unserer Nase baumelt, wäre für immer passé. Aber das ist schon Schritt 48 vor Schritt 1. Denn die Dualität unseres Bewusstseins überhaupt erstmal anzunehmen, ist eine Hürde, vor der viele stehenbleiben. Ich höre in dem Zusammenhang oft den Satz:»Ja, schön, dass du das so sehen kannst. Ich kann das nicht.« Ich habe dann immer das Gefühl, es wäre ehrlicher von ihnen zu sagen »Ich will das nicht.« Denn an der herkömmlichen Sichtweise festzuhalten, schafft eine kurzfristige Befriedigung, weil es dem Spirit (oder Geist oder Ego) nützt. Weiterhin wirtschaftlich: weiterhin wettbewerbstauglich. Doch während alle die Ellenbogen ausfahren und auf Überholung im Außen drängen, atmet das Universum, dehnt sich ständig aus. Und offeriert uns damit ebenfalls beständig, in die Ausdehnung zu gehen. Nach innen. Vertiefend. Während wir versuchen *festzuhalten,* was geht! Mit dem kleinen Funken Hoffnung auf ein wenig Sicherheit … Weil wir unsere eigene Größe, und damit unsere Verantwortung, scheuen.

Und was wir eigentlich damit anstellen ist fatal: Wir geraten immer mehr in die Umlaufbahn unseres Selbst und damit auch immer tiefer rein in die *Form*, die Materie, und in die Reduktion auf das ausschließlich Menschliche. Geprägt von der Idee von Zeit. Von Anfangs- und Endpunkt. Ein philosophischer Weiser hat mal gesagt: Es ist ja die Erde, die sich dreht, und wir sind es, die wir uns an einem Punkt aufhalten. Und während sie sich dreht, sehen wir eben manchmal die Sonne und manchmal den Mond. Das nennen wir dann Tag und Nacht und glauben deshalb, dass es Zeit gibt. Aber genauer betrachtet ist das eine Illusion. Es ist eine Richtmöglichkeit, um im menschlichen Dasein Orientierung zu finden. Aber universell betrachtet gibt es keine Zeit. Es gibt nur Ausdehnung. Kreisläufe und Himmelsrichtungen. Und die Sterne. Und wir mittendrin.

Ich weiß – das mag jetzt für den einen oder die andere nach der ultimativen Spaßbremse klingen. Denn es nimmt dem Wettbewerb, der Identifikation mit dem Materiellen, dem Menschlichen -letztlich jeder Energie von Konkurrenz und Vergleich den Atem. Aber verstehen Sie die Leichtigkeit dahinter? Es lädt etwas ganz Neues oder besser Altes ein: Vertrauen. Wertschätzung für jeden Einzelnen fern von seiner *Leistungs*fähigkeit, dem ständigen Getrieben-Sein im Besser & Schneller des Leistungsprinzips. Sehen Sie das Ausmaß?! Den Sinn der wissenschaftlichen Forschung beispielsweise könnten wir auf diesem Fundament neu definieren! Es ginge nicht mehr darum, ob wir Preise für unsere Entdeckungen erhalten, berühmt werden oder viel Geld verdienen, sondern schlicht nur darum, ob und wie uns die entsprechende Errungenschaft als *Gesamtem* dient: ob sie uns *gemeinsam* voranbringt.

Schon während meiner ersten Lebenstage wird das Ausmaß der Reduktion auf das Menschliche zum Thema Forschung und wissenschaftlicher Erkenntnis für mich zu einer lustigen Erfahrung. Meine Eltern haben zunächst keinen Namen für mich! Nicht, weil sie einfallslos waren – sie hatten nur etwas anderes erwartet. Ein Stefan war geplant. Die moderne Medizin hatte nämlich ein Jungen prophezeit – und dann kam ein Mädchen. Baby Hecke steht also erstmal auf meinem Armbändchen. Alleine mein Geschlecht löst schon die erste Irritation aus. Nun: Ich bin eben ein Mädchen! Ich freue mich übrigens, dass ich später mit Christina neu betitelt werde. Mag ich, den Namen. Meinen Eltern wurde halt was anderes in Aussicht gestellt. Die Diagnostik hat sicher schon so manches Familienglück an dieser Stelle irritiert. Zu meiner Freude freuen sich die beiden über mich. Aber ist das nicht lustig? Da öffnet sich schon die nächste Kiste des menschlichen Beisammseins. Mädchen – joah. Bübchen – boah! Nur ein Klischee? Ich erlaube mir hier leise die Frage: Wie ist das denn im *menschlichen* Sinne mit der Wertegleichheit von Lebewesen? Energetisch sind wir eins. Fein. Aber wie sieht das Zusammenleben in der Praxis aus? Fakt ist: Wäre ich in einem anderen Kulturkreis geboren, hätte man mich vielleicht nur aus diesem einen Grund schon entsorgt, *weil* ich ein Mädchen bin. Diese Lernaufgabe habe ich mir offensichtlich für dieses Leben nicht ausgesucht. Aber ist es nicht spannend: Schon mit dem ersten Atemzug sind wir nicht mehr frei! Familie, Geschlecht, Herkunft, Bildungsgrad, Stand und politische Ausrichtung, kurz: wir werden beklebt mit hausgemachten Etiketten, die uns mit Rechten und Pflichten konfrontieren. Ob wir die schlussendlich annehmen, liegt bei uns, aber entziehen können wir uns ihnen zunächst nicht. Alleine die Tatsache, dass sich das Wort Geschlechterkampf in unserem Sprachrepertoire wiederfindet, ist doch traurig. Wie wäre es mit »Geschlechterinspiration«? Ich kann nur sagen, dass mir diese Zuschreibungen als kleines Mädchen völlig schleierhaft sind. Im Laufe meines jungen Lebens muss ich lernen, dass man mich kategorisiert mit Attributen, was *typisch* für ein Mädchen ist und was nicht. Mir werden tausend Schablonen vorgelegt, wie sich ein Mädchen oder eine Frau zu verhalten haben oder nicht. Dieses Repertoire gibt es auch für die Jungs. Logo. Da sind wir schon sehr einfallsreich. Erfahrungswerte der Großen werden zu Richtlinien für die Kleinen. Es ist die ständige Wiederholung von Glaubenssätzen, die wir nicht hinterfragen. Entschuldigen Sie, dass es mich hier gerade würgt. Aber die Regeln der Reduktion sind schon verdammt eng.

Beispielsweise gab es für mich früher nichts Spannenderes, als bei unserem Nachbarn, einem sehr lustigen, älteren Herrn, im Keller zu basteln. Oder Kaulquappen mit ihm zu züchten oder angeln zu gehen – eben die Welt zu entdecken. Alles Handwerkliche, Dinge zu reparieren oder zu bauen, hat mir große Freude gemacht. Mein größtes Erlebnis war, als ich als Sieben- oder Achtjährige an einem Weihnachtsabend alleine mit dem Werkzeug meines Vaters ein Radio gänzlich zerlegt und es anschließend wieder zusammengebaut habe. Und: es hat noch funktioniert! Obwohl ein paar Kleinteile übriggeblieben sind. Als ich das präsentiere, wird meine Freude schon mit:»An dir ist ein Junge verlorengegangen« kommentiert. *Etikettiert.* Sowas machen sonst nur Jungs. Was soll das? Ich werde an einer Norm gemessen. Ich bin aber keine NORM. Ich bin. Ich. Und so wie ich bin, bin ich wundervoll. Ein einzigartiger Winkel des Universums. Davon bin ich als Kind überzeugt. Damals kann *ich* das noch spüren und trabe auf den lieblosen Kommentar hin nur motzig davon. Mir schmeckt diese Bewertung nicht. Das kann für mich nur spürbar sein, *weil* ich in mir ein Wissen über die Wahrheit unseres Zusammenlebens trage, das mir sagt:»Ich bin nicht diese Etikette. So wie ich bin, bin ich prima.« Ich höre auf die Frequenz, die mir zufunkt:»Glaub nicht denen, vertraue dir selbst!«. Wie sonst hätte ich einen Referenzpunkt dafür, dass diese Beurteilung nichts Wahres ist? Die Andockstelle für die gemeinsame, universelle Wahrheit haben wir alle. Jeder, jede andere kann das genauso fühlen wie ich damals als Kind. Nur *leben* wir nicht danach. So hinterlässt jeder kleine Angriff auf diese Unbeschwertheit in mir eine kleine Wunde. Einen kleinen Knacks. Noch ist mir nicht klar, was das langfristig bedeuten wird …

Ich kann nur sagen: Ich liebe es, ein Mädchen zu sein. Ein Mädchen, das eben Radios auseinanderbaut, Puppen nicht mag und lieber auf Bäumen rumklettert. Und? Wieso ist diese Entdeckerfreude nicht der einzig relevante Parameter, unter dem ich mich bewegen darf? Erziehung orientiert sich oft gar nicht an den Qualitäten der Heranwachsenden selbst. Stattdessen stellen wir Regeln und Maßstäbe auf, um Messbarkeit zu ermöglichen. Wir geben oder fordern für alles ein Zeugnis oder einen Führerschein. Nur für die Erziehung eines Kindes nicht. Ob als Eltern oder Lehrer – welche Grundlage schaffen wir für unser Zusammensein, wenn wir einander immer nur an vorgegebenen Maßstäben abgleichen und vergleichen, statt das eigene Wesen und Potenzial wahrzunehmen? Auch das ist Teil des Spiels »Leistungsprinzip«. Da stecken wir drin bis zum Hals. Ab wann wird abgestillt, ab wann muss das Kind sprechen können, ab wann muss es laufen, rechnen, Flöte spielen können? Wir etablieren Richtwerte. Welche Titel die auch immer tragen. Für wen machen wir das, außer für unsere eigene Einordbarkeit, unsere Schablonenregale? Es dient letztlich nur unserer eigenen Sicherheit und damit dem Systemerhalt des Sicherheitsdenkens. Wir Erwachsenen meinen, wir müssten führen, einstufen können, urteilsfähig sein. Unseren Umgang mit den Dingen und den Menschen erklären können. Aber ich, gerade aus der Perspektive eines Kindes, kann ich sagen: »Verantwortung: super! Aber ich mag nicht *bewertet* werden! Ich will in keine Box gequetscht werden. Ich will mich ausdehnen! Ich fange doch gerade erst an zu blühen!« Vielleicht haben Sie das ja auch in irgendeiner Form erlebt. Bewertung. Ob gut oder schlecht. Sie prägt. Wir sind alle durch eine Erziehung gegangen und haben alle mehr oder minder unter den vorgelebten Schablonen und schulischen Strukturen gelitten oder sie fröhlich bedient. Beides mögliche Wahlen für oder gegen Eigenverantwortung. Aber statt diese Schablonen zu entlarven, geben wir sie fröhlich weiter an die nachfolgenden Generationen.

Wieso hinterfragen wir das nicht? Mochten Sie das als Kind all diesem »Richtig & Falsch« ausgesetzt zu sein? »Später werden wir uns gegen die Bewertungen von außen auf heroische Art und Weise zur Wehr setzen«, so denken wir als Kinder noch! So denke ich damals auch, als ich mit meiner Bastelfreude auf Jungenhaftigkeit reduziert werde. Aber schon die Reaktionen auf diese ersten Prägungen verstricken mich so tief, dass ich ab da glaube, mich »freischwimmen« zu müssen. Diese späteren, pubertären oder lebenslangen Rebellionen sind ein sich im Kreis drehendes Model. Es ist die Reaktion auf die Reaktion auf die Reaktion. Letztlich »verbessern« wir vielleicht unser Dasein aus unserer Sicht, aber das Fundament ist dann schon lange nicht mehr unsere *wahre* Kraft. Es wird die eines Kriegers oder einer Kriegerin sein. Es sind nämlich die kleinen Dinge, die stetig auf uns einwirken, deren Prägung wir *annehmen*. Mit jeder Entscheidung. Freier Wille. Für oder gegen die innere Wahrheit …

Als junges Mädchen mache ich noch andere Dinge, die nicht in die mir vorgelegte Schablone passen. Ich möchte beispielsweise die Haare kurz tragen. Bei meiner Einschulung später brüllt dann ein Mitschüler, als ich mich vorstelle: »Wie, das ist'n Mädchen?«. Auch dieser Junge: ein geprägtes Wesen. Nicht nur ein MITSCHÜLER. Da zieht die gedankenverlorene Weitergabe von Wertungen und Schablonen seine Kreise. Ein wahrscheinlich ganz sensibler, feiner Junge ist schon so von Bildern geprägt, dass er mir *volle Breitseite* diesen Spruch verpasst. Und das scheppert ordentlich in mir. Wahrscheinlich nochmal mehr, weil ich mich mit dieser blöden Wie-sind-Jungs-und-wie-sind-Mädchen?-Etikettiererei eh schon rumschlagen muss. Mir wird das Gefühl vermittelt, mit mir sei was nicht in Ordnung. Ich sei in irgendeinem Punkt *falsch*. Kennen Sie das? Da hat jemand etwas Hässliches oder Wertendes über Sie gesagt, als Sie noch Kind waren – vielleicht sogar jemand, den Sie mochten. Womöglich nur in einem Nebensatz. Vielleicht einen Satz wie: »Lass das mal, du hast eh keine Ahnung. Ich mach das« oder: »Das kannst du nicht. Du bist ein Mädchen.« Und schon ist sie da, die Offerte der Entscheidung: Nehmen Sie das Paket »Wertlosigkeit« an, sinken ins Drama des Daseins und verhärten sich in Reaktionen – also übernehmen diesen Glaubenssatz und verbuddeln ihr Selbstvertrauen? Halten Sie also für den Rest des Lebens an einer Aussage fest, die eine Person Ihnen gegenüber getroffen hat, die alles, nur nicht wirklich *Sie*, also ihr wahres Wesen kennt und Sie mit einem nicht-wertschätzenden Blick angesprochen hat? ODER durchdringen Sie das Spiel, bleiben bei sich und in dem tiefen Vertrauen darauf, dass Sie spüren, dass das nicht stimmt – dass dieser dumme Spruch nicht zu Ihnen gehört. Dass er zu dem Ich-bezogenen Sender N°2 gehört, der Sie bewusst verletzen will, um Sie klein zu halten, damit Sie nicht ihre eigenen Schritte gehen. Damit Sender N°1 keine Option wird.

Apropos eigene Schritte. Dazu fällt mir ein von meinem Vater immer wieder gerne zitierter Moment unsere Familiengeschichte ein: Wir waren mal irgendwo auf einer Bergwanderung. In dem Wort liegt schon das Potenzial von *Höhe* verborgen. Familie Hecke läuft auf einen Gipfel zu, ich kleiner Knirps löse mich von der Truppe, renne zur äußersten Kante. »Deine Fußspitzen ragten über dem Abgrund«, sagt mein Vater. Und fährt fort: » … mir ist das Herz stehengeblieben. Es ging tausend Meter in die Tiefe. Du aber hast die Arme ausgestreckt und gerufen *Schau mal, Papi, ich bin ein Vögelchen!*« – Angstbefreit? Möglich. Grenzgängerisch? Definitv! Das ist nur ein kleiner Vorgeschmack auf mein ganz eigenes Wettbewerbsprinzip, auf das ich mich später eingelassen habe. Vielleicht eine Rebellion gegen das *Mädchen joah-Klischee*. Es wird ein Wettbewerb mit mir selbst. Schaffe ich es allein? Wie weit kann ich gehen? Aber auch das, so werde ich später erkennen, ist nur das Ausmaß einer Kette von Reaktionen auf das, was mir bis dahin schon alles begegnet ist. Was ich wohl noch alles würde ausloten wollen auf dieser Reise …?

Als Kinder sind wir noch *klein,* was unmittelbar Versorgungs-gefühle bei den *Großen* auslöst. Das ist auch gut so, denn wir können uns ja noch nicht alleine versorgen. So ist das Phäno-men Beschützerinstinkt ein wunderbares Element der Grund-ausstattung unserer Spezies. Das haben wir einfach. Woher?, finde ich interessant zu fragen. Aus der Schule sicherlich nicht. Ich erinnere jedenfalls keine Unterrichtsstunde, in der »Babys versorgen und gernhaben« an der Tafel stand. Sie? Wir haben das einfach. Eine Selbstverständlichkeit. Beruhend auf dem eigentlich tiefen Gefühl der Verbundenheit. Woher sonst? Es ist uns *gegeben.* Und wie wir leider aus dem Beispiel der Kindstötung bei »falschem« Geschlecht in anderen Kultu-ren wissen, kann dieser Beschützerinstinkt auch ignoriert werden. In dem Fall, würde ich meinen, wurde er einfach nur überlagert von all dem Wissen, dem Angelernten, dem »Rich-tig & Falsch« der nicht hinterfragten Traditionen und Rituale. Ich bin sicher: Ablegen kann man das nicht. Aber ignorieren.

In diesem Zusammenhang klingt für mich eine vertiefende Frage an: Was machen wir mit dieser Fähigkeit, wenn wir sie annehmen? Wie verantwortungsbewusst üben wir sie aus? Wie gehen wir mit den Kindern um? Schauen wir uns zum Beispiel an, hören wir zu, was das Kind wirklich braucht, oder ist es mehr die *eigene* Freude am »Geliebtwerden« oder was immer die Motivation ist, wenn wir von Kinderaugen an-gestrahlt werden, denen wir gerade ein Geschenk gemacht haben?

Dazu die Praxis. Wir siedeln jäh in den Garten meiner Großeltern über. Ostern 1981. Vor einiger Zeit habe ich ein altes High8-Video zugespielt bekommen. Aufnahmen, die mein Großvater gemacht hat. Tonlos und in Sepia-gelb. Und verwackelt. Also kaum NETFLIX-tauglich. Aber das aufschluss-reichste Geschenk, das mir je in die Hände gefallen ist. Es zeigt meine Familie und mich. Ich sitze da vor einer winzig kleinen Tanne, kaum 30 cm hoch – ich selbst habe übrigens auch ein kaum höheres Stockmaß – und erfreue mich sichtlich an diesem Gewächs. Sprechen und Laufen sind noch nicht meine Stärken. Ich genieße einfach. Nur ich und dieses junge, grüne Leben. In diese Idylle hinein greifen zwei lange Arme eines deutlich größeren Menschenwesens, werfen mich jubelnd in die Luft – mehrfach – bis ich mich schier überschlage. Durchlässigkeit ist offenbar ein Teil meiner Grundausstattung, die ich für dieses Leben gewählt habe, denn es wird sofort deutlich: Meinem Vergnügen dient das hier gerade nicht! Mit Sicherheit würde der »Werfer« aus dieser Geschichte Stein und Bein schwören, dass er aus Liebe gehandelt und mir weiß Gott nichts Böses wollte. Im Gegenteil. Er wollte mich erheitern. Aber ich frage jetzt mal: warum? Warum ist die Stille und die Seligkeit des Kindes, vertraut im EINS-Sein mit Natur und sich selbst, »erheiternsbedürftig« – oder möglicherweise schier nicht auszuhalten? Ja, wir sind in dieser Phase des Lebens *kleine* Menschen, die Schutz brauchen. Wir können noch nicht selbst einkaufen, kochen oder sonst was. Aber wir *großen* Menschen erlauben uns einfach, mit Macht, Entscheidungsgewalt und Respektlosigkeit über diese kleinen Menschen zu entscheiden und zu machen, was *wir* gerne hätten.

Es bleibt interessant. Denn was in dem Video weiter unter den Höhenflügen vier und fünf geschieht, ist für mich im Erwachsenenalter zu betrachten mehr als aufschlussreich. Offenbar lasse ich mich nämlich von der Freude des Werfenden so sehr ergreifen, dass ich anfange mitzumachen. Mitzulachen. Also mein ursprüngliches Gefühl zu überschreiben. Ich hätte ja auch losheulen können. Nein – ich lache mit. Ich lache übrigens heute noch, wenn richtig schlimme Dinge geschehen. Unfälle oder andere schockierende Ereignisse. Und dieses Video zeigt mir, dass viele Situationen ähnlicher Couleur dazu geführt haben, mich mehr und mehr hinten anzustellen, und das, was ich für richtig halte oder gerne gemacht hätte, zugunsten der Erheiterung meines Gegenübers einzutauschen. Zu kompensieren aus Sympathie für die anderen. Der Todesstoß für jeden klaren Blick. All diese kleinen Momente, diese Zwischentöne und bewussten oder unbewussten Entscheidungen waren Schritte weg von dem, was ich mit einem Gefühl von Allverbundenheit meine. Dem Gefühl der Existenz in einem Bewusstsein, dass ich für niemanden etwas tun oder sein *muss*. Auch für mich nicht. Dass mein Leben, also mein Handeln, keine Bürde oder Pflicht ist. Aber sowohl dem Erwachsenen, der sich offenbar nicht zu *meiner* Freude, sondern zu *dessen eigenen* Vergnügen erlaubt hat, mich durch die Luft zu schleudern, als auch mir, die es nach einiger Zeit mit dem ersehnten Widerhall des kindlichen Kieksens zurückgegeben hat, obliegt es, eine Entscheidung zu treffen: *mit-zu-machen* oder *mit-sich-eins-zu-bleiben*. Also *mache* ich etwas oder *bin* ich. Aus einem rein menschlichen Blickwinkel macht das Sinn: das Mitmachen. Das Adere-nicht-enttäuschen-Wollen. Dazugehören. Denn: Wer will nicht geliebt werden! Wer wird gerne zurückgewiesen?

Meine Kindergartenerfahrung schlägt eine weitere Kerbe ins Holz. Ein weiterer Warnschuss: »Reih dich ein!« Damals reihe ich mich aber noch nicht ein. Ich mache nicht mit, ich will ums Überleben nicht in den Kindergarten. Ich schreie, bis ich die Luft anhalte und umfalle. Man nennt das fachgerecht »frühkindliche Hysterie«. ZACK: Label drauf. Denn warum ich nicht dahin will, ist kein Thema. Ich funktioniere nicht. Das reicht, um einen Gang zum Arzt und eine Diagnose zu rechtfertigen. Der Hinweis meiner Kinderärztin, dass ich, wenn das nicht aufhört, zu einem Kinderpsychologen muss, trifft meine Mutter hart. Das spüre ich. Sie will ja auch nicht unangenehm auffallen mit so einem Brüllkäfer. Und auch, wenn das eben mein Ausdruck ist, zu sagen: »Hört mich doch bitte!« (zugegeben laut – ich hoffte, auch wirksam … naja.), spüre ich und muss erkennen: Das ist nicht das geeignete Mittel. Denn Mamas Liebe will ich nicht verlieren. Ich gebe also auf und stelle das Gebrülle ein. Ich reihe mich ein. Ich muss erkennen, dass Mitlaufen ein Teil dessen ist, was das Menschsein auszumachen scheint. Dass mir die Nonnen im katholischen Kindergarten mit ihren dunklen Kutten Angst machen, dass die anderen Kinder mir Angst machen, dass dieses Lernen mit anderen außerhalb der Familie, mit denen ich nun umgehen muss, eine Aufgabe für mich ist – darüber reden wir nicht. Das da Energien spürbar werden, die mich einschüchtern sollen, auch nicht. Da mussten alle durch. Es wird nicht gesehen. Nicht, weil das keiner will. Diese Liebe würde ich meinen Eltern schon zuschreiben. Aber weil man das nicht hinterfragt, weil es Teil der Wiederholbarkeit ist, durch die wir uns eben gegenseitig durchschleusen. Man macht das eben so. Kindergarten, Schule, Uni, Ehe, Reihenhaus, Altersvorsorge, Sargdeckel. Auf dieses lineare System haben wir uns geeinigt. Das ist das Grundgefühl von Zugehörigkeit. Ein Leben, das mit der Geburt beginnt und mit dem Tod endet. Und dazwischen suchen wir uns ein kleines bisschen Glück, Liebe, Erfolg … Ist das nicht trostlos? Was geben wir da weiter an die *kleinen* Großen? Vielmehr …: Was nehmen wir ihnen weg? Weg mit dem Urvertrauen – her mit dem Sicherheitsdenken.

In diesem Netz des Dazugehörens und Mitmachens werde ich allerdings zunehmend unglücklich. Ich spüre einfach nach wie vor, dass daran irgendwas nicht stimmt. Das Foto meiner Einschulung spricht Bände. Es wird sichtbar: Ab jetzt möchte ich irgendwie gefallen. Ich sehe bezaubernd aus. Lächle brav. Aber der Ausdruck in meinen Augen spricht Bände. Er ist tief traurig. Was ich spätestens jetzt verstanden habe, ist: Es gibt eine äußere Fassade und einen inneren Kern. Das ist langsam, aber sicher nicht mehr Dasselbe. Das geht verloren mit jeder Wiederholung. Die Währung, mit der wir handeln, ist Zugehörigkeit. Zu was oder zu wem? Es ist eine Frage der Frequenz, auf die wir uns einschwingen. Gemeinsame Wahrheit oder Individualisten-Kabarett? Radiostation N°1 oder N°2? Die absolute Mehrheit tanzt Solo. Also auf zum Staatsballett der Solisten! Der vom großen Ganzen Getrennten. Gemeinsam einsam. Wie gut, dass Ballett nie meine Stärke sein wird …

Familienporträt

Stark und haltend. So hat sich der Nachmittagsschlaf auf der Brust meines Vaters angefühlt. Daran kann ich mich noch gut erinnern, wenngleich ich da noch sehr klein war. Das waren – Schnarchen hin oder her –tief entspannte und wohlige Momente für mich. Offenbar für uns beide. Ein Moment der Ausdehnung. Verbunden. Warm und vertraut. Es ist die erste Zugehörigkeit, zu der wir uns einreihen – zu der ich mich einreihe. Meine erste Clubmitgliedschaft sozusagen: meine Familie. Frei Haus. Inklusive ihrer sämtlichen Pflichten und Annehmlichkeiten. Und auch die all derjenigen, die auch noch dazu gehören: Onkel, Tanten, Omas und Opas, Cousinen und Cousins. Für meine Welt sind die Vorstandsvorsitzenden Mama und Papa. Insgeheim sind das vielleicht auch andere …

»Ich hatte Angst, dich zu zerbrechen«, sind die liebevollen Worte meiner Mutter, die mich im Erwachsenenalter erreichen. Sie waren die Antwort auf meine Frage, warum mein Vater mich als Kind gebadet hat, und nicht sie. Meine leichte und feine Statur hatte meine Mutter dazu bewogen, das Baden an ihn abzugeben. Das ist eine mögliche, menschliche Erklärung. Definitiv hat meine Mutter meine Sensitivität gespürt. Mich als pure Reflexion wahrgenommen. Das war ja schon bei der Geburt klar. Vielleicht wäre das Baden und Halten fortführend eine zu große Konfrontation mit ihrer eigenen Sensitivität gewesen …

Grundsätzlich wird ja dem Verhältnis von Kindern und ihren Eltern nachgesagt, dass Mütter & Söhne sowie Väter & Töchter eine besondere Bindung haben. Dass dem Vater im Leben einer Frau eine ganz spezielle Rolle zuteilwird, so wie der Mutter im Leben eines Mannes. Das wird auch in meinem Leben schon ganz zu Beginn deutlich. Mal ehrlich. Hier sind sie wieder: Diese Momente. Es sind Entscheidungen. Beispielsweise die Frage nach den Club*vorsitzenden*: Mama und Papa. Kann ich meinen Vater als den Menschen sehen, den ich mir mit all seinen Bedürfnissen, Prägungen und Eigenschaften ausgesucht habe, mich großzuziehen – oder: mache ich ihn zu *meinem ganz eigenen* PAPA. Ist meine Mutter für mich die Frau, die ich mir ausgesucht habe, mich zu unterstützen, groß zu werden, mit meinem tiefen Respekt für ihre Eigenschaften, Werte und Schwachstellen – oder: ist das einfach nur *Meine-ich-will-mich-bei-dir-wohlfühlen-sorg-für-mich*-MAMA.

Mein. Ganz. Eigener. PAPA. Meine. Ganz. Eigene. MAMA.

Das machen die mit mir ja auch. *Unsere* TOCHTER. Was da wohl auch schon für Vorstellungen dran hängen …? Unsere. TOCHTER. RUMS. Das sind Worte, die schon für sich genommen eine große Bürde sind. Für beide Parteien. Ein Brauchen und ein Gebrauchtwerden. Ein Besitz. Ein Feuerwerk an Ansprüchen und Erwartungen. Beladen mit Bildern und Vorstellungen, die uns dann definieren: Rollenbildern. Später wird sich in unserem Zusammenleben zeigen, dass diese vorgefertigten Schablonen die Grundbausteine für gegenseitige Forderungshaltungen sind – und damit auch die Basis dafür, dass ich und/oder meine Eltern potenziell enttäuscht oder begeistert werden könnten. Jedenfalls begründet es eine Art ständige Erwartungshaltung, eine *emotionale* Bindung. Die hat ja auch wahnsinnig schöne Seiten. Die Verantwortung füreinander zum Beispiel. Bei den Eltern im Bett schlafen, sonntags spazieren gehen, im Garten grillen. Und das genau lieben wir! Naja: LIEBEN insofern, als es das nächst Beste ist, das uns zur

Verfügung steht. Wir greifen nach allem, was uns verbunden fühlen lässt.

Wir *brauchen uns* gegenseitig, um uns verbunden zu fühlen, weil wir das Zusammengehörigkeitsgefühl auf globalem Grund abgestreift haben. Dieser Ersatz schafft Abhängigkeiten. Menschliche Verbindungen. Die wiederum das gewünschte Zugehörigkeitsgefühl hervorbringen. Es ist aber eine reduzierte Version. Lieben tun wir das im Inneren also nicht wirklich, würde ich meinen. Denn Liebe *braucht* nichts. Liebe *ist*. Nur: das *Sein* ist irgendwann nicht mehr genug. Und dann braucht es diesen Ersatz, die emotionale Bindung an konkrete Menschen, um den Verlust des Gefühls umfassender, universeller Zugehörigkeit und Allverbundenheit kompensieren zu können. Das Ersatzgefühl dafür, dass wir energetisch alle verbunden sind, ewig und unbedingt geliebt, daraus aber eine totgeglaubte Sache gemacht haben. Das klingt in manchen Ohren vielleicht überzogen. Aber seien wir doch mal ehrlich: Genau das ist es, was wir da machen! Oder würden Sie sagen, dass Sie frei von jeder Erwartung innerhalb der Familie, ihrer Beziehung oder ihren Freundschaften wären? Wir knüpfen emotionale Bande. Wir personifizieren, belegen uns mit Erwartungen und Bildern auf Basis dieser emotionalen Struktur, weil wir nur diese Realität sehen: Mensch zu Mensch. Materie zu Materie. Nichts weiter. Nicht: Seele zu Seele. Nicht: Lernschritte im großen Zusammenhang.

Ganz praktisch gesprochen: Selbstverständlich sind das MAMA und PAPA. Aber: Sie sind vor allem Menschen – inkarnierte *Spirits* – mit Hausaufgaben! Und sie haben ihre Geschichte. Sie haben ihre Verletzungen, Ängste, etwas falsch zu machen, Vorsätze, etwas besonders richtig machen zu wollen – eben ihr Netz aus ihren Entscheidungen und Prägungen, in das sie sich eingewoben haben. Und alleine die Tatsache, dass ich geboren bin – so sehr beide ihre Liebe für mich haben – so sehr sind sie auch schon mit Wünschen und Erwartungen an mich unterwegs. Wir sind schon beschwert mit Bildern davon, wie wir zu sein haben. Und sei es nur der Fakt, dass ich ein Mädchen bin. Es sind unsere Ansprüche aneinander, die unausgesprochen zwischen uns liegen. Mit welcher Wucht das volle Menschenleben da auf einen einbricht, wenn man auf die Welt kommt!

Ich weiß, dass meine Eltern nicht *frei* sind, mich einfach nur unterstützen zu wollen und mich frei von ihren Erwartungen in die Welt hinein zu begleiten. Ich hab die beiden ja beobachtet und ausgesucht. Diese Gewissheit schrumpft allerdings mit jedem Tag. Mit jedem MAMA- und PAPA-Ausruf. Denn ich bediene damit immer das *mein*. Also den Besitz. Das ist wenig universell. Ich weiß, dass schon bei meiner Geburt auch bei ihnen eine ganz lange Liste von Do's and Don'ts im Hintergrund stand. Ob die zu mir passen oder nicht, wird von ihnen nur nicht hinterfragt. Ob die zu ihnen selbst passen, haben sie vielleicht ebenso wenig hinterfragt. Weil man das nicht tut. Man ist nur mit *Weitermachen* beschäftigt. Nie aber mit Anhalten und Nachspüren oder gar Hinterfragen. Denn ob wir einfach weitergeben, was uns beigebracht wurde, oder ob wir es überprüfen und womöglich neue Wege gehen, das wäre eben wieder eine Entscheidung. Die treffen die wenigsten. Da soll noch einer sagen: *junges* Familienglück!

Während sich meine Intelligenz darauf beruft zu wissen, wann ich Hunger habe oder schlafen möchte – übrigens auch keine durch ein Studium erlangten Fähigkeiten, sondern das Wissen einer tiefen Körperintelligenz. Die Basis dieser Intelligenz hält mich auch noch sensibilisiert für diese Deals, die um mich herum ablaufen, und denen ich möglicherweise schon mit meiner Reinkarnation bereitwillig zugestimmt, oder sie wenigstens billigend in Kauf genommen habe.

In diesem Gefüge FAMILIE haben alle ihre Kämpfe auszutragen. Wir sind alle mit Schablonen und Ansprüchen konfrontiert, die wir als Menschheit selbst kreiert haben. Was es beispielsweise bedeutet, eine *gute* Mutter zu sein? Alleine an dieser Frage arbeiten sich Generationen für Generationen ab. Vor allem hält sich die Frage hartnäckig. Weil man es »richtig« machen will, statt einfach nur zu »vertrauen«. Sehen Sie, wie sich dieses verteufelte Richtig & Falsch-Prinzip überall seine Plattform sucht? Als ob es eine Blaupause für's Menschsein gäbe! So viele Menschen, wie es gibt, so viele Wege muss es geben, Mutter zu sein für das Wesen, das da gerade die Welt neu bzw. er-*neu*-t betreten hat. Dasselbe gilt für die Väter! Die Frage nach dem *guten* Vater ist ebenso Thema. Welche Aufgabe hat man als Mann überhaupt? Was ist Mann-Sein? Was bedeutet Intimität im väterlichen Dasein? Als Vorbild? Hat man da seine Finger in der Gestaltung der Erziehung oder nicht …? Alleine die Frage finde ich schon absurd. Wieso nicht? Natürlich sind zur Erziehung beide gefragt! Eigentlich sind alle gefragt, die unmittelbar mit dem Neuling zu tun haben. Erziehung ist eine gemeinschaftliche Angelegenheit, verantwortungsbewusst für das Ausdehnen der Persönlichkeit, dem Lernen und Abbarbeiten der Hausaufgaben dieses Spirits zu Seite zu stehen. Aber das Wörtchen »mein« im Zusammenhang mit »Kind« lässt uns eng werden und reduziert die Erziehung als Aufgabe für Mama und Papa. Damit geht es nicht mehr darum, *was* gebraucht ist, sondern *wer* es zu liefern hat. Welch eine Last für Eltern in diesem Modell der Trennung! Deswegen sind ja Eltern immer so stolz, weil sie da was *geschafft* – vielmehr *geschaffen* – haben. In dieser Welt der Einzelkämpfer. Sie haben diese Aufgabe gemeistert! Sie haben ein Kind zustande gebracht. Andere leiden ewig darunter, diesem Idealbild nie entsprochen zu haben. Egal, ob die Frage nach der *perfekten* Mutter oder dem *perfekten* Vater gestellt wird – diese Idealbilder machen es den werdenden oder seienden Eltern schwer genug. *Wir* machen es uns schon schwer genug. Verantwortung: JA! Aber Überfrachtung?! Sobald die Autorität über die Antwort auf diese Fragen an das Außen abgegeben wird, an das *Richtlinienprinzip* derer, die das »Eltern-Sein« vorher schon absolviert haben, ist es verlockend und leicht für *Folgeeltern,* sich in diese Bilder hineinsinken zu lassen, der Bequemlichkeit nachzugeben, ihre Verantwortung abzugeben und einem bestehenden Rollenbild zu folgen, dem sie von nun an aber auch verhaftet sind. Im Hinblick darauf, dass wir alle zusammenhängen, sind wir damit hoffnungslos verloren. Wir drehen uns im Kreis ...

Ich selbst habe keine Kinder. Aber Familien habe ich um mich herum. Und selbst die, die keine Kinder haben, sind ja selbst Töchter und Söhne. Auch denen ist dieses Familien-Dings nicht fremd. Wir sind nicht ahnungslos, nur weil wir nicht selbst Kinder gezeugt, geboren und aufgezogen haben. Ich habe tiefen Respekt vor allen, die sich der Aufgabe des Eltern-Daseins stellen! Jede Mutter, die ich kenne, und das gilt auch für die Väter, sagt:»Ich fühle, was mein Kind braucht. Auch im Verhältnis zu anderen Menschen.« Unbedingt! Vertrauen Sie darauf! Tauschen Sie Ihre Autorität nicht gegen eine Unsicherheit ein, weil man Ihnen vielleicht gesagt hat, dass andere es besser wissen, Ärzte oder Lehrer oder andere berufene Autoritäten. Sie wissen es. Vielmehr: fühlen es. Halten Sie an. Spüren Sie nach. Nicht denken. Spüren. Sie kennen die Antwort.

Es ist nur die Ausrichtung auf ein *Perfekt,* eine *Ich-habe-es-gemacht*-Identifikation, die uns beständig antreibt und uns damit voll in die Bredouille bringt. Auch die *perfekte* FAMILIE ist so eine an Emotionen, Bildern und Erwartungen überfrachtete Vorstellung! Es ist die Definition von Erzeuger, Nachkommen und Vorfahren. Blutslinien. Mögen oder Nichtmögen spielt hier oft keine Rolle. Respekt und Wertschätzung: soweit wage ich mich gar nicht vor. Wenn mein Vater gestresst aus dem Büro kam und wir Kinder rumgealbert haben, dann landete schon mal seine Faust donnernd auf dem Tisch, gefolgt von einem energischen »Silencio!« Kann man ja verstehen. Er war angespannt, und wir waren laut. Ich bin trotzdem jedes Mal zusammengefahren und hatte Angst. Angst vor dieser Gewalt. So hat es sich damals angefühlt. Meine Mutter nahm das, wenig begeistert, hin.

Unter dem Dach der *heiligen* Familie geschehen die unglaublichsten Dinge. Dafür, dass wir sie so hochhalten, geschehen – statistisch gesehen – interessanterweise die meisten Verbrechen im Familienverbund: häusliche Gewalt, seelischer und körperlicher Missbrauch. Bluttaten. Rachetaten. Kämpfe ums Erbe. In manchen Kulturen wird die Familie sogar zum Ort für Fehden, Mord und Verstümmelung, wenn etwas dem traditionellen Familien*bild* nicht entspricht. Da *darf* man das. Die Familie ist von außen unangreifbar, und wir – also die Familienmitglieder selbst – schützen sie entsprechend im Innenverhältnis. »Blut ist dicker als Wasser«, solche Sprüche zementieren das Bild FAMILIE. Das ist eine ganz *eigene* Clubmitgliedschaft. Da wollen wir am wenigsten wahrhaben, wenn etwas schiefläuft. Es ist vertraut, *familiär* also. Und deshalb schauen wir gerne weg oder lassen uns täuschen. Da verzeihen wir weit mehr, als wir es je in Freundschaften täten. Die vermeintliche Sicherheit im Familienverbund, des *Wir* gegen die *anderen* oder die *Gesellschaft*, ist ein trügerisches Netz aus selbstgeschaffenen Idealen. Einmal verhaftet in diesem Bund, den wir auf die entsprechenden Beteiligten reduziert haben, sind wir ihm nahezu ausgeliefert. Zumindest als Kinder. Das Idealbild der *perfekten* FAMILIE hat uns fest im Griff. Der Anspruch auf Perfektion kann allerdings nur scheitern. Wie eingangs erwähnt: Perfekt gibt es nicht! Denn die Welt dreht sich. Entscheiden Sie etwas, sind im nächsten Moment schon die nächsten Schritte angefragt. Es gibt keine Pausen. Von Moment zu Moment, Atemzug zu Atemzug vertieft sich alles. Nicht Perfektion, vielmehr *Expansion*. Das erfordert Präsenz und Wachsamkeit. Und vor allem Offenheit. Das Gegenteil zur Enge von manchem Familienporträt.

Im *wahrsten* Sinne und mal mit Liebe betrachtet, ist FAMILIE nämlich vor allem eins: Teamwork. Es ist eine ständige Gruppenarbeit. Ein möglicher Platz, um an unseren Hausaufgaben zu arbeiten. Von und mit allen Beteiligten – das sind definitiv nicht zwangsläufig alle mit derselben DNA – und ständig. Und das ist großartig! Weil ein jeder in seiner Essenz großartig ist! Es fordert von uns allen nämlich vorrangig eins: Die Erlaubnis an uns selbst, *Fehler* zu machen. Mir ist lieber, alles als Potenzial zu sehen. Mit Entscheidungen Erfahrungen machen zu können. An Lernaufgaben zu wachsen. Statt diese als *Fehler* zu betiteln. Seine eigenen »Verträge« aufzulösen, sich von Bildern zu lösen und die Größe einzunehmen, zu der oder dem zu stehen, die oder der man ist. Egal, was die Gesellschaft oder die Verwandten dazu sagen. Denn die Frage nach dem, was in jedem Moment die Wahrheit ist, kann uns eh niemand abnehmen. Da wir aber gerne bequem sind und es leichter ist, sich etwas abnehmen zu lassen bzw. abzugeben, suchen wir nach Orientierung im Außen. Dem »Normal«. Dem Hinterhertrotten. Der entscheidende Punkt aber ist, dass alles eine Sache des Vertrauens und der Bereitschaft ist, Verantwortung zu übernehmen – sich also von dem freizumachen, was oder wie andere über unser Handeln »urteilen« würden. Das Vertrauen in die innere Stimme aufgegeben zu haben, hat uns unfrei gemacht. Es ist folglich die Verantwortungs*losigkeit,* in der wir leben, in der wir Zuflucht suchen. Das klingt sarkastisch? Aber ist es nicht so, dass wir bei positivem wie negativem Ausgang einer Situation die Option schätzen, sagen zu können: »Das hab ich von soundso« (Buch, Lehrer, Freunde etc.). Vor allem bei *negativem* Ausgang finden

wir gerne einen Schuldigen oder wenigstens einen Mitverant-
wortlichen. Weil uns oft nicht so gut schmeckt, selbst die Ver-
antwortlichen zu sein! Das bevorzugen wir nach meiner
Wahrnehmung nur aus einem einzigen Grund: Bei *positivem*
Ausgang einer Situation warten der Ruhm und der Erfolg auf
uns. Dann sind wir die Helden, werden ausgezeichnet, kurz:
Wir werden gesehen. Das ist es, was wir so vermissen. Denn
Wertschätzung scheint sich auf Bezahlung, Auszeichnungen
und Erfolg zu reduzieren.

Ein kleiner Ausflug in die Praxis: Es gibt Menschen, die mit
»Anomalien« zur Welt kommen. Ob physisch oder psychisch.
Also: *nicht normal*: passt zu keiner Schablone. Das kann schon
eine Fehlstellung in der Wirbelsäule sein oder ein nicht ausge-
bildetes Körperteil. Schon geht die Panik los: »Was haben *wir*
(fragen sich die Eltern) falsch gemacht?« Was, wenn Sie, liebe
Eltern, gar nichts falsch gemacht haben? Was, wenn einfach
nur jedes Wesen genau die Form einnimmt, die es zur Weiterentwicklung braucht? Das meine ich mit der für den Verstand
undurchdringlichen Ordnung, die zu akzeptieren uns so
wahnsinnig schwerfällt. Ich komme beispielsweise mit einem
»zu engen Hüftbild« auf die Welt, und man verpasst mir relativ bald eine Spreizhose, und meine winzig kleinen Füße werden eingegipst. Offenbar mochte ich das nicht besonders,
denn diese kleinen Gipsstiefel habe ich konsequent am Fuß-
ende meines Bettchens kleingetreten. Die Entscheidung meiner Mutter, dem Rat der Ärzte in diesem Fall nachzugehen,
sollte sich in dem Fall als eine gute erweisen, denn ich kann
heute aufrecht und gerade laufen – ohne Hüftprobleme. Gut,
ich habe keine Ahnung, ob ich mich auch ohne Spreizhöschen
aufrecht entwickelt hätte, aber diese Entscheidung ist damals
eben gefallen. In manchen Fällen wäre es vielleicht nicht die
richtige Wahl gewesen. Was entscheiden wir beispielsweise,
wenn ein Zwitterwesen geboren wird – Penis ab oder Uterus

raus? Wonach wird diese Entscheidung gefällt? Womöglich nach dem, was uns nachträglich mit dem Gütesiegel »richtige Entscheidung« ausstatten wird? Wer immer über *Richtig & Falsch* dann urteilt ...

Die Ausgangslage ist aus meiner Sicht: Unsicherheit, die wir mit dem Bedürfnis nach Sicherheit kompensieren. Es ist das Klammern an der Möglichkeit des *Richtig*. Angesichts des Wunsches nach Sicherheit ist es ja auch ein dickes Ding, die Herausforderung zwischen »Sich-Einlassen« und »Es-vermeintlich-im-Griff-Haben«, dem *Richtig & Falsch*, auszutarieren, letztlich das Bedürfnis nach Kontrolle immer mehr loslassen zu können. Denn die große Illusion – das ist das Gefühl von Sicherheit – hat uns alle irgendwann eingewickelt. Es beginnt mit dem ersten Erleben von Verletzung und damit dem Bedürfnis nach Schutz. Da nehmen wir die ersten Schritte in die Abhängigkeit. Jedenfalls ins Gefühl von Abhängigkeit. Beispielsweise zurück zu dem Moment auf der Brust meines Vaters beim Mittagsschlaf: Da bin ich – auf ganz menschliche Bedürfnisse reduziert – abhängig. Fakt. Ich »brauche« nun mal jemanden, der mich windelt, füttert, warmhält und mir hilft, mich zu entwickeln. Ich weiß, dass ich ohne die »Großen« aufgeschmissen bin.

Alleine der Gedanke macht mich allerdings nachhaltig traurig. Heute. Denn was ich verstehen kann – und es ging mir ja lange nicht anders –, ist, dass die Reduktion auf die vermeintliche Endlichkeit unserer Existenz und die damit verbundene Emotionalität in Beziehungen einem schier keine andere Wahl lassen, als sich diese als Fixpunkte zu suchen. Alles immer *richtig* machen wollen oder glauben, beeinflussen zu können: *wissen* zu können. Aus Angst um das Ende einer Beziehung, Panik, keinen Einfluss auf die Zuwendung oder Abneigung eines anderen zu haben.

Ich weiß. Das klingt *unromantisch*. Aber ich sage Ihnen: Genau das Gegenteil ist der Fall! Denn heute kann ich sagen, dass ich diese beiden Menschen mit Namen Martin und Inge, meine Eltern, *wirklich* liebe. Für das, *was* sie sind – *wer* sie in ihrem *Wesen* sind. Ihre Qualitäten. Nicht die Rollen, die sie versucht haben auszufüllen, also was sie je getan haben oder was sie mir gegeben oder nicht gegeben haben. Ich habe den Abstand gewählt und von da aus die emotionalen Verträge gelöst, die Abhängigkeit verlassen: das MEIN–DEIN–BAND durchtrennt. Nur dadurch habe ich die wahre Liebe für sie wiedergefunden. Ich habe mich entschieden, sie wieder zu sehen. *Das* ist für mich schön. Und wahr. Romantik ist nur der menschliche Ersatz für die energetische Wahrheit von ehrlicher Liebe. Und die musste ich für mich zurückerobern, indem ich sicherheitsgetriebene Emotionen Stück für Stück erspürt, aufgedeckt und geheilt habe. Das war ein langer Prozess. Je mehr ich mich da herausgeschält habe, umso mehr konnten und können auch meine Eltern nachziehen. Das war deren freier Wille. Hätten sie ja auch bleibenlassen können. Denn zuvor hatten wir ja zu jedem bisschen JA gesagt, das diese Abhängigkeit je begründet hat. Jede Verletzung, jeder Vorwurf wurde und wird auf seine darunter liegende Anspruchshaltung meinerseits überprüft. Heißt eigentlich nichts weiter, als dass ich meine Verantwortung wieder übernommen habe. *Heilen* sagt hier also nichts anderes als: loslassen. Damit konnte ich mich aus dem emotionalen Netz lösen, das all meine Beziehungen nachhaltig beeinflusst hat.

Alle …!

Das befreit ungemein. Ob Sie das als Tochter/Vater/Mutter/ Sohn etc. wählen oder nicht. Fest steht aber, dass wir einander *in voller Größe* brauchen! Um an- und miteinander wachsen zu können. Und manchmal muss man dabei eben auch unbequem sein. Das heißt: die Bequemlichkeit des Bekannten, Gewohnten, Erwarteten überwinden. Liebe heißt vor allem: Grenzen zu setzen! Oder genauer gesagt: für mich und meine Grenzen einzustehen. Und das erfordert Mut. Mut, NEIN zu den emotionalen Verstrickungen zu sagen und stattdessen die innere Anbindung an das Bewusstsein aus dem Körper heraus als solides Fundament zu etablieren. Kurz: mir also treu zu sein. Und damit »gefühlt« gegen den Strom zu schwimmen. Und das ist innerhalb der Familie oft sehr herausfordernd, weil man schon lange und tief drinsteckt. Auch außerhalb von Familien.

Apropos schwimmen. Zum Thema PAPA & TOCHTER möchte ich ein Erlebnis mit Ihnen teilen. In den vergangenen Tagen war ich schwimmen. Und wie ich da so zum Abschluss noch am Rand des Beckens meine Wassergymnastik (sehr zu empfehlen übrigens) mache, betritt ein Mann mit seiner Tochter die Schwimmhalle. Die Kleine reicht ihm kaum bis zum Knie und ist mit ihrer Aufmerksamkeit voll bei ihrem Papa. Die beiden kommen also in das 25-Meter-Becken. Der Vater hangelt sich am Beckenrand entlang, während das kleine Mädchen brustschwimmenderweise darum kämpft, das andere Ende des Beckens zu erreichen. Eine kleine weiße Badekappe ragt da aus dem Wasser. Kaum ist das Kind am Ende angekommen, fallen vom Vater, der einen sanften und liebevollen Eindruck macht, folgende Worte: »Fein, mein Schatz! Dafür bekommst du nochmal zwei Herzen und Pferdeaufkleber für dein Album. Ganz toll!« Das Kind freut sich sichtlich – zittert dabei allerdings wie eine Pappel im Wind. Die Lippen schon blau. Der Vater: »Schaffst du noch eine Bahn?« Das Mädchen mit klapperndem Kiefer: »Ja, Papa!« Die beiden zogen also von dannen. Ich spüre noch einen Moment lang nach, was ich da gerade erlebt habe. Und mir kommen die Tränen. Definitiv hat der Vater nichts *falsch* gemacht. Es gibt ihm nichts vorzuwerfen. Er bringt seiner Tochter das Schwimmen bei. Aber was ich tatsächlich *wahrnehmen* konnte, war, wie ein Vater seiner Tochter beigebracht hat zu überleben. Auch wenn der Körper bibbert und bebt, die Erschöpfung schon spürbar ist, gilt: weitermachen. An die Grenzen und über sie hinaus. Es gibt auch für alles eine Belohnung. Und ob es für das Mädchen gestimmt hat oder nicht, haben beide überhaupt nicht hinterfragt oder überprüft. Der Mann hat nicht mal gesehen, dass seine Tochter nur im Erfüllungsmodus für PAPA ihre Bahn abgestrampelt hat. Atemnot, Panik und Kälte wurden vollkommen ignoriert. Und nicht, weil es aus Böswilligkeit geschah, sondern einfach nur, weil man es so macht, weil ein tradiertes Muster nicht überprüft wurde. Die Qualität dieser Lehrstunde des Lebens war deutlich. Dem Mann hat man das Schwimmen vermutlich genauso beigebracht, und so hat er es wiederum seiner Tochter weitergegeben. Der Vater selbst war gefangen in dem, was er einst gelernt hat. Das war für mich so offensichtlich. Und das Mädchen wollte dem Papa gefallen und gesehen werden. *Hauptsache überleben* – das war die Einigung der beiden. Wenn auch für die beiden alles andere als offensichtlich. Das ist ja das Gemeine an unbewussten Strukturen – dass sie uns eben nicht bewusst sind. Nicht *sichtbar* sind. Denn mein *Auge* hätte keinen Fehler finden können. Aber ich konnte fühlen, das Unbewusste spüren. Und so wurde für mich an diesem Beispiel *sichtbar*, wie wir ständig ungefiltert Traditionen oder Lehren weitergeben, ohne sie je überprüft zu haben. Wir ergeben uns dem Funktionieren, dem So-macht-man-es-halt.

Das meine ich mit der »Arbeit«, die es für uns zu leisten gilt: den Blick weit zu halten und die ständige Bereitschaft zu kultivieren, auch zu hinterfragen. Nicht nur *mein* PAPA, *meine* MAMA, *meine* FAMILIE zu sehen. Stattdessen: uns immer wieder zu öffnen, neu hinzuschauen, offen für uns selbst und unser Gegenüber zu bleiben. Sich von Urteilen und Schablonen freizumachen und also auch sich selbst nicht ständig zu verurteilen, wenn mal was nicht so läuft. Oder sich nicht zu überschätzen, weil mal was richtig gut läuft. Das ist wahre Stärke aus meiner Sicht. Nicht dieses protektive »Ich-kann-alles«– Gehabe.

Ich sage nicht, dass wir alles über Bord werfen und nur noch im Schäfchenwölkchenland rumtanzen sollen. Im Gegenteil. Füße auf den Boden und Augen auf. Vielmehr: Herz auf. Was nehmen wir *wirklich* wahr?!? Und: stehen wir auch dazu? Erfahrungen und Prägungen zu hinterfragen und dann auch noch zu überwinden, ist eine Aufgabe! Allein, was Verletzungen in Kindheit oder Partnerschaft schon alles angerichtet haben! Aber eines sage ich Ihnen: Einmal der Wahrheit wieder zugewandt, dass alles zusammenhängt, haben Sie gar keine andere Chance, als Eigenverantwortung zu übernehmen. Und auch andere um Unterstützung zu bitten, wenn Sie mal nicht weiterkommen. Andere haben Ihnen wehgetan? JA! Definitiv. Mir auch. Aber haben Sie entschieden, die Lernaufgabe darin für sich zu verstehen, oder haben Sie entschieden, an dieser Verletzung *festzuhalten*? Es zu *Ihrer* Verletzung zu machen? Die jetzt Ihnen gehört. Zu Ihnen gehört. Möglicherweise ewig die Entschuldigung dafür sein wird, dass Sie sich nicht wieder einlassen, nicht wieder vertrauen können ...? Verstehen Sie, was ich sagen will: WIR ENTSCHEIDEN! Wir sind weder Opfer noch Täter. Es gibt Situationen, da möchte man nicht mehr an Gerechtigkeit oder Zusammenhänge glauben. Aber eines ist sicher: *Alles* kommt zu einem zurück. Niemand ist dafür da, den Dreck von anderen aufzuräumen. Das muss schon jeder selbst machen. Das ist, als würden Sie selbst mit einer Handlung einen Dominostein anstoßen, und durch die Kettenreaktion fällt Ihnen irgendwann wieder einen Klotz auf den Kopf. Das mag sogar manchmal erst in einem anderen Leben sein. Oder statt im Beruf dann in der Gesundheit oder der Beziehung – an einer Stelle, die Ihnen zunächst zusammenhanglos erscheinen mag. Aber die Quittung kommt. In beide Richtungen. Das gilt auch für die Liebe und die Wahrheit, die Sie bereit sind zu leben. Das Universum vergisst oder verliert nichts. Das Schöne an diesem weiten Bogen rund um das Zentrum der EIGENVERANTWORTUNG ist, dass es tausend kleine Momente gibt, die uns immer wieder zum selben Rückschluss kommen lassen: Es liegt bei Ihnen. Das ist, wie durch Frankreich zu fahren und alle Wege beschildern die Richtung: Paris. Egal, von wo Sie auf die Dinge schauen: Es kommt immer wieder zu Ihnen zurück …

Mit unserem Hirn können wir so unendlich viel entschuldigen, begründen, verteidigen oder erklären – um eben nicht *fühlen* zu müssen. Diese sich ständig wiederholende Art des Denkens, des Entschuldigens und Sich-wieder-Verstrickens ist die ultimative Medizin, um die Trennung vom großen Ganzen nicht fühlen zu müssen. Die schnelle Lösung. Aber langfristig nicht die ultimative Antwort. Diese Trennung erfahre ich damals als Kind im Nachmittagsschlaf auf der Brust meines Vaters nicht. Da schlafen wir eben beide satt und wohlig. Mein Pa und ich. Aber auch ohne, dass wir das damals vielleicht wollten, wussten wir schon: Da gibt es viel zu tun …

Primaballerina in XL

… viel zu tun! Das ist ein Ausspruch, der das Leben prägt. Ständig. Egal, ob wir dem nachgehen oder nur im Stress sind, *weil* es so viel zu tun gibt und wir eigentlich gar nichts wirklich dabei tun, außer *gestresst* zu sein. Dieser Stress des TUNS beginnt ja schon, sobald wir plappern oder laufen können. Da sind sie wieder: die lustigen Bilder oder Ideen der anderen, was wir alles werden sollen. Die Ideen von unseren Mamas und Papas. »Arzt soll er werden oder Künstler.« In meinem Erleben beginnt die Bildung irgendwann mit Blockflöte und Klavierunterricht. Um die Blockflöte komme ich drumrum. Gott sei Dank! Zumindest muss ich nicht selbst drauf rumkauen. Meine Schwester aber. Also bleiben wir vom Klang dieser Tröte doch nicht verschont. Wenn jemand die wirklich spielen kann, ist das ja schön. Aber das Üben …? Unser Hund Anke hat immer schauerlich gejault, wenn »Üben« dran war. Naja. Das Klavier war mir vertrauter. Denn mein Held, *mein* PAPA, spielt auch auf dem Ding. Also lerne ich das auch. In einer Musikschule. So richtig mit Fünf-Mark-Stücken auf den Handrücken und Gerade-Sitzen usw. Bis zu dem Tag, an dem ich die Gershwin-Noten meines Vaters in den Unterricht mitbringe. Das möchte ich spielen lernen! »So etwas unterrichte ich nicht!«, sind die erschütternden Worte meiner Musikschullehrerin. Ein Todesstoß für meine Karriere als Jazzerin. Und auch für die Freude an dem, was *mir* gefällt – oder womit ich gefallen wollte. Das kann ich schon langsam nicht mehr auseinanderhalten. So oder so: Es trifft mich hart. Ich spiele zwar weiter, aber das hat irgendwie mehr mit »eine gute Tochter sein« zu tun. Und dem berühmten »Spiel mal was vor« (kam nicht oft, aber dennoch). Kennen Sie das? Das ist ähnlich wie: »Sag mal dem Onkel Hallo!« Was aber, wenn ich den Onkel nicht mag, dem also nicht »Hallo« sagen will? Oder gerade nicht den Entertainer am Klavier geben möchte, um der Tanzbär für die Anwesenden zu sein? Damit die humanistische Erziehung meiner Eltern Anklang bei den Zuschauern findet? Mal ehrlich: Welchen anderen Zweck sollte so eine Forderung der Eltern an ihre Kinder sonst haben? Sie ist die Folge eines Familienideals, dem man entsprechen möchte. Wie man gesehen werden möchte. Mehr nicht. Genauso wie die Nummer mit »dem Onkel Hallo sagen«. Mag ich nicht, weil ich fühle, dass mit dem was nicht stimmt. Kann auch meine Tante oder ein Nachbar sein. Nicht, dass jetzt gleich die Schublade »böser, perverser Onkel-Fantasie« aufgeht. Da ist einfach jemand, dem möchte ich nicht »Hallo« sagen. Ich möchte nicht auf Kommando lachen oder Klavier spielen. Darf das einfach so stehenbleiben? Nein. Also meinem eigenen Gefühl zu folgen, ist nicht so up to date. Und weil die Enttäuschung der Großen im Falle der Verweigerung nach einer solchen Aufforderung so niederschmetternd ist, als hätte ich sonst was falsch gemacht, zwinge ich mich – überschreibe mein wahres Gefühl – und gebe brav die Hand. Esse, was man mir gibt. Sage »Danke« und »Bitte« und »Hallo« und »Auf Wiedersehen«, wie es sich eben gehört. Innerlich weine ich gerade, denn das sind all die kleinen Momente, in denen ich einen kleinen Schritt weiter von mir weggegangen bin. Einen Schritt hin zu der *vermeintlichen* Wahrheit, den Regeln anderer. Ob die für mich stimmen oder nicht. Hauptsache, ich bin noch Teil dieses sozialen Gefüges, in dem ich versorgt und »geliebt« werde. Ich werde mittels meiner eigenen Entscheidungen mehr und mehr zum Tanzbär … Autsch.

Ich erlebe um mich herum, wie alle das machen. Meine Freunde, meine Schwester, meine Eltern, jeder. Jeder vielleicht auf eine andere Art. Die einen ziehen sich zurück. Die anderen werden laut. Die nächsten werden ganz besonders fleißig, und wieder andere stellen so viel Zerstörerisches an wie nur möglich. Auch eine Art zu brüllen, wie ich im Kindergarten damals.

Naja.

Es gibt ja noch andere, schöne Dinge, die man machen kann. Sport zum Beispiel. Meine ältere Schwester Martina geht ins Ballett. Super! Das versuche ich auch. Nur ist sie eine schlanke Gazelle, und ich habe mich noch nicht »gestreckt«, wie es heißt. Kurz: Ich bin pummelig. Und so erfahre ich auch hier eine jähe Zurückweisung: Ich hopse im Ballett fröhlich mit, turne und liebe mein rosa Outfit. Andere sagen, ich sehe etwas gepresst aus in meinem Tutu. Wieder kommen diese Urteile, bereit, meine Freude an den Dingen zu zerschmettern. Aber ich tanze mit, voller Freude – bis zu jenem Tag einer Aufführung unserer Ballettgruppe ... Meine zarte Schwester darf in der ersten Reihe tanzen, »das Pummelchen muss in die letzte Reihe«. Damit bin ich gemeint. Da schneidet das tragische Ausmaß des menschlichen Zusammenlebens und Urteilens tief in mein Fleisch. Ein ganzes Kapitel unserer Menschheitsgeschichte offenbart sich mir in diesem einen Moment. Zwei ach so bezaubernde kleine Wesen – zwei Schwestern – werden: *verglichen*. Und ob wir das wollen oder nicht: Meine Schwester und ich werden auf das Kampfgebiet der Konkurrenz geschleudert. Die Gazelle und die Primaballerina in XL. Das trifft. Wieder so eine Bewertung, die die *anderen* vollzogen haben. Und die glauben auch noch, dass sie das »Recht« dazu haben! Wer fragt uns denn, ob wir das wollen? Ich finde das grauenvoll. Ich weine. Ich fühle, dass hier was absolut ungerecht ist. Meine Schwester fühlt sich ebenfalls mies, weiß aber gar nicht so recht, wieso. Denn sie mochte die erste Reihe. Kann sie ja nix dafür, dass ich moppelig bin. Aber dass ich weine, mag sie nicht …

Dieses Schwestern-Ding ist für uns beide eh schon so eine Aufgabe. Seit meinem »Ankommen« ist sie ja nicht mehr die Einzige, die im Fokus steht. Da kam ich eben dazu. Mein Erscheinen hat auch sie vor eine Neuerung gestellt. Nicht, dass meine Schwester ein egozentrisches Biest mit narzisstischen Einschlägen wäre. Definitiv nicht! Aber versetzen Sie sich mal in ihren Wahrnehmungshorizont: Da ist man in dieser Blase des alleinigen Fokus. Das erste Enkelkind im Familienclan *überhaupt*. Und auf einmal kommt noch wer. Ganz simpel: Ab jetzt wird geteilt. Ob man das mag oder nicht. Vom Eis bis zur Aufmerksamkeit der Eltern. Die einen können das gut wegstecken – die anderen eher nicht so. Da wir heute ein außerordentlich liebendes Verhältnis haben, wird sie es mir nicht übelnehmen, wenn ich die eine oder andere Episode erwähne, die sich auf unserem Weg zugetragen hat. Also Lernmomente, die wir als Team in unserem Familienverband durchgemacht haben. So prägt beispielsweise bis zum heutigen Tag die Saga unserer Familienanekdoten die Beobachtung meiner Eltern, dass meine Schwester gerne mal in einem unbeobachteten Moment ihren kleinen Kinderdaumen in meine Fontanelle gedrückt hat (das ist die weiche Spalte oben am Schädel). Worauf ich natürlich geplärrt habe, was wiederum die Aufmerksamkeit der Erwachsenen auf uns gezogen hat – und meine Schwester unter Streicheln meiner Wangen tiefe schwesterliche Liebe hat bekunden können. Gemein, finden Sie nicht? Wir müssen aus heutiger Sicht tatsächlich darüber lachen, denn die Situation ist doch total klar. Die bisher ungeteilte Aufmerksamkeit von gleich zwei Menschen muss wiederhergestellt werden, oder zumindest muss erstmal ausgelotet werden, wer wo seinen Platz hat. Und da ist eine gewisse Form des – ich nenne es mal – Konkurrenzprinzips verständlich. Nicht, dass ich das Verhalten entschuldigen möchte! Hat ja wehgetan! Aber ich kann sehen, was dieser drohende Aufmerksamkeitsverlust ausgelöst hat. Da war erst ein Gefühl von Sicherheit: »Mama und Papa sind *nur für mich* da.« Und auf einmal ist da noch wer. Das beweist ja konsequenterweise nur, dass auch *meine* SCHWESTER ein Wesen ist, das irgendwo Verträge eingegangen ist. Besitzansprüche entwickelt hat. MEINE Eltern, nicht UNSERE. Es ist eben nicht nur *meine* SCHWESTER, sondern wieder ein Mensch – mit Entscheidungen. Sie ist ebenfalls bewegt und belegt von Erwartungen, Bildern und Identifikationen. Und ob sie es wollte oder nicht – vielleicht hat sich da eine Eifersucht eingenistet. Jedenfalls in den Kindertagen. Je nach Gemütszustand, also Wahl der entsprechenden Frequenz, traf mich entweder ihre Liebe oder eben irgendwas anderes. Vice versa, wie sich von selbst versteht. Ich beispielsweise habe entschieden, sie als die Große anzunehmen. Auch alles andere als auf Augenhöhe … Ihr bin ich gefolgt. Ich bin vor ihrer gelegentlichen Dominanz eingeknickt und habe sie idealisiert. Höher gehalten. Weg von der Augenhöhe zwischen uns. Sie ist die Ältere. Beispielsweise gab es in unserem Familienverbund auch einen Hund: Anke. Und wer den Kopf und wer das Hinterteil streicheln durfte, das hat sie entschieden. Wenn sie mir das gesagt hat, war ich eben für den Po und nicht die weichen Ohren zuständig. Eine willensstarke Persönlichkeit! Da es mir aber an Willen ebenfalls nicht gemangelt hat – oder vielleicht waren wir beide einfach nur stur …? – haben wir uns später auch ganz schön gekloppt! Eines muss ich dazu sagen: Wir lieben uns. Und es gilt hier, nicht sie zum Übeltäter zu machen. Im Gegenteil. Wir haben uns eben manchmal auf dem Spielfeld der Individualität gemessen. In anderen Momenten der Verbundenheit haben wir liebend Händchen gehalten und gemeinsam das Dschungelbuch gehört. Oder mit Papa »Auf der schwäb'schen Eisenbahn« geträllert. Es ist hilfreich, das alles so aufzudröseln, denn es macht so viel sichtbar. Gäbe es nämlich nicht die

Aufmerksamkeit der Eltern, dieses ganze emotionale Paket rund um den Begriff FAMILIE, gäbe es auch nicht das Bedürfnis nach Individualität, Aufmerksamkeit und Belohnung. Wir würden vielleicht nur Händchen haltend nebeneinander hertraben und unbeschwert durch den Tag trotten. Stattdessen gibt es für uns die Ballettschule. Ab dem Tag nicht mehr. Jedenfalls nicht für mich. Ich weigere mich. Das Tutu landet in der Ecke. Macht nichts! Gibt ja noch Tennis.

Aber auch da hat naturgemäß Martina schon zuerst die Füße auf den Platz gebracht. Sie ist ja die Ältere. Und siehe da: Sie ist großartig darin! Ein Ansporn und Vorbild für mich, das auch zu können. Diese Aussage ist natürlich schon tief verblendet durch die Kraft der Konkurrenz. Aber da ich das nicht sehen kann, *weil* ich schon tief drin verwickelt bin, ist es eben meine Lebensrealität. Das mit dem Tennis läuft soweit also ganz gut. Trotz meiner leichten X-Beine treffe ich die Bälle und tue mein Bestes. Aber auch das findet ein jähes Ende. An dem Tag, an dem ich die Hoden meines Trainers abgeschossen habe. Ich schwöre: Das kann man nicht absichtlich! »Hecke! Runter vom Platz!! Ich will dich hier nie! wieder! sehen!« Hm. Also fand auch meine Tenniskarriere ein abruptes Ende. Dick und ungeschickt. Es sind andere, die über mich richten.

Ich bin hochsensibel. Sonst würde ich das alles gar nicht mitbekommen. Das ist kein Talent, das ist eine Grundausstattung! *Die* Grundausstattung von uns allen. Wir sind alle hochsensibel. Mädels wie Jungs. Auch die Jungs. Weiß ich! Mit denen verbringe ich nämlich in meinen Kindertagen viel mehr Zeit als mit den Mädchen. Aber vor deren Mamis würden die nie weinen. Machen die einfach nicht. Gehört sich nämlich nicht. Jungs heulen nicht. »Immer stark sein«, sagen die Papis. BOAH – ist das anstrengend! Und wieso wissen wir das? Weil wir Kinder uns in Momenten noch erlauben, uns gegenseitig wirklich zu zeigen, wie es uns geht, und zuzulassen, was wir wahrnehmen. Wir reden ehrlich über das, was wir erleben, unabhängig von dem, was offensichtlich ist. Nicht alle. Aber da gibt es zwei. Zwei Jungs aus meiner Grundschulklasse. Wir reden darüber, dass, wenn wir nachts Monster unter unseren Betten gesehen haben – dass die da waren! Wir wissen, dass die Erwachsenen nicht mehr sie selbst sind, wenn sie Alkohol getrunken haben. Da gucken uns Monster an aus den Gesichtern unserer Eltern. Und wir lieben sie trotzdem. Weil wir sie hinter den Fratzen sehen können. Ich halte diese Liebe. Eine ganz lange Zeit. Und ich lasse nicht zu, dass mich die Bilder und die Reduktion auf die Realität, die Beschränkung auf eine Geschlechterrolle, erdrücken. Aber je älter wir werden, desto mehr werden wir reguliert. Was man zusammen machen und was man nicht machen darf, wer mit wem spielen darf und wer nicht. Jungs mit Mädchen oder nicht. Wir sind also schon als Kinder aufgefordert, uns mit diesen Schablonen auseinanderzusetzen. So passe ich also nicht in die Mädchen-Schablone, nicht in die Tennis-Schablone und offensichtlich auch nicht in das Ballerina-Prinzessinnen-Kleid. *Scheiß-Spiel!* Entdecke ich eben was anderes für mich.

Reiten! Ein Pferd, das frisst und seine Äppel ablegt und keine Fragen stellt. Nicht manipuliert und nichts erwartet. Außer Hafer vielleicht. Oder mal ein paar Möhren. Das ist irgendwie ehrlich. Der perfekte Ort für mich. Da entladen sich meine Spannungen. Und doch ist es ein Ort, der zu meiner aktuellen Gemütslage passt. Es ist eher ein Zufluchtsort als ein Ort des Wachstums. Ein Ort, an dem ich immer wieder zu mir zurückfinde, wenn ich gar nicht mehr durchblicke. Oder ist es einfach der Ort, an dem ich mich nicht hinter einer Fassade verkrümele …? Meine Gefühle sind zu der Zeit so durchwachsen, dass ich das nicht mehr genau sagen kann. Aber etwas gehört zum Reitstall dazu. Etwas, das immer geholfen hat: die Natur. Die urteilt nämlich nicht. Hat Nietzsche schon gesagt: »In der Natur fühlen wir uns so wohl, weil sie kein Urteil über uns hat.« Kaulquappen züchten, auf Bäume klettern, draußen herumstreunen: Das sind die Wohlfühlmomente meiner Kindheit. Die Natur als Anker im Strudel des menschlichen Daseins ...

Fortan habe ich Stunden im Reitstall verbracht. Pferde geputzt und Ställe ausgemistet. Das hatte was sehr Erdendes. Sollten Sie mal nicht richtig wieder auf die Füße finden: Ein Spaziergang in der Natur hilft immer. Die Verbindung zu sich selbst aufzunehmen, geht draußen am besten. Da haben Sie, wenn Sie so wollen, einen ehrlichen Spiegel. Beständigkeit, Ruhe, Wachstum. Die Vergänglichkeit als Kreislauf ... Sommer, Herbst, Winter; Frühling – und wieder von vorne ... Das reflektiert die Natur zu jeder Jahreszeit, zu jeder Tageszeit. Im Angesicht dieser Einfachheit lösen sich die schwierigsten Fragen des Kopf-Karussells. Oder fragen Sie beim nächsten Bauernhof mal nach, ob Sie einen Stall ausmisten können. Oder wüten Sie in Pflanzkübeln. Dreck und frische Luft. Das beste Mittel gegen die Zentrifugalkraft des Leistungsprinzips, gemäß dem wir immer mehr versuchen, all unsere Gefühle wegzurationalisieren. Denn das, was wir in der Stille, der Begegnung mit uns selbst offenbart bekommen – und da ist die Natur ein unermüdlich ehrlicher Spiegel – ist ja nicht immer schön. Da fliegen unsere Kompromisse auf, und all die Bewertungen und Urteile, die andere über uns fällen – die zu fühlen wir weggedrückt haben – werden spürbar. Ich weiß als Kind oft gar nicht, wohin mit all den Eindrücken.

Das erlebe ich auch in der Schule. Da entdecke ich, dass *Wissen* gut ankommt. Meine Schlussfolgerung: Bin ich eben gut. Entscheide ich für mich. Meine Grundschullehrerin, Frau Bücher, und ich finden uns da. Ich liebe diese Frau. Und sie mich offenbar auch. Wir haben da eine Frequenz, auf der wir uns verstehen. Wieder bis zu jenem einen Tag ... Sie empfiehlt meinen Eltern, mich eine Klasse überspringen zu lassen, »damit ich mich nicht langweile«. Ich bin zu fix. Eine solche Empfehlung ist was Besonderes! So *werten* es die Großen. Ich, draußen auf dem Schulhof, habe nicht den Hauch einer Ahnung, was da drinnen zwischen meinen Eltern und Frau Bücher verhandelt wird. Das einzige, was ich weiß ist, dass wenige Tage später die Liebe zwischen Frau Bücher und mir beendet ist. Mit dem Tag, an dem sich meine Eltern gegen die Empfehlung ausgesprochen und mich im Jahrgang belassen haben. »Ich könnte ja später Probleme mit dem Altersunterschied bekommen.« So heißt es. Ich sage Ihnen: Es ist eine Verzweiflung, nicht ernst genommen zu werden! Es wird einfach über mich hinweg entschieden. Und alle sind sich sicher: Sie tun das Beste *im Interesse des Kindes*. Ich könnte heulen. Aber gut. So ist es jetzt eben. Was mich das aber wirklich lehrt, ist: Es sind hier *nicht freie* Menschen, die Entscheidungen treffen. Es sind persönliche Verletzungen, die der Türöffner für irrationale Handlungen sind. Wenn Energie alles steuert – aus welchem Pool werden also unsere Gedanken und Handlungen gefüttert, wenn wir uns schon in der Zurückweisung oder Ablehnung wähnen? Schaffen wir es, den Weitblick zu behalten, oder wollen wir ab da nur noch das Ich versorgen? Offenbleiben oder eng werden? Seele oder Geist? Wer gewinnt? Diese Fragen tangieren alle Lebensbereiche, also tangieren sie letztlich *uns*. Wir sind es ja, die im Leben sind.

Meinem Gefühl nach ist der Dschungel aus Ich-Ich-Ich zu dicht. Es ist kein Durchdringen. Meine Liebe zu Frau Bücher bleibt ab diesem Tag also unerwidert, auch wenn ich keine Ahnung habe, warum. Die Entscheidung meiner Eltern ist für sie vielleicht eine zu große Zurückweisung ihrer Kompetenz. Ich bleibe spekulierend zurück. Denn die Frage nach dem *Warum* wird mir nie ehrlich beantwortet.

Wie ich Ihnen das alles so beschreibe, wird klar: Ich bin schon mitten drin im Kreislauf des Irdischen. Mein Weitblick ist also geschrumpft. All die vielen kleinen Schritte hinein in das Chamäleon-Dasein, das konsequente Anpassen an das Außen, lassen mich nur noch das Menschliche sehen. Das, was aber bleibt, ist die Kluft zwischen dem, was ich fühle, und dem, was lebbar ist. Was einstmals nur einen kleinen Riss zwischen meiner Wahrnehmung und meinem Sein dargestellt hat, erodiert immer mehr zu einem Spalt. Irgendwann werde ich diesen Spalt sogar als den Grand Canyon empfinden. Da bin ich kein Opfer. Nochmal: Ich habe das alles, was dazu beigetragen hat, entschieden. Manches Mal war es das bloße Anpassen und Mitmachen, manches Mal eine Form der *Nicht*entscheidung, manches Mal die Entscheidung *dafür*, dass eben alles andere hat stattfinden können. Wozu ich nicht aktiv JA sage, ist folglich das Spielfeld für all das, was ich dann mit mir habe *machen lassen*. Der Wunsch, gesehen zu werden, bloßes Überleben, mitspielen zu wollen: Motivationen, die ich *nachvollziehen* kann. Dieses liebevolle Verständnis erlaubt mir aus heutiger Sicht eine klare Perspektive auf mich selbst und gibt mir damit die Kraft, alte Verletzungen zu überwinden, loszulassen und neu zu entscheiden. Allerdings setzt der Blick in den Rückspiegel voraus, dass ich ehrlich mit meinen Gefühlen und Projektionen bin. Bereit, für all meine Entscheidungen die Verantwortung zu übernehmen. Und das geht gar nicht ohne die anderen! Ich brauche ja einen Spiegel. Im eigenen Saft brät man oft lange und erkenntnislos vor sich hin.

Meiner Reitleidenschaft folgt eines sonntäglichen Nachmittages ein Familienausflug irgendwo Richtung Eisenach, wo wir Doraldo – einen 1,80 Meter Stockmaß großen Fuchswallach – aus dem Polizeidienst gekauft haben und den ich ab diesem Tag zu meiner Wohlfühloase gemacht habe. Das war meine Lebensrealität. »Da kann ich sein.« Dachte ich. Ab dem Tag jeden Tag draußen, im Stall, in der Natur. Frei. So fühlt es sich an. Zwar kommen auch hier Druckwellen auf mich zu, denn einfach nur durchs Gelände reiten und die Seele baumeln lassen wird von außen auch wieder kritisch gesehen. Dressurreiten, Turniere besuchen, Springreiten. Egal. Hauptsache, es ist was mit Leistung. Zunächst versuche ich auch da mitzuspielen. Denn ich will ja *mit* anderen sein. Mit ihnen spielen. Mich mit ihnen messen. Ich bin ein Geselligkeitstier. Ein Rudelvieh. Also schmeiße ich mich auch da voll rein. Aber wieder spüre ich unter der Haut diesen kleinen Riss, den Spalt, der sich immer mehr vertieft. Irgendwas an all dem Zusammensein stimmt nicht. Wo ist die Wahrheit? Wo ist die Intimität in der Gemeinsamkeit – neben der Tatsache, dass wir in kleineren oder größeren Gruppen Dinge teilen? Ja, gut. Da trifft man sich. Aber ich suche immer nach dem tieferen, ehrlicheren Kontakt. Folgerichtig ist auch das mit den Turnieren für mich nix. Ich entziehe mich dem, so gut ich kann. Ein bisschen Unterricht muss sein, denn das Pferd muss auch trainiert bleiben. So heißt es. Doraldo hat Schwächen an den Hufen. Das erfordert eine gewisse Aufmerksamkeit und eine spezielle Pflege. Ich erkenne, es ist nicht nur *meine* Rückzugsdomäne, *mein* stiller Support, ein Ort, an dem ich mich für eine Weile vergessen kann – ich muss auch was zurückgeben. Aktiv bleiben. Wachsam. Also gehe ich auch diszipliniert in die Reithalle. Während ich Ihnen das alles beschreibe, erschrecke ich selbst ein bisschen über das bereits unglaubliche Ausmaß der Entfremdung von mir selbst. Denn letztlich bin ich vor Menschen geflohen. Es ist auch eine Art Isolation, wenn man nur mit sich und einem Pferd durch die Welt trabt. Oder einem Hund. Wir sind Liebe-Suchende. Und die finden wir bei den treuen Gefährten, weil wir sie bei Menschen schon nicht mehr zu finden glauben. Ist das nicht erstaunlich …? Da bin ich bei der Geburt ein noch in der ärgsten Bedrohung ruhendes, sanft atmendes Wesen – und schon mit neun Jahren ein davon gänzlich degeneriertes Menschenkind. Und in diesem Aggregatszustand nicht die Einzige! Welche Entscheidungen wir also schon in jungen Tagen getroffen haben! Das gemeinsame Fliehen in die lineare (also weltliche) Realität und damit in die Ereignisse, wie Sport zum Beispiel oder Tatort-Gucken oder eben Pferdereiten, hat ja auch was Verbindendes. Aber das bleibt eben oft an der Oberfläche. Man teilt Ereignisse. Ja. Aber ob da wirklich Intimität, Austausch und eine wahre Begegnung stattfinden, bleibt oft fraglich.

Wie oft habe ich gehört, dass die moderne Psychologie angeboten hat, eine »Verantwortung« bei den Eltern, den Geschwistern, den Lehrern – eben sämtlichen äußeren, menschlichen Einflüssen – für die individuelle Entfremdung zu suchen. Meine Güte: Wozu? Verantwortung liegt bei mir selbst. Das hätte ich gern mal gehört. Aber eben nicht nur als Disziplinarmaßnahme oder Wellnessprogramm einmal pro Woche. Sondern als ehrliches Lebensmodel. Eine gelebte Wahrheit, an die ich mich hätte anlehnen können, um mich wieder an mir selbst anzudocken. Es war stattdessen meine Wahl, unter den Urteilen, den Manipulationsversuchen und Zurückweisungen durch Dritte nach und nach einzuknicken und langsam, aber sicher, ebenfalls in den Mitmachmodus abzugleiten. Und woher habe ich das? Na, von den anderen. Durch die Reflexion, dass das eben der Weg ist, den wir gehen. Dass so das Mensch-Sein funktioniert. Wir haben ja ein anderes, großes Spielfeld, auf dem wir alle Platz haben: das Feld des Wettkampfes. Da messen wir uns eben in Fragen rund um Erfolg, Geld, Lebensqualität, Aussehen etc. Nur wer sich selbst wertschätzt, muss sich nicht messen. Und der kann das auch in anderen wieder wachrütteln. Aber das finde ich eben nicht …

Ich will mein Leben rückblickend gar nicht schwarzmalen. Ich hatte ja bei alldem einen Heidenspaß! Je mehr ich von mir weg bin, desto mehr hatte mich das ganze Spiel am Wickel. Und es ist ja auch alles darauf ausgerichtet, *Spaß* zu machen. Sonst würden wir ja nicht seit Jahrtausenden daran festhalten! Wir lieben diese Party! Doch insgeheim glaube ich, dass alle mal gerne eine Pause hätten. Einen Moment des Innehaltens, des Wahrhaftig-Werdens. Das ist nach Hunderten von Gesprächen sogar mehr ein Resümee als eine verzerrte Idee.

Ans Anhalten habe ich überhaupt nicht gedacht! Mir waren die wildesten Pferde die liebste Herausforderung. Keines zu schwer zu bändigen. Es liegt nahe, dass ich in meinem Drang nach Ausdehnung dem dörflichen Leben so schnell wie möglich entfliehen und selbstständig werden wollte. Irgendwann war ein Motorrad mein Schlüssel zur Freiheit. Es liegt etwas Anziehendes in dem Gefühl, die Dinge dominieren zu können. Ob das wilde Pferde, Motorräder oder andere gefährliche Situationen sind ... Schnelle Autos, Fallschirmspringen ... Es gibt das Gefühl von Kontrolle. Von Macht über eine Situation. Von Freiheit. Frei, es mit dem Himmel und den Mächten aufzunehmen. Mal schauen, wo die Grenzen sind! Jedenfalls in der Version von Freiheit, die der dreidimensionalen Perspektive auf das Leben entspringt. Also der Freiheit innerhalb der bereits kollektiv gewählten Enge eines linearen Daseins. Einem Bewusstsein, das auf stete Wiederholung und Stimulation aufgebaut ist. Cool sein, anders sein: rebellieren. Sind das nicht die treibenden Kräfte unserer Menschheitsgeschichte? Die Geschichte gibt zu verstehen: Haben wir uns gegenseitig irgendwo unterdrückt, kam die Revolution. War es zu brav, wurde es exzessiv. War es zu exzessiv, wurde es wieder gediegener. Immer anders als die anderen, die Generation unserer Eltern. Spüren Sie die Trägheit dieses Jo-Jo-Effekts, in dem wir uns bewegen? Und dabei glauben wir auch noch, dass wir uns *entwickeln*. Weiter entwickeln. Naja: bei einem Jo-Jo machen wir das auch: einwickeln, entwickeln, um uns wieder einzuwickeln, um uns wieder zu entwickeln … Es ist aber immer wieder dieselbe Spule, die wir auf- und entwickeln. Und da denken wir, wir gehen voran! Kurzer Rückblick zu Kapitel 2: Wir gehen gar nirgends hin. Loslaufen am Alexanderplatz = Ankommen am Alexanderplatz. Wir leben in Kreisläufen, ja. Aber dabei sind wir gefragt, uns zu vertiefen. Aufwickeln – nächstes Thema. Und nicht ein und dasselbe vorwärts und rückwärts. Einmal diesen Mechanismus durchdrungen, hätten wir die Chance, die Abläufe zu entlarven. Das würde aber voraussetzen, dass wir alle willens wären, die Tatsache anzuerkennen, dass es mehr gibt als nur Materie. Mehr als nur diesen einen Körper. Das *eine* Leben – das irgendwann zu Ende ist. Dass es immer einen nächsten Schritt zu nehmen gibt. Ein nächstes Leben, das auf uns wartet. Ein Leben in Kreisen mit ständiger Weiterentwicklung. Nicht im Jo-Jo-Prinzip. Also die Dualität unseres Seins wieder als gegeben anzuerkennen. Dualität meint hier Körper UND Geist/Seele. Ausgerichtet auf die Endlichkeit einer einzigen Realexistenz, ist es doch logisch, dass wir versuchen, es uns schön zu machen. So lange oder kurz, wie wir da sind, muss das Leben *Spaß* machen. Jo-Jo-Spielen eben.

So haben auch mir all die vielen Beschäftigungen Spaß gemacht, denen wir so gerne nachgehen. Ich verliere mich in stundenlangen Ausritten, beim Eisessen mit Freunden oder Spiele spielen. Aber letztlich sind all diese Dinge nichts weiter als Ablenkungen vom Wesentlichen. Das fällt nur kaum einem auf, da es alle machen. So wie ich mit meinem Reitsport, dem Tennisversuch oder meiner kläglich gescheiterten Ballerina-Karriere.

Ja und Amen

Zu meiner Jugend gehört eine weitere Clubmitgliedschaft. In meiner Geburtsurkunde steht: römisch-katholisch. Eine weitere Mitgliedschaft. *Frei Haus*. Meine Eltern waren katholisch. Also zumindest mein Allgäuer Papa. Meine Mutter ist später vom evangelischen Glauben konvertiert. Die Gemeinsamkeit, das Ausüben weiterer gemeinsamer Rituale, die verbinden, hat wohl den Ausschlag dazu gegeben. Da hab ich mich auch eingereiht und wurde Messdienerin. Es folgten außerdem: die Erste heilige Kommunion. Heiliger Bimbam! Was für ein weiteres Ritual eines vollkommen »entseelten« Volkes! Damit meine ich die gesamte Menschheit – nicht nur die Katholiken. Ein Kind wird in eine »Gemeinschaft« aufgenommen. Warum, bitte, habe ich das Gefühl, nur wegrennen zu wollen? Gott gibt es für mich doch eh schon! Ich bin doch Teil des Ganzen. Also auch Teil von Gott. Gott, den spüre ich ja. Das ist meine Angebundenheit. Mein Urvertrauen. Die vereinende Liebe. Den trage ich in mir. Dazu brauche ich keine Institution, die mich zu ihm führt. So ein Blödsinn. Der ist immer da. Der liebt mich, mehr als ein Mensch das je könnte. Hier werde ich nicht mit einer Schuld belastet, dass Jesus ans Kreuz genagelt wurde. Den, das, die – spüre ich in meinem Herzen. Jeden Tag. Was oder wer soll mich da jetzt noch zulassen oder *aufnehmen*? Zu *was* lassen die anderen mich durch dieses Ritual nun zu? Fakt ist: Ich bin durch die Taufe in eine Religions*gemeinschaft* aufgenommen. Ok. Ein Club mit Namen »Katholische Kirche«. Eine Interessens- oder Interpretationsgemeinschaft. Aber nicht in das Göttliche. Da baden wir eh drin. Dafür muss ich keine Zulassung oder Aufnahmebestätigung erlangen. Das ist universell. Dieses Ritual ist eine menschliche Form, eine Interpretation dessen, was es bedeutet, mit Gott verbunden zu sein. Die Idee vom wahren Weg zu ihm. Aber dieser Zugang steht jedem immer offen, da wir es bereits sind: verbunden. Ob wir das annehmen wollen oder können oder nicht.

Gott – oder das Göttliche – das Allumfassende: Was ist das? Jede Religion bietet da was an. Jede hat eine andere Interpretation bereit. Einen *besseren* Weg, zu ihm zu finden. Die anerkannten Weltreligionen sind für mich nur Interessensgemeinschaften, *weil* sie das Göttliche interpretiert, also für *sich* definiert haben. Ihr Haus, ihre Regeln, ihre Rituale führen zu ihm. Das Einzige, was das aus meiner Sicht repräsentiert, ist die Möglichkeit des Menschen, auf strukturellen Wegen Individualität, Macht und Unterdrückung ausüben zu können oder sich gänzlich selbst aufzuopfern. Alles fern der Augenhöhe, auf der wir uns entwickeln könnten. Auf einer Ebene, auf der wir alle eins sind. Fern von *Besitzansprüchen* auf den *wahren* Weg zu Gott oder Erleuchtung oder welche Begriffe da sonst noch verwendet werden. Ein paar Blitzlichter: Da sind die Juden mit ihrer Vorstellung vom auserwählten Volk. Da sind die Christen mit ihrer Nächstenliebe, der Erbsünde – und dem Klingelbeutel. Da sind die Buddhisten, die endlos meditieren und mit Blick auf das Nirvana alles hinnehmen, sogar noch ihr letztes Reiskorn opfern. Da sind die Muslime mit der Idee vom Paradies … Abgaben haben ja einige Religionen (der Islam sogar als eine der Fünf Säulen). Aber das alleine finde ich schon fraglich. Wieso soll ich jemanden dafür bezahlen, dass der mir sagt, wie ich zu Gott finde, wenn der Weg ja schon frei zugänglich ist? Im Einzelfall, wenn ich jemanden bitte, mich zu beraten, weil ich alleine nicht weiterweiß, ist das ein faires Geschäft. Das machen wir mit

Psychotherapeuten auch. Die bezahlen wir auch. Aber als gesetzte Abgabe für die Priesterkaste oder die Bedürftigen der Gemeinschaft ...? Dass andere für mich den Weg bereiten? Jeder hat so seine Vorstellung davon, was das Göttliche also ist – und wie man dahinkommt. Damit *eins* wird. Und was haben *wir* von den Interpretationen? Ein breites Clubangebot. Clubs, die gegeneinanderstehen. Interessensgemeinschaften mit »offenen Armen«. Aber eine Gemeinsamkeit? Ein aufrichtiges, urteilsfreies WIR? Ich weiß nicht. Universell gesprochen gibt es ja nur *ein* Göttliches. Das Gemeinsame. Unser aller Ursprung. Und wir sind alle Teile davon. Also kann es tausend Wege geben, denn das Göttliche ist immer *da*. Um uns rum, in uns drin. Da müssen wir nicht *hin*. Das können wir nur vertiefen. Wie kann also überhaupt jemand meinen, *den* Weg gefunden zu haben? Und folgenschwer darüber zu urteilen, wer vom *rechten* Weg abgekommen ist? Oder einen Anspruch darauf erheben, das *Richtige* definiert zu haben? Ich halte das alles für wenigstens fragwürdig. Ich habe mir von allem selbst ein Bild gemacht. Mich lange auseinandergesetzt. Sonst käme ich nicht zu dieser Aussage. Das ist keine saloppe These, um mal ein bisschen Wind zu machen. Klar ist für mich: Wenn auch nur eine *einzige* Person ausgeschlossen wird, sprechen wir nicht mehr von *allumfassender* Liebe. Auch wenn beispielsweise das Wort katholisch »allumfassend« bedeutet. Eine gelebte Wahrheit ist das aus meiner Sicht nicht. Schon der Ausschluss einzelner Lebensformen oder Einstellungen begründet daher aus meiner Sicht eher eine Interessensgemeinschaft. Eine der Bedeutungen von »Religion« lautet: – religio, aus dem Lateinischen – Rückbindung. An seine Seele, an das Göttliche. Die *Praxis* der Weltreligionen hat für mich wenig mit der *Ehrung* des Göttlichen zu tun. Also dem WIR. Dem ICH als Teil des WIR. Die Weltreligionen sind für mich Institute, die das Göttliche zum Besitz gemacht haben, um strukturelle Hierarchien ausleben zu können. Wer weiß es besser, wer ist näher dran an Gott etc. … Die Gottesehrung wurde damit eher zu einer kulturell eingeübten Aneinanderreihung von Ritualen gemacht. Dazu, wie man meint, dass diese *Rückbindung* auszusehen hat. Interpretationsgemeinschaften. Interessenverbände also. Mehr nicht. Da wir alle Rudelviecher sind, suchen wir die Herde. Dann eben auch in diesen Verbänden. Die gibt's ja schon lange. Darum muss ja was dran sein … Aus meiner Sicht einfach nur wieder ein zwischenmenschliches Ritual, das wir dem Jo-Jo-Prinzip gemäß wiederholen und wiederholen, ohne es je zu hinterfragen.

Fragen wir doch mal: Wie kann es sein, dass im Namen der Religion Kriege geführt, Frauen minder wertgeschätzt und vergewaltigt, Kinder missbraucht werden, über lebens- oder nicht-lebenswertes Leben entschieden und Rassentrennung vollzogen wird? Und damit spreche ich natürlich nicht nur die christlichen Kirchen an. Sind das nicht vielmehr Taten im Namen von irgendwem – Kirchen oder Ideologien – die das Wort *Religion* für ihre Zwecke missbraucht, zur Galionsfigur gemacht haben? Es damit *entweiht* haben? Mensch ist Mensch. Schneiden Sie uns doch mal auf – oder fragen wir dazu besser einen Chirurgen! Unter der Haut – wo ist da der Unterschied? Wer sagt, dass ein Wesen, ein Geschlecht, eine Rasse mehr wert ist als eine andere? Der Mensch tut das. Ohne eine wahre Grundlage. Beliebig. Machtbesessen auf der Suche nach Bestätigung und Individualität. Ich habe mal einen DNA-Test machen lassen. Fest steht, dass ich genetisch so ziemlich allen Kontinenten und Nationen zuzuordnen bin. Von Afrika bis Schweden. Vom Orient bis Litauen. Nach einiger Nachforschung finde ich sogar raus: So sind wir alle. Bemühen wir noch einmal die Geschichte: Völkerwanderung. Wir sind alle bunte Mixe von irgendwas. Der Mensch hat sich in seinem Bestreben nach Sicherheit nur alles zunutze gemacht, was ihm geholfen hat, das Ich von einem anderen Ich abzugrenzen. Macht zu erlangen. Über anderen zu stehen. Zu herrschen und zu beherrschen. Grenzen im Kopf oder auf der Landkarte zu ziehen. Sich zu identifizieren. Notfalls auch über die Rassenfrage. Andere ver- oder be-*urteilen* zu können, zu richten, was uns lieb und unlieb ist: ein bisschen selbst Gott spielen! So, wie wir halt glauben, dass Gott-Sein geht! Wenn man die Anbindung an das Göttliche nicht mehr wahrnehmen kann, ist dieses Spiel von Macht, Rangordnung und Besitz im Zusammenhang mit dem Göttlichen ein sehr beliebtes. Es haben sich ja auch immer genug Leute gefunden, die sich eingereiht haben. Mitspielen. Dazugehören. Ob aus der Motivation von Unterwerfung oder Dominanz, spielt keine Rolle. Das Club-Phänomen eben. Und eine ziemlich plausible Erklärung dafür, warum wir es nicht wagen zu hinterfragen. Die drohenden Empörungen, Gegenreden und möglichen Folgen aus dieser tief verwurzelten Machtstruktur lassen uns verängstigt schweigen.

Der Club der Katholiken hält auch eine Menge Rituale bereit. So will er beispielsweise, dass ich zu meiner Erstkommunion beichte. Mich also in seine Rituale, in die Ausübung seiner Interpretation der Verbundenheit zu Gott, einfüge. Gehört dazu. Was denn – wozu denn? Beichten: puh – ich bin damals überfordert. Diese *Schuld*, für die ich jetzt schon büßen soll. WHAT? Ok, im Alter von knapp neun Jahren habe ich den einen oder anderen Streit mit meiner Schwester vom Zaun gebrochen. Ich habe meine Eltern geärgert. Ich versuche mir also was aus den Fingern zu saugen. Betrete den Beichtstuhl mit klopfendem Herzen. Mir ist übel. Mein Körper sagt mir also: Das kann nichts Gutes sein! Der Pfarrer – kaum sichtbar in diesem Angst einflößenden dunklen Kasten – sagt irgendwann: »Macht drei Ave-Maria und fünf Vaterunser.« Oder etwas Ähnliches. Damit verlasse ich schwindelerregt diesen Holzverschlag. Knie in einer Bank nieder und bete brav die angegebene Menge der entsprechenden Gebete runter. Entschuldigen Sie. Aber gerade muss ich laut lachen. Bei einer Weltanschauung, die Verantwortung als oberstes Prinzip anerkennt, sind Schuld und Sühne quasi nicht existent. Da gibt es nun diesen Interessenverein »Kirche«, der mir schon mit meiner Geburt eine *Schuld* zuschreibt. Dem ich was *beichten* soll. Der sich also als Richter für mich begreift. Und diese Schuld wird mir mit ein paar Gebeten und einem entsprechenden Betrag im Klingelbeutel erlassen. Hä?! Und außerdem soll ich mich für die jetzt in ein hübsches, weißes Kleidchen stecken lassen, um meine *Unschuld* zu repräsentieren. Geht's noch?! Ok: Das »karmische« Prinzip habe auch ich verstanden. Das Universum vergisst nichts. Alles kommt irgendwann zu mir zurück. Ich habe also irgendeine Verwicklung mit diesem Verein zu lösen. Was mir aber nicht einleuchtet ist, dass *Menschen* über mein Verhalten richten dürfen. Wir sind einander nicht das Jüngste Gericht! Dafür gibt es weit höhere und weisere Instanzen. Wir sind einander höchstens Spiegel. Mit dieser Verantwortung kann ich gehen. Aber selbsternannte Richter? Mit dieser verknöcherten Weihrauchwelt komme ich ins Gehege. Ich liebe – und das meine ich ehrlich und wörtlich – ich *liebe* Rituale. Dinge gemeinsam machen. Wenn sie Sinn machen! Ich liebe es, wenn Menschen zusammenkommen. Dafür sind wir gemacht. Wir sind nicht dazu gemacht, als Eremiten im Wald zu sitzen und auf die Erleuchtung zu warten, auch wenn sich manche Eremiten heute als Vorstandsvorsitzende, Mütter, Väter – und gar nicht im Wald – unter uns bewegen. Verhalten sich aber so. Die können vielleicht auch mit den Ritualen um sich rum nichts anfangen. Ähnlich befremdlich fühle ich mich auch mit diesem Verein Katholische Kirche mit ihren Ritualen, die mich in Sippenhaft nehmen, seit ich geboren wurde. Und für den ich später auch noch Steuern zahlen werde. Hab ich mir das ausgesucht? Ja, meiner Theorie zufolge habe ich das, indem ich meine Eltern gewählt habe. Gut. Aber die haben mich nicht gefragt, ob ich zur Kommunion *möchte*. Also: Sippenhaft. Der Sinn dieses Rituals? I don't know. Ich bin jedenfalls brav in einem weißen Kleidchen zur Erstkommunion. Mit kurzen Haaren. »Nein, Mama, bitte keinen Kopfschmuck!« Zu spät: Ein drei Zentimeter breites Geschenkband wird mir um den Kopf gewickelt, mit einer großen Schleife dran. Richtig 80er. AUA. Wenn ich das Foto dazu sehe, zieht sich in mir immer alles zusammen.

Als ich dieses scheußliche Ritual endlich überstanden habe, kehrt wieder der Alltag ein. Lernen, zur Schule gehen, Hund Gassi führen, Reiten, Klavier lernen, Messdienerin sein etc. etc. etc. Kann übrigens auch lustig sein, der Messdiener-Dienst. Da sind wir mal zu einer Beerdigung bei uns im Dorf. Ich auf der Rückbank des alten VW Golf unseres Paters, Einser Model. Der Pfarrer: »Zünd schon mal den Weihrauch an.« Wir waren ein bisschen spät dran. Gesagt, getan. Nur die Bahnschienen zum Friedhof unterschätzt. Mit entsprechender Eile drüber, landet der frisch glühende Weihrauchstein im Fußraum. Ich: »Oh Gott« – wie lustig man diesen Ausspruch verwenden kann. Er: »Los! Löschen!« Ich: »Ja, wie denn?!« Es blieb nur eine Lösung: das Weihwasser. Dann standen wir da. Kein Rauch. Kein Wasser. Nix mehr Heiliges, Rituelles. Er wieder: »Los, hol mal schnell Wasser!« Ich flitze los, der Pfarrer hebt kurz segnend die Hand darüber. ZACK: Weihwasser! Und Rauch kommt auch noch irgendwoher. Das ist alles so was von zum Piepen! Vor lauter Hetze rutscht meine Kutte. Ich trage das Kreuz vorneweg auf dem Weg zum Grab, aber die Treppenstufen schaffe ich nur mit einer Judo-Rolle. Das Kreuz bleibt heil. Nur mir tut alles weh. Das war die komischste Beerdigung ever! Und für mich eine beherzte und aufschlussreiche Erfahrung mit dem, was denn so *heilig* ist …

Naja. Es gibt etwas, das in diesem ganzen Wahnsinn nicht zu unterschätzen ist: Es ist das Gefühl der Verbundenheit. Das Rudel-Ding. Im Miteinander. Gemeinsame Rituale. Im

Familienverband ist es die körperliche Nähe. Auf dieser Ebene treffe ich meine Mutter zum Beispiel ganz oft in ihrer Essenz. Wenn ich mein Köpfchen auf ihren Schoß lege, am Abendtisch, und sie legt ihre Hand auf meine Stirn und streichelt mich. Ohne dass wir reden. Das ist göttlich! Da sind unsere Seelen im Kontakt. Kein *Muss*. Nur ein *Sein-Dürfen*. Ich biete mich dann einfach an. Zeige mich. Still und wie verabredet. Lasse mich nicht ablenken von dem *Müssen*. Das sind Momente: Da hole ich sie mir, die Nähe, die in all diesem ganzen Wachsen und Vertiefen und Entrissenwerden so rar ist. Und meine Ma ist da ganz bei mir. Es sind die *unausgesprochenen* Dinge, die uns verbinden. Die Stille. Meine Ma kann am Ende wenig dafür, dass ich mich oft nicht verstanden fühle. Dass ich zunehmend wütend werde. Die Wut war meine Wahl, als Reaktion auf das Gefühl des Getrenntseins im Zusammenleben. Darauf, dass das gelebte Göttliche nur eine Inselerscheinung im Alltag ist. Kein Dauerzustand. Ich erlebe ja, wie eine Kluft herrscht zwischen dem, wie sich Menschen verhalten, und dem, was sie ausstrahlen. Was sie *sagen* und wie sie *handeln* – im Verhältnis zu dem, was ich in ihren Augen sehe. In meinem Herzen spüre. Die Geduld, mich darüber mitzuteilen, hatte ich nicht. Und selbst, wenn ich es angesprochen habe, wollte das auch keiner hören. Und danach gefragt wurde eben auch nie … Da liegt wohl schon eine Hausaufgabe in meinem Körbchen, die ich mitgebracht habe: beobachten, zulassen und ansprechen … Neben all der Verbundenheit und Weitsicht liegt schon leise ein Schleier über allem. Ich entwickle Selbstzweifel. Ich denke, ich spinne, weil keiner versteht – oder verstehen will –, wovon ich spreche. Ich fange also an zu denken, *ich* könnte der Fehler sein. Also spreche ich *nicht* weiter an, was ich wahrnehme. Ich werde wütend. Darüber, dass ich das nicht zum Ausdruck bringen kann. Darüber, dass mich niemand danach fragt. Darüber, dass überhaupt niemand darüber spricht, was wirklich ist.

Und darüber, dass ich mich immer wieder aufgegeben habe. Mitgemacht. Mich immer wieder in Frage gestellt und überschrieben habe, um wenigstens diese Form des Zusammenseins leben zu können. Die reduzierte, vermenschlichte Form der eigentlich wahren, göttlichen Verbundenheit. Reduziert auf Familien, Freundschaften oder andere definierte Kreise. Und sei es, Messdienerin zu sein. Aber die Trennung von mir, meiner Wahrheit, schmerzt am meisten ...

Bei der nächsten Gelegenheit haue ich auf den Tisch und sperre mich. Firmung. »Es geht doch eh nur jeder hin, weil er ein Moped haben will oder sonst was, was man da so geschenkt bekommt«, gebe ich lauthals zu verstehen. »Ich will keine Geschenke, nur weil ich ein Jahr lang irgendwem beim Predigen zugehört habe, der mich nicht versteht und mich auch nicht erreicht. Der nur einen Club vertritt, aber so tut, als vertrete er Gott.« Der Preis ist mir zu hoch. Ich gehe nicht hin. Kurz notiert: Ich komme aus einem – väterlicherseits – süddeutschen, katholisch geprägten Familienclan. Ich habe also erstmal meine Patentante am Telefon (die ich im Übrigen über alles liebe! Mit der habe ich auch so eine Seelenverbindung). Damals sind ihre Worte aber noch: »Geht nicht, nicht hingehen.« – »Geht doch!« Ich verweigere und setze mich durch. Und das ohne Streit! Denn meine Argumente um Mopeds und Geschenke scheinen einzuleuchten. Der tiefere Sinn ist für mich nicht ersichtlich. Wie auch. Da ist keiner. Man lässt mich also in Frieden. Bitte. Sollte ich Ihnen als gläubige Katholiken gerade zu nahe getreten sein, erlaube ich mir, auf den Beginn des Buches hinzuweisen. Ich bin ein Angebot. Sie können alles jederzeit annehmen oder ablehnen. Ihre Entscheidung. Ich entscheide ja auch. In diesem Fall: für mich. Und das fühlt sich so rasend gut an! Das kann ich Ihnen sagen. Und es hat mich Mut gekostet, dafür einzustehen. Ein NEIN zu diesem Clubverhalten. Ich bin also noch nicht ganz

verloren! (Das sage ich jetzt im Hinblick auf meine Anbindung.) Vielleicht haben mir die vielen Ausritte und Stunden
beim Werkeln und an der frischen Luft den Kopf frei werden
lassen, und ich habe meine Gefühle, meine Wahrheit nicht
völlig wegrationalisiert. Das müssen Sie unbedingt mal ausprobieren: Wenn Sie sich mal in Ihrem Kopf total verknotet
haben: Laufen Sie! Damit meine ich nicht rennen oder schlei-
chen. Ich meine: gehen. Aktiv und bewusst. Einen Fuß vor
den anderen. Einatmen und Ausatmen. Das ist zwar scheinbar ein ganz profaner Routinevorgang – aber hochwirksam.
Also, jedenfalls wenn Sie sich dem mit Ihrer vollen Aufmerksamkeit widmen. Mir hat es das Rückgrat gestärkt, mich immer wieder mit mir zu verbinden – und mich auch erfolgreich
dieser Firmung zu erwehren. Und wissen Sie was: Ich habe
überlebt! Auch ohne Moped. Zunächst noch – das kam dann
später. Also jedenfalls: ohne Firmung!

Ich habe ja bereits gesagt, dass ich mir selbst ein Bild von den
Religionen gemacht habe. Von dieser *Reise* möchte ich Ihnen
gerne berichten. Ich bin im Erwachsenenalter viel in der Welt
unterwegs. Zum Abitur war es mein großer Wunsch, nach
Tibet zu reisen. Es muss meine Seele gewesen sein, die diesen
Wunsch hatte, denn auf dieser Reise habe ich etwas verstanden. Etwas zum Thema Religion. Oder wie ich eben liebevoll
sage: den Interessenverbänden. Um nach Tibet zu reisen,
musste ich mich einer Reisegruppe anschließen und zunächst
über Nepal einreisen. Ich war mit Abstand die Jüngste dieser
Truppe, habe mich also gerne mal abgesetzt. Und bei meinen
Streifzügen das Eindrucksvollste erlebt: einen Bettler, der
seine von Lepra zerfressenen Gliedmaßen gezeigt hat. Einen
Wohnraum für eine sechsköpfige Familie *und* eine Kuh – die
sind da ja heilig – auf vielleicht zwanzig Quadratmetern. Alle
unter einem Dach. Armut und Hunger – aber täglich bringen
die Menschen eine Opfergabe an einen Schrein. Teil der *religi-*

ösen Überzeugung. Diese Eindrücke musste ich erstmal sacken lassen. Weiter in Tibet, erlebe ich folgende Situation: Eine tibetische Frau bietet mit ihrem Kind im Arm handgefertigte Waren an. Ich trete näher und spreche mit der Frau. Sie lächelt, versteht aber offensichtlich kein Wort. Was sie mir antwortet, verstehe ich wiederum nicht. Auch ich lächle darauf zurück. Wir sind uns sympathisch und sprechen mit Händen und Füßen. Das geht auch. Ein Chinese beobachtet dieses herzliche Zusammentreffen zweier Fremder. Der Besatzer. Er kommt sofort auf uns zu und will mich wegzerren. Zu seinen Waren. Definitiv hatte er sie einem Tibeter abgenommen. Diese Besatzer-Attitüde macht mich wütend. In tiefstem Schwabendialekt bekommt der Mann die größte Menge an Unverschämtheiten um die Ohren, die mir gerade einfallen. Er trollt sich. Die Frau am Boden schaut beschämt. Buddhisten. Man wehrt sich nicht. Teil der *religiösen* Überzeugung dieser Glaubensrichtung. Ich bleibe vollkommen aufgewühlt zurück.

Weitere Reiseerlebnisse: Zwischenstopp in Abu Dhabi. Gesetzmäßigkeit: Sharia. Ich beobachte, dass Frauen einen Meter hinter ihren Männern laufen. Sie sind bedeckt. Ihre Schönheiten: Privatbesitz. So der Islam. Der Mann hat das Wort. Gleichberechtigung? Fehlanzeige. Teil deren *religiöser* Überzeugung. Indien: Ich bin am Ganges. Alles lebt und atmet am Fluss. Dem Fluss des Lebens. Hier wird eine Leiche verbrannt, die Asche in den Fluss gekippt. Fünf Meter weiter wird Geschirr gewaschen und gebadet. Ein Bad im Ganges soll die Gläubigen von ihren Sünden befreien und verspricht Absolution. Hinduismus. Teil deren *religiöser* Überzeugung. Sri Lanka: Auf dem Markt gibt es auffällig viele Eier zu kaufen. Ganz anders als an den Tagen zuvor. Auf Nachfrage heißt es, dass bei der Morgenpredigt, in diesem Fall einer buddhistischen, die Eier als *unrein* beschrieben wurden und keiner mehr Eier essen soll. Ein Hauptnahrungsmittel. Erwähnt sei, dass Hunger auch hier eine Rolle spielt. Die Clubmitglieder folgen dem Ruf. Ich bin mehr als erstaunt über diese Enge. Na gut. Meine einzige Aufgabe: Es zu respektieren. Teil deren Art, *Religion* zu verstehen. Israel: Der jüdische Glaube. Zu dessen Ritualen gehört die Beschneidung der Jungen, man hegt die Überzeugung vom *auserwählten* Volk. Dass ich Christin bin, wird respektiert. Aber ein salopper Spruch darüber gibt mir deutlich zu spüren, dass das eben *nur* eine Alternative zu der jüdischen Weltanschauung ist. Immer freundlich, aber bestimmt. Es fühlt sich elitär an. Wenngleich ihre Worte etwas anderes verkaufen. An der Klagemauer in Jerusalem: unzählige Militärs mit Sturmgewehren im Arm. Waffengewalt wird eingesetzt, um die Gläubigen zu beschützen. Zum ersten Mal erlebe ich, was das heißt, als auf dem Weg zum Ölberg der mit Panzerglas gesicherte Bus, in dem ich sitze, anhalten muss. Ein Kugelhagel schmettert auf den Bus ein. Rückzug *Im Namen Gottes* sagen die einen! Unzählige Kugeln fallen aus der Gegenrichtung *Im Namen Gottes*. Echt jetzt? Menschen abschießen oder verteidigen *Im Namen Gottes*? Mir ist das definitiv zu viel Gewalt. Namibia: auch hier unzählige Rituale im Namen Gottes. *Praise the Lord!* – Die Menschen tanzen, die *Kinder* sammeln Geld ein. Die Lebensrealität: kaum Klamotten am Leib, aber der Gemeindepfarrer fährt einen neuen Mercedes. Das gesammelte Geld fließt in die Gemeindekasse. »Und damit der Gott mich von AIDS heilt, schlafe ich mit einer Jungfrau.« Besser: »…vergewaltige sie.« Sprüche der anwesenden Männer. Und leider Teil der Lebensrealität für unzählige junge Mädchen, die dann nicht nur mit AIDS infiziert, sondern oft auch noch schwanger werden. Keiner sagt was. Dazu kommt das Kondom-Verbot der Kirche. Außerdem dürfen Kinder nicht abgetrieben werden. Im Namen des Herrn.

…

Was in *Gottes Namen* verbrechen wir da konsequent und fortwährend aneinander?!? Wenn jemand in »Seinem Auftrag« auf die eben beschriebene Weise handeln würde – den Auftrag Gottes wäre diese Person los. Und die Zeichnungsbefugnis gleich mit. Und zwar mit sofortiger Wirkung und ohne Diskussionen. Aus meinem tiefen Gefühl von *Gott* oder dem allumfassenden Göttlichen – ja, ich bin gläubig, auch ohne einem der Welt-Interessensverbände alias Welt-*Religionen* anzugehören – handelt es sich um eine urteilsfreie und liebende Größe. Kein an Rituale gebundenes oder sonst welche Bedingungen geknüpftes Lieben. Nicht ohne Korrektiv! Definitiv nicht. Aber stets in Liebe. Nie ein »Richtig oder Falsch«. Immer in der Ausrichtung auf das WIR und nie ohne Sinn. Immer vor dem Hintergrund eines weit größeren Zusammenhangs, auch wenn man den vielleicht nicht gleich erkennen kann. Wir haben keine Ahnung, wie sehr wir geliebt werden …

Schauen Sie sich bitte mit mir mal um auf unserem Planeten, in unserer *Community:* Weltbürger, urteilsfrei, bedingungslos, respektvoll … Das sind wir miteinander definitiv nicht. Und wir sprechen von Fortschritt? Einer *modernen Kirche,* weil Frauen jetzt langsam anerkannt werden? Mir fehlen die Worte. Und diese Clubs werden mit den Abzügen von den Gehältern ihrer Mitglieder finanziert. Freiwillig zwar insofern, als ich *austreten* kann. Es wird mir aber *erstmal* eine Rechnung gestellt. Von Staats wegen. Ich kenne sonst keine Clubs, die der Staat per Gesetz in seinem Steuersystem berücksichtigt. Diese Selbstverständlichkeit finde ich wenigstens hinterfragenswert! Die Kirche tut auch viel Gutes. Keine Frage! Manche wären ohne die Unterstützung durch Essensausgaben, Kindergärten, Altersheime oder anderen Wege der Zuwendung vollkommen aufgeschmissen. Das ist ja auch unterstützenswert! Mir schmeckt nur die Bedingung, dieses Ködern mit *Gottes Segen,* nicht. Das institutionalisierte Spiel mit der *Hoffnung* der Menschen auf ein Paradies. Derer, die ihr Leben und das Zusammenleben in der Welt nicht ertragen oder ein bisschen besser machen wollen. Das geht aber auch ganz einfach mit einem eigenverantwortlichen Selbst. Denn der Einzelne verändert das Ganze. *Gott* will nicht mein Geld, der will, dass ich die Liebe lebe, die er offeriert. So empfinde ich das. Da geht es nicht um Altruismus und Gutbürgertum, Doppelmoral und Absolution: da geht es um ein gelebtes, wahres Bewusstsein in Eigenverantwortung. Institutionen, die Kindesmissbrauch decken, sich aus der Perspektive der selbsternannten *Gottes-* oder *Glaubensvertreter* das Recht heraus nehmen, sich in Fragen wie Schwangerschaftsabbruch und Eheschließungen einzumischen – also überhaupt einen Unterschied in der Wertschätzung gegenüber dem Leben und den Geschlechtern zu machen, uns in das Spiel von Schuld und Sühne einzuwickeln wie eine Spinne ihre Beute, die ihr ins Netz gegangen ist, und – das finde ich im höchstem Grade anmaßend – über »Richtig und Falsch« glauben richten zu dürfen: Die möchte ich *nicht* unterstützen. Egal, wie viele Mitglieder dieser Club hat. Also, wie viele ich dann konsequenterweise *gegen* mich hätte. Da bin ich lieber diejenige, die man – bildlich gesprochen – als Geisterfahrerin bezeichnet. Die Spielverderberin. Die, die einfach nicht mehr mitspielt. Aber da weiter mitschwimmen, brav zur Kirche gehen, weil das *Ritual* des Gemeinsamen es so vorsieht oder es schön ist …? Nein danke. Ich trete aus. Wenn auch erst später, mit über 30. So lange habe ich an diesem Bild von Tradition festgehalten.

Erst, als ich angefangen habe zu hinterfragen: Wo ist die gelebte Wahrheit in all den Strukturen, die sich nur nähren und beständig erhalten, weil die Menschen Antworten suchen, sich an Hoffnung klammern, statt eigenverantwortlich zu leben?, konnte ich durchschauen: nicht im buddhistischen Devotismus, nicht in der katholischen Absolution, nicht in der jüdischen Elite, nicht in der muslimischen Paradiesvorstellung, nicht in der Gewalt der Mullahs ... Die Welt ist voll von zum Erbrechen führenden Glaubenssätzen, von »Du-darfst-und-du-darfst-nicht«-Regeln, von Pseudo-Moral, die wir ach so hoch hängen. Aber immer nur dann, wenn wir sie brauchen. Oder sonntags beim Kirchgang. Sonst legen wir sie gerne mal beiseite, wenn wir gerade Lust haben zu streiten, uns zu betrinken, die Steuererklärung zu frisieren, Pornos zu gucken oder was weiß ich. Da hatte ich einen Beweis dafür, dass ich eine *weltliche* Zugehörigkeit gesucht: überprüft habe – aber darin keine Wahrheit finden konnte. Nicht nur in meinem Sinne. Es war keine allgemeingültige Wahrheit zu finden.

Wissen Sie, was für mich hinter alldem die wichtigste Frage ist? Wenn alles Energie ist, wir folglich alle nur *Instrumente* sind, durch die Energie ihren Ausdruck findet – wenn also alles, was wir denken können, nicht *aus uns* entspringt, sondern nur *durch uns* fließt: Welche Quelle zapfen wir an? Ist es wirklich das *Göttliche* ...? Und wenn nicht das Göttliche ans Werk darf, weil wir uns – bewusst oder unbewusst – anders entscheiden: Wer sitzt dann am Steuer ...? Selbst wenn es uns egal ist, selbst wenn dieser Zusammenhang Ihnen zuwider ist, bleibe ich einfach und frage: »Warum dann überhaupt diese Clubmitgliedschaften?« Dieses Gegeneinander? Irgendetwas gibt uns das. Wir haben etwas davon, sonst würden wir nicht so *vehement* daran festhalten. Es ist wahrscheinlich wieder das Gefühl von Zugehörigkeit. Dieses Gefühl wiederum vermittelt Halt. Es suggeriert: *Sicherheit*. Vielleicht ist es auch die Freude an der steten Wiederholung. Dem Wiedererkennungswert. Das löst was Vertrautes aus. Vielleicht sind diese Institutionen für manche auch zu einem Versteck geworden, geboren aus der Feigheit vor der eigenen Größe, der Angst, zu sehr herauszustechen. Anders zu sein. Meinem Gefühl nach hängt es wenigstens damit zusammen, dass wir uns von dem Bewusstsein des allumfassenden Zusammenhangs getrennt haben. Zu diesem Ort, an dem wir eigentlich unser Zuhause haben, die Heimat unserer Seelen, dem Eins-Sein, haben wir nachhaltig den Bezug verloren. Unpathetisch formuliert: zur Verantwortung im WIR. Wir haben dazu die Verbindung gekappt, den Kontakt eingestellt. Logisch: Wer getrennt ist, braucht eine neue »Führung«. Und so ist es normal, dass wir glauben, Suchende zu sein. *Verstehen* uns gegenseitig in dieser Sehnsucht nach dem »Ankommen« und finden uns dann in Verbänden wieder. In gemeinsamen Ritualen. Was immer das für die Einzelnen ist. Für den einen ist es die Ehe, die Familie oder der *perfekte* Partner. Da war es wieder: *perfekt* … Für die anderen ist es der Job. Ruhm. Anerkennung. Für den nächsten ein Hobby, ein Fußballverein, Yoga oder ein Haustier. Oder eben eine selbsternannte Religion, vielmehr: Interessensgemeinschaft. Wir sind dabei sehr erfinderisch! Wir machen diese Alternativen zu unseren Götzen, weil sie im Angebot sind. Greifbar. Und ganz praktisch: mit anderen verbunden. Nicht so was Virtuelles wie Allverbundenheit. Innere Weisheit. Vertrauen. Viel zu wage! Das ruft nicht Freitagabends an und lädt auf ein Bier ein. Das bietet nicht die Regelmäßigkeit von Sonntagsmesse, Weihnachten und Geburtstagen. Was aber, wenn wir in der Ausrichtung auf ein gemeinsames Vorangehen bereits verbunden sind? Familie also jeder ist, der gerade zum Vertiefen, bestätigend oder impulsgebend, an Ihrer Seite steht? Wenn das Teilen gemeinsamer Rituale zunächst also eine Qualität ist, ein ehrliches Miteinander begründet und nicht einfach nur ein Ereignis ist? Ereignisse sind – der Tatsache folgend, dass alles Energie ist und sich deshalb auch wegen Energie ereignet – zunächst nichts weiter als: eine Energie. Auf *dieser* Ebene treffen wir uns also zuerst. Wir sagen zunächst zu einer Energie ja, bevor es ein Ereignis ist.

Nach diesen Einblicken, frei von dem *Anspruch* auf ein *Richtig* oder *Falsch*, fühle ich die *gemeinsame* Wahrheit eher darin: Es ist EIN Leben. Ein allumfassendes. Impulsgeber sind andere. Wir müssen nur lernen, die Qualitäten auseinanderzuhalten. Von Reinkarnation zu Reinkarnation. EIN Lebenskreislauf. Unaufgeregt ehrlich. Konsequent und beständig. Unabhängig von Geschlecht, Glaube, Zugehörigkeit. Das sind nur Dinge, die wir ausüben. Rituale. *Clubs*, die wir bedienen. Bis zu dem Tag, an dem wir uns alle wiederfinden. Alle. Da bleibt keiner zurück. Denn das ist, was wir sind: EINS. Und das finden wir: laaaaangweilig. Irrational. Oder verteufeln es sonst wie. Oder finden es zumindest befremdlich, weil sich die Frage hartnäckig hält: Wo bleibe ICH dabei? Und wie soll das gehen? Wo hole ich es denn her, das Gefühl der Allverbundenheit? Wie bekomme ich das wieder hin, diese Gelassenheit der inneren Weisheit, der Angebundenheit? Da gibt es keine Auszeichnungen und Anerkennungen, kein Netz und doppelten Boden – Da wir eben nie wissen können, was als nächstes gebraucht wird, weil wir den unendlichen Zusammenhang des Gemeinsamen mit unserem Verstand nicht überschauen können. Das sprengt jeden Horizont. Es eröffnet aber, qualitativ gesprochen, noch etwas ganz Anderes: Die Selbstverständlichkeit eines Lebens in der Verantwortung des WIR. Einmal eingenommen, löscht es Konkurrenz, Eifersucht, Vergleich mit einem Zug aus. Denn es ehrt und wertschätzt alles und jeden als einen Teil des Ganzen. Es ist ein Zusammenhängen, ein Gemeinsames. Und das in diesem Weltgefüge. Auf der *nicht-menschlichen Ebene*, also auf der Ebene von Energie lesen und verstehen wir uns eigentlich und in erster Linie. Der Rest kommt danach: der Ausdruck auf der praktischen, weltlichen Ebene. Auf der Ebene des großen Ganzen bleibt keine Handlung, ob Gedanke oder Tat, ungehört oder ungesehen. Und somit nie folgenlos. Da kann man nur vertrauen und sich bereithalten für die Impulse, die einem gegeben werden. In der Stille, im Zuhören, im Empfangen-Wollen liegt die Fähigkeit, diesem Angebot zu begegnen. Und das ist ein 24/7 Angebot.

Jede Religion bietet in irgendeiner Form an zu sagen, wie das zu gehen hat. Das Gemeinsame zu leben. Wir sind ja alle »Kinder Gottes«. Klar. Sicher sind wir das. Aber es ist die Seele, die eine Einheit mit dem Göttlichen bietet. Nicht unser Geist, der aus der Identifikation mit dem Ich das Göttliche für sich interpretiert hat. *Moral* ist die interpretierte Version von wahren Werten. Ein auf der Denkfähigkeit aufbauendes und darin umgesetztes, viel belastetes Wort. Werte dienen darin dem Erhalt oder der Sicherung der Interessen Einzelner und der Gemeinschaft. Werte, daraus abgeleitete Normen und Standards, die aus Ihnen kommen, die spürbar sind, die Ihre Lebensqualität repräsentieren, hinter denen Sie stehen, kommen nicht unbedingt nur aus dem Ego. Sie spüren, ob die von einer tiefen Intelligenz gespeist sind, nämlich der Ihres Körpers, oder ob sie kalkulativ sind. Dort können wir fühlen, was welcher Qualität entspricht und was uns nicht. Wären wir in unserer täglichen, beständigen Wahl ein bisschen ehrlicher, wären wir womöglich eher ein Beitrag zur *gemeinsamen* Entwicklung. Denn das entzieht sich der Bewertung aus dem Du und Ich. Es bietet eine einfache Wahrnehmung. Darin gibt es kein »Richtig & Falsch«. Es gibt nur Aspekte des Wir. Diese Option entlarvt nochmal mehr die Weltreligionen als Interessensgemeinschaften und öffnet die Tür für eine *allverbindende* Wahrheit. Vermutlich hatten alle Religionen einen hehren Ausgangspunkt. Es sind ja Menschen, die Religionen gestaltet haben. Erst in diesen Gruppen oder durch Gruppendynamiken haben die Bedürfnisse nach Anerkennung und

Sicherheit, der Missbrauch von Macht und anderen Individualinteressen wieder eine Rolle gespielt, weshalb aus hehren Ansätzen korrumpierte Strukturen und machtdurchzogene Hierarchien werden konnten.

Zur Praxis. Wie tief und ehrlich erlauben Sie sich beispielsweise zu kommunizieren? Fern von menschlicher Pflicht, Ihren Sehnsüchten oder dem, wie Sie es schon immer gemacht haben? Manchmal können wir gar nicht mehr auseinanderhalten, wie ehrlich oder unehrlich wir sind, denn wir haben uns zu tief in Verunsicherungen, Regeln und Glaubenssätzen verstrickt. Die Wahrheiten anderer an erste Stelle gestellt. Wir sind im Wahrnehmen von Qualität schlicht untrainiert. Und wenn dann einer danach fragt, bellen oder beißen wir lieber, verstecken uns hinter Behauptungen, statt sanft zu werden und zu bekennen, dass wir es nicht (mehr) wissen. Es nicht fühlen: können oder wollen? Oder uns nicht die Zeit zu nehmen, mal anzuhalten – nachzuspüren – und die Antwort kommen zu lassen. Unangenehm daran ist eine weitere Wahrheit, dass es nämlich nicht das Außen ist, das uns bestimmt, sondern *wir* sind es, die wir dem Leben begegnen. Überzeugungen wie: »Die Ärzte wissen es besser« oder »Man sagt, dass …« sind da gern genommene Ausflüchte, um sich nicht wirklich hinsetzen und zuhören zu müssen. Dem *Inneren* zuhören UND den anderen. Zu *fühlen*, worum es gerade geht. Und warum nicht? Aus lauter Angst, etwas falsch zu machen. Oder weil man sich einer Überzeugung angeschlossen hat, die jetzt die Entscheidungsgewalt bekommt. Die eigene Autorität, also die Entscheidungskraft über: »Stimm-das-oder-stimmt-das-für-mich-nicht?« darf aus meiner Sicht keine Verantwortungs*abgabe* sein. Sondern eher eine Verantwortungs*übernahme*. Ein Versuch, bei all der Ausdehnung und ständigen Entwicklung irgendwie etwas Greifbares und Verlässliches zu finden – einen Fixpunkt, ein Parameter, die das

Leben kalkulierbar machen –, ist mehr als nachvollziehbar. Für mich aber der Beweis dafür, dass wir aus Unsicherheit und Verantwortungs*abgabe* lieber mit unserer Vergangenheit oder unserer Zukunft jonglieren oder Überzeugungen teilen, ohne sie zu hinterfragen, statt im Hier und Jetzt unsere Verantwortung zu übernehmen. In diesem Sinne spricht jeder sein *Ja und Amen* aus. Wir sind ständig »gehorsam«. Aber gegenüber wem oder was, das ist entscheidend! Energie zuerst. Dann kommt das Leben. Nichts ist je unwichtig. Vor dieser Verantwortung kann man sich auch zurücklehnen und sich in die Überforderung zurückziehen und rufen »Was auch immer ...!« Aber selbst das ist eine Wahl. Eine Wahl zu sagen: Möge doch geschehen, was will. Und schon leistet man einen weiteren Beitrag zum Fortbestand der Gleichgültigkeit ...

Auf die 12!

»Was auch immer …!« Der Ausspruch der Jugendtage. Auch so ein Lebensabschnitt, durch den wir alle durchmüssen! Die Zeit des offensichtlichen »Mir-doch-egal«. Aber egal ist uns da eigentlich gar nichts! Im Gegenteil! Wir sind Suchende. Nach Antworten. Nach Vorbildern. Nach Wahrheit. Wie Kletterrosen nach einem Rankgitter, auch wenn es das letzte ist, was wir in dieser Phase offen zugeben würden. Dieser »Eintritt« ins Erwachsenen-Dasein kommt unweigerlich. Auch ohne, dass wir in den Stand einer Gemeinde gehoben oder durch irgendein Aufnahmeritual initiiert wurden. Dieser Eintritt ist unabhängig von Firmung oder religiöser Anerkennung. Er kommt unweigerlich. Wir nennen die Phase kurz: Pubertät. Bei uns Frauen beginnt sie spätestens mit der Periode. Wenn die zum ersten Mal einsetzt, ist das ein einschneidendes Erlebnis für viele Frauen. Schon ziemlich früh hat mich mein Körper damit konfrontiert. Im Alter von zehn Jahren. In anderen Kulturen wäre ich damals schon zur Heirat freigegeben worden. Oder einem Älteren zum Sex angeboten. Grauenvolle Vorstellung. Da kam ich vom Spielen draußen, gerade vom Baum geklettert, musste auf die Toilette – und das endete in einem Urschrei. Ich dachte, ich sterbe. Ich verblute. Ich habe eine schlimme Krankheit! Stattdessen werde ich mit einer Art Windel alleingelassen und bekomme die Geschichte von Bienchen und Blümchen erzählt. Hätte man mich da an einen Mann gegeben, wäre ich wahrscheinlich für den Rest meines Lebens traumatisiert gewesen. In der Schule wird meine Entschuldigung beim Sport öffentlich vorgetragen. Auch grauenvoll. Ich hätte meine Sportlehrerin damals erwürgen können. So was Peinliches! Sie hielt das für unglaubwürdig. Mit Zehn! Ich wäre noch viel zu jung.

Gott, wir Menschen sind so hochgradig unsensibel miteinander. All diese Urteile und Rituale. Wie kann eine Frau mit einer anderen Frau so umgehen? Da ist offenbar wenig Feingefühl für ihre eigene Weiblichkeit. Was mein Körper da so früh entschieden hat, bringt mich ja selbst vollkommen in die Überforderung. Jedenfalls trägt diese Vorführparade nicht gerade zum Spannungs*abbau* in mir bei. Sie befördert die Spannung leider noch mehr. Wir haben einfach noch nicht verstanden, dass Aufklärung weit mehr ist, als nur über biologische Geschlechtsmerkmale zu sprechen. Womöglich liegt das daran, dass wir uns selbst in diesem Punkt nur über das Äußere begreifen. Es ist einfach nur ein weiterer Aspekt der Reduktion unserer Großartigkeit auf ein paar physische Merkmale und deren Funktionen. Und später entdecken wir die dann zum Pimpern, Vögeln, F ... Es gibt so viele abwertende Worte für den tiefen Ausdruck von Liebe auf körperlicher Ebene. Liebe-Machen ist aus der Mode. Sex haben ist *in*. Ich frage erneut: Evolution oder Degeneration ...? Naja. Meine Kindertage sind also gezählt.

Richtung 12 spitzt sich alles noch mehr zu. Zu Hause fliegt uns einiges um die Ohren. Meine Ma und mein Pa verstehen sich in diesen Tagen nicht so gut. Kommt ja in den *besten* Familien vor. Trennung steht zur Debatte. Ich spreche mit meinen Eltern, erfahre alle auch noch so unerwünschten Details, aber die *Wahrheit* höre ich wieder nicht. Das spüre ich. Bis zu jenem Samstagnachmittag im Sommer 1991, an dem ich die Letzte sein werde, die erfährt, was gerade gespielt wird. Diesen Knall hat sogar das Universum gehört. Glaube ich. Diese Enttäuschung. Ich fühle mich betrogen, belogen, verraten. Die Aufrichtigkeit, in der ich mich zu meinem Vater immer gewähnt habe, ist damit hin. Ich erfahre, dass es für ihn tatsächlich jemand anderen gibt. Am Telefon. Noch nach meiner Schwester. Von: meiner Mutter. Nicht von ihm. Er entscheidet sich, sich auf seine Weise zurückzuziehen. Mir sagt er nichts mehr. Für ihn sicher eine Art, sein Leben auf die Reihe zu bekommen. Meine Ma rudert auch und sucht Halt auf ihre Weise, da das Konstrukt FAMILIE eben doch nicht aus sich heraus eine Garantie für ein schönes Leben, eine Sicherheit bietet, an die sich doch beide bei der Gründung geklammert haben. Das auf Emotionen und Bildern aufgebaute Kartenhaus mit dem Titel FAMILIE bricht krachend über uns allen zusammen. Ab jetzt hat jeder damit zu tun, mit diesem Zusammenbruch klarzukommen. Das erleben tausende Familien, täglich.

Aber wissen Sie was …? Das wäre alles eigentlich gar nicht so schlimm. Nur der Vergleich brockt uns das Drama ein, mit dem wir dann umgehen müssen. Der Abgleich am *Idealbild* von Familie: voller Harmonie. Der macht uns zu schaffen. Ehrlich: Das ist ein so idealisierter Blödsinn. In welcher Familie kommt es bitte nie zu Reibungen? In dem von uns gewählten Individualistenzirkus geht das gar nicht ohne. Wir sind Menschen mit Entscheidungen und Verletzungen. Wenn wir aufeinandertreffen, sind wir nie frei von irgendetwas. Zwar wäre es möglich, ein Familienleben zu führen, in dem wir uns alle gegenseitig zum Wachstum anregen und wertschätzen und auf Augenhöhe begegnen – aber dazu müssten wir kollektiv anders entscheiden. Kollektiv müssten wir dann zunächst mal ehrlich werden. Annehmen, dass wir viele Einzelne sind, alle mit unseren Geschichten und Gefühlen – bevor wir wirklich zusammenkommen können. Das aktuelle *Idealbild* von Familie kann uns nur an die Wand fahren. Und das tut es auch. Denn mit großer Wahrscheinlichkeit ist das ein Familienbild, das auf emotional geprägten Idealbildern beruht. Ein auf Traditionen und romantischen Bildern aufgebautes Kartenhaus, das in nahezu jeden Haushalt Einzug erhalten hat. Und wenn dann etwas diesem Bild nicht entspricht, kracht's. Vergleich – so erkenne ich spätestens hier erneut, wie damals in der Ballettschule – ist einer der größten Stachel im Fleisch des Menschen. Vergleich bewirkt zwar zunächst eine Orientierung, eine vermeintliche Sicherheit im Leben. Aber die ist ein Trugschluss. Das Vergleichen ist nichts weiter als ein Abscannen der Umgebung nach Besser oder Schlechter, Richtig oder Falsch. Mehr nicht. Und was mit dem Abgleich möglich wird, ist die Erleichterung des »Haben-wir-richtig-oder-besser-gemacht-als …« Die Wahrheit für den einen Moment, die Wahrheit einer Familie, einer Situation kann dadurch gar nicht gesehen werden. Da wir Extreme erfahrbar machen können, wie Krieg, Mord oder häusliche Gewalt, sind »kleine« Gemeinheiten, wie beispielsweise das Verhalten meiner Sportlehrerin oder das Fremdgehen meines Vaters *nicht so schlimm*. Relativitätstheorie des Vergleichs. Kein Wunder, dass wir auf die Idee des Paradieses angesprungen sind. Ein Ort, an dem alles gut ist. Dabei sind wir einfach nur zu faul zu erkennen, dass wir es selbst in der Hand haben, das Paradies. Mehr noch – das gemeinsame Entwickeln darüber hinaus. Mit jeder – *gottverdammten,* nein – *gottverbindenden* Entscheidung. Nicht das Paradies ist das Ziel, das Rosawölkchenland, das uns befreit. Nein, es ist das gemeinsame Wiederverschmelzen. Da geht die Reise hin! Und das ist Arbeit. Aber am Kassenhäuschen dieser Wahrheit ist keine lange Schlange zu sehen. Da steht nicht mal einer an. Na gut: ein paar vielleicht. Ich auch. Bei »bequemen Lügen« hingegen ist die Schlange lang, so weit wie das Auge reicht …

Sie spüren: In diesem Alter beginnt der Frust, sich langsam mehr und mehr in mir breit zu machen. Nicht untypisch für die unausgesprochene Sehnsucht nach Wahrheit und Vorbildern, die diesen Lebensabschnitt prägt. Wie die Ertrinkenden versuchen wir als Familie immer noch, Halt aneinander zu finden. Das Bild nach außen aufrecht zu erhalten, das wir bisher von uns abgegeben haben. Loyalität zu dem, was wir bis hierhin etabliert hatten. Aber wie könnte das möglich sein?! Es ist ja bereits in sich ein Konstrukt. Denn wir haben alle einst JA gesagt zu den *Bildern*, die dann unsere Realität geformt haben. Das ersetzt aber nicht die gelebte Wahrheit der Einzelnen. In den meisten solcher Fälle werden dann Sätze wie »Hättest du doch vorher mal was gesagt …!« formuliert. Beweis, dass wir uns im Vorfeld nicht wirklich gezeigt haben. So auch in unserer Familie. Und dieses Nicht-Zeigen, und wenn es nur im Kleinen gewesen war, hat mitunter fatale Folgen. Es verstrickt sich dann alles immer tiefer und tiefer – und irgendwann kommen wir aus dem Strudel dieser *geschaffenen* Realität nicht mehr raus. Die Folgen wollen wir aber nicht tragen. Alles Teil des großen Jo-Jo-Spiels, das wir Leben nennen. Das wäre auch alles kein Ding – wir können ja spielen, was wir wollen! Nur tun wir es nicht mit offenen Karten.

Das Leben ist nicht planbar. Auch wenn wir denken, wir könnten planen … Wir Menschen sind nicht planbar … Wir hängen einfach nur zusammen. Aber tatsächlich arbeiten wir dabei To-do-Listen ab. Wir nennen es Familie und haben tatsächlich standardisierte Regeln und moralische Vorstellungen, wie eine solche Situation im Kollektiv gelöst werden müsste. Gefühl und offene Worte? Fehlanzeige. Das setzt Intimitätsbereitschaft voraus. Und wer bringt die schon mit? Kaum setzt die Praxis ein, kommt es anders. In Stresssituationen offenbaren sich all unsere Automatismen. Das heißt, unsere unverdauten Verletzungen sind wie offene Scheunentore für widersprüchliche, aggressive, depressive, devote, sarkastische oder sonst wie geartete *Reaktionen*. So auch in unserem Privatclub, dem Hecke-Clan.

Zeitgleich platzte noch eine andere Bombe. Wir nennen sie: Pubertät. Ich sage Ihnen, da kam eine Ladung auf mich hereingebrochen, die ich nicht im geringsten einordnen konnte. *Das Karma schlägt zurück!* – so würde ich heute resümieren. Hier werden wir tatsächlich in den Erwachsenenstand erhoben. Von unseren Seelen. Vom großen Ganzen. Werden für Vergangenes oder Anstehendes in die Verantwortung gerufen. Wie angedeutet: Das Universum vergisst nichts. Und es gibt einen Plan ... Davon habe ich noch keine Ahnung. Vielmehr: keine Ahnung mehr. Ich vertraue nicht darauf, dass alles, was kommt, einen Sinn hat. Ich bin mitten drin im Menschenleben, im Funktionsmodus, abgeschnitten von meinem höheren Selbst: meiner Seele. Gefühlt kommt da einfach was auf mich niedergebrettert. Und wie! Voll auf die 12! Die angestoßenen Dominosteine meiner vergangenen Glanzleistungen vielleicht? Was weiß ich, was ich in meinen vorherigen Leben schon so angestellt habe ... Ab jetzt bin ich jedenfalls gefühlt im freien Fall. Familienblase: geplatzt. Eigener Gefühlshorizont: ein Chaos. Mein eigener Körper: ein riesiges Fragezeichen. Und wer spricht darüber? Niemand.

Meine Geschichte ist hier variabel. Das könnte jede Teenager-Story sein. Da entscheiden wir: aufgeben oder rebellieren. Egal, wofür wir uns entscheiden: Wenn es aus der wo immer geschehenen Trennung entschieden ist, kann es nur nach hinten los gehen. Ob vom großen Ganzen, der inneren Stimme oder der Seele. Das kommt am Ende des Tages auf das Gleiche raus. Mit »Allverbundenheit« hat das alles dann nichts mehr zu tun. Ab jetzt schlägt es hart und unerbittlich zurück, das Karma. Mit unaufgeräumtem Mist der vergangenen Leben, mit Verantwortung für das Hier und Jetzt. Eine Blase, die über uns zerplatzt. Deshalb fühlen sich jedenfalls viele Jugendliche unverstanden und hilflos in diesem Alter. Wir legen Verhaltensweisen an den Tag, die wir selbst nicht nachvollziehen können. Aber: auch darüber spricht wieder keiner. Zu viel Verantwortung? Unsere Antwort der irdischen Ratio: »Das ist die Pubertät.« Ist das nicht ernüchternd? Wir haben ein Label, aber keine wirkliche *Antwort*. Eigentlich verstehen wir gar nichts. Kein Wunder. Einfach nur eine Folge der Reduktion. Einmal getrennt, werden wir eben unwissend gehalten. Erst Energie. Dann das Ereignis ...

Ich bin eigentlich viel zu jung, 13, als ich mich in das Spiel, das wir *Liebe* nennen, stürze. Immer auf der Suche nach Antworten auf die Frage nach der wahren Intimität. Nach Nähe. Außerdem will ich damit beweisen, dass ich im Club der Erwachsenen fortan mitspielen kann. Dieser Versuch ist allerdings auch kläglich an die Wand gefahren. Wie meine Ballettkarriere. Naja. Nach meiner zaghaften Mitteilung an meine Mutter über mein »erstes Mal« habe ich *zum ersten Mal* in meinem Leben alle fünf Finger im Gesicht. Das ist der Boden der Ernüchterung und Peinlichkeit. Mal abgesehen davon, dass ich die Sache an sich schon alles andere als toll fand. Ich weiß, dass die Reaktionen meiner Eltern auf deren Hilflosigkeit zurückzuführen waren. Ihr Wertesystem hatte offenbar eine andere Zeitplanung für mich vorgesehen oder einen anderen Kandidaten. Was weiß ich. Da lagen jedenfalls schon andere Schablonen bereit, in die ich jetzt nicht reingepasst habe. Darüber hinaus hatten sie mit sich selbst gerade genug, wenn nicht zu viel zu tun. Und dann kamen noch meine Entscheidungen dazwischen ...

Sehen Sie, wie folgenreich ein Umgang miteinander sein kann, der einer Berechnung, einer moralischen Vorstellung, einer Bewertung entsprungen ist? Dass alles im Leben zum Lernen und Wachsen da ist, ein Teil des gemeinsamen Prozesses, fällt dabei gänzlich unter den Tisch. Es geht dann nur um die kleine Welt eines oder einer Einzelnen.

So folgt eine weitere Entscheidung meiner Eltern. Der Impuls dazu kommt zwar von mir, aber was ich mir damit eingebrockt habe, kann ich kaum überblicken. Man schickt mich für ein Dreivierteljahr ins Ausland – nach Australien, um genau zu sein. Weiter weg geht nicht. Das ist damals ein einschneidendes Erlebnis. Mit 13. Ich entscheide: Ab jetzt werde ich erwachsen. Mich muss keiner mehr erziehen. Will auch keiner, wie es scheint. »Hier sind ein Busfahrplan und Bargeld«, sind die herzlichen Worte meiner Gasteltern in Sydney. Was für ein Willkommen. Danke! Das, was wir Erziehung nennen, so befinde ich, ist mehr ein Systemerhalt als eine wahre Unterstützung. Ok. Auch das schlucke ich. Stecke es weg. Wie so vieles. Dann kämpfe ich eben. Ich werde hart. Ich bin jetzt meine eigene Armee. Das versuche ich mir jedenfalls einzureden.

Der Himmel hat mich – im Gegensatz zu mir – nicht aufgegeben. Es gibt in Australien jemanden – vielmehr eine Familie – die mich in ihren Bund aufnimmt. Die Verbindung besteht heute noch. Meine Blutsfamilie liebt mich sicher nicht minder! Aber mit dem haltlosen Freidreher, zu dem ich mich aus deren Perspektive entwickelt habe, – *weil* wir eben auch in dieser klebrigen Masse aus Erwartungen, Verletzungen und Forderungshaltungen miteinander verkrustet waren –, wissen die auch nicht mehr umzugehen. Eine Patt-Situation. Im längerfristigen Verlauf wird sich zeigen, dass auch hier die vielen emotionalen Reaktionsmöglichkeiten von allen Beteiligten gerne aufgegriffen werden. Meine Mutter beispielsweise – das hätte sie damals nie zugeben – entwickelt eine Eifersucht auf Barbara, die Frau in Australien. Die ist für mich meine »Ersatzmutter«. Für das liebende Mutterherz meiner Mama daheim ein tiefer Schmerz. Aber wie sollte sie es auch anders auffassen? Damals fühlte sie sich ja eh gottverlassen. Da war alles furchtbar, gegen sie und unfair. Woher ich das weiß? Wir haben uns darüber ausgesprochen.

Seit der Entdeckung der körperlichen Liebe gibt es jedenfalls etwas, das mir näher kommt als *nur* Freunde. Das Gefühl *Haut an Haut* mit jemandem zu sein, ist schon verdammt nah dran an dem Gefühl des Eins-Seins. Aber irgendwie ist auch das behäbig. Und kurzweilig! Und ich habe das dumpfe Gefühl, dass es »das« auch nicht so richtig ist. Wieder macht mir ein ganzer Mythos zu schaffen: das von Hollywood geprägte Bild der romantischen Liebe. Und die schallende Ohrfeige der Realität: Eine gähnende Kluft liegt zwischen der Praxis und diesem Ideal. Das Haut-an-Haut-Beisammensein ist schließlich – und das meine ich liebevoll – nur eine Ersatzbefriedigung angesichts der wahren Intimität. Zumindest so, wie wir aktuell damit umgehen. Ich weiß, dass das zusammengeht: eine ehrliche, offene, transparente Zuneigung und das in einem physischen Ausdruck. Aber die gängige Praxis ist das nicht. Es ist Sex. Mehr nicht. Denn: Was ist das für eine Intimität, wenn diese Qualität sich nicht beständig durch den Alltag zieht? Damit meine ich nicht Erregung, sondern eben Intimität, Offenheit, Transparenz. In Gesprächen. Im täglichen Umgang miteinander. Da diese Qualitäten nicht die Basis im Alltag sind, geraten wir auch in Stress, diese Nähe nur für die wenigen Momente der *körperlichen* Zuneigung hervorkramen zu wollen oder müssen, um sie dann wieder wegzupacken. Oder wir reduzieren uns eben auf die physische Nacktheit und *vögeln*. Für viele ist das schon ein großer Schritt: sich nackt zu zeigen. Wirklich berühren lassen wir uns damit nur noch lange nicht. Da wir den Versuch der Transparenz, uns so zu zeigen, wie wir sind – und sei es nur durch Nacktheit –, auf diese wenigen Stunden reduzieren, ihn auf Knopfdruck anknipsen oder haben wollen, ist es eben auch wie eine Droge. Wie ein Rausch. Intimität wird zu was Geheimnisvollem, Besonderen: zu dem, *worüber man nicht spricht*. Oder gerade! Das große Geheimnis hinter der Schlafzimmertür. So sagenumwoben, dass sich eine ganze Industrie darauf aufbaut. Und die boomt. Ich habe das Gefühl, dass wir eigentlich gar nicht wissen, was wir mit Intimität eigentlich anfangen sollen.

In Berlin ist es aktuell sogar hip, nach einem Grillabend oder sonst einem Beisammensein noch zu *swingen*. Als Freizeitbeschäftigung miteinander, durcheinander zu vögeln. Alleine diese Form des Sich-aneinander-Abreagierens, Entertainens bringt mich zu der Frage: Warum laufen wir vor der ehrlichen Transparenz weg? Ist es der Kick? Die Entschuldigung, sonst im Alltag nicht transparent sein zu müssen? Was immer es ist: Wir wollen davon offensichtlich mehr. Manche haben es auch komplett abgeschrieben. Meiner Ansicht nach wollen wir es eigentlich »ehrlich« erleben. Da das aber irgendwie nicht unsere Realität ist, suchen wir ewig nach dem Guten, Schönen, Wahren in dieser Alternative, die wir geschaffen haben. Begnügen uns mit dem Versandhandel für Sextoys, der Porno-Industrie und Bordellen in Südostasien mit Orang-Utans als Sexobjekten. Hauptsache anders, Hauptsache extrem. Wir sind echt schräg! Was wir alles anstellen, nur um uns nicht zeigen zu müssen …

Ich sag's ja: Grand Canyon. Zwischen unseren wunderbaren, liebenden, kraftvollen Wesen, jeder und jedem Einzelnen, und unserem Verhalten! Schon in den Teenagertagen. Da hänge ich mit meinen Freundinnen zusammen über der »Bravo«, wir gucken heimlich »Eis am Stiel«, hauen uns in der Schule provozierende Sprüche entgegen. Wer hat schon, wer nicht? Alles dreht sich nur noch um diese Liebesdinge. Die Erkundung des neuen Terrains. Es wird zum Leistungsprinzip ernannt. Langsam fühlt es sich an, als wäre zu viel Luft auf den Reifen. 20 ATÜ – mindestens. Was zum Geier treiben wir hier alle? Ist es das wirklich? Das soll der Sinn des Lebens sein? Schule, Liebe entdecken, studieren, Kinder kriegen – um denselben Wahnsinn wieder weiterzugeben? In meinem Inneren dreht sich die Todespizza. So nenne ich das kleine bunte

Rädchen auf meinem Laptop-Bildschirm, wenn sich der Computer aufgehängt hat. Ich gebe auf. Endgültig. Ich habe keine Lust mehr, an dieser leisen Stimme der Wahrheit in meinem Inneren festzuhalten, die mich den Grand Canyon spüren lässt. Ich will diesen Graben nicht mehr wahrnehmen. Das ist alles zu viel. Viel zu ernüchternd. Dieses Leben, in dem keiner mal ausspricht, was hier los ist. Die ganzen pädagogischen Super-Ziele. Würden sie auf wahrer Wertschätzung und Augenhöhe beruhen, hätten wir heute vielleicht nicht so viele Teenager, die denken, dass Sex gleich einem Porno zu sein hat. Dass Nacktfotos rumzuschicken und sich gegenseitig zu »dissen« (niederzumachen), *normal* ist. Wir sind schon alle ziemlich aus dem Ruder ...

Alles wegen eben dieser Suche nach dem, was Nähe, wahre Intimität wohl sein könnte. Wir haben uns auf den Kompromiss eingelassen, dass die zwischenmenschliche – die körperliche – Liebe eben das Intimste ist, was wir erfahrbar machen können. Das ist jedenfalls das, was wir uns gegenseitig anbieten. *Nackt* zu sein. Gegenwärtig ist das unserer Art »sich (scheinbar) wirklich zu zeigen«. Nur deshalb ranken so viele Märchen um die *Geheimnisse* der Sexualität. Darum, was hinter Schlafzimmertüren wohl geschehen mag. Wie exotisch, sportlich oder abgedreht das gelebt wird. Und für manche wird es zur Sucht. Darauf hat übrigens auch jede *Religion* eine Antwort – oder besser: ein Urteil darüber. Wer darf mit wem, ab wann und mit wie vielen? Mit Segen, ohne Segen, zum Zwecke der Fortpflanzung oder Dominanz. Homo geht gar nicht. Frauen haben nix zu sagen. Männer eigentlich auch nicht. Aber lieb sollen wir zueinander sein. Die boomende Sexindustrie, der Menschenhandel und die immer perverser werdenden Praktiken sagen alles. Weil wir tabuisieren, was eigentlich so normal, so schön und selbstverständlich sein könnte. Weil das uncoole Angebot der Verbundenheit wie ein weggeworfenes Taschentuch im Rinnstein behandelt wird. Genau wegen dieses Tabus ist so ein Druck auf dem Kessel. Den gibt es gar nicht, wenn man sich verbunden fühlt. Da will man sich vielleicht mit jemandem »ausdrücken«, gemeinsam ins Universum eintauchen, Liebe machen – aber das ist dann was Heiliges. Nichts Gewaltvolles, Erzwungenes, Dominiertes oder Unterworfenes. Augenhöhe. Stattdessen rennen wir konsequent in die andere Richtung. Suchen das, was verboten, schmuddelig oder cool ist! Das wollen wir entdecken. Und das gerne bis ins Extrem. Und einmal in diesem Strudel, ist der Kick von heute schon der Mist von morgen. Es muss also immer weiter, wilder, extremer werden, damit überhaupt noch Befriedigung erlebt werden kann. Und das alles nur: weil wir uns nicht mehr so zeigen können oder wollen, wie und wer wir wirklich sind. Obendrauf kommt noch die Anspannung, dass Erwartungen, Sehnsüchte und Ängste mit ins Bett spielen. Das ist immer, als wäre noch ein ganzes Kabinett an Bildern mit dabei: Wie lange, mit oder ohne Kerzen, Komplimente und Leichtigkeit erlaubt Ja/Nein … Und schon dreht sich wieder alles im Kreis. Ein Abarbeiten von Idealen und Bildern, mit denen wir gestopft sind wie die Mastgänse.

Als Jugendliche entscheide ich: Mir reicht's jetzt mit dieser Wahrnehmung. Ich steige ab hier voll ein in das Menschenleben. Ich will alles ausprobieren. Ich will mich nicht mehr mit der Zerrissenheit quälen. Weg mit dieser Sensibilität. Weg mit dem Bewusstsein. Dem stillen Wissen um mögliche wahre Intimität. Her mit dem vollen Menschenleben! Her mit den Ersatzbefriedigungen!

Apropos Verantwortung … Heute weiß ich: Ich habe all das selbst mit angezettelt. Mein Chaos. Durch all die vielen kleinen, die abertausend Schritte weg von mir. Rein in die persönliche Verletzung. Damit hatte ich den Freibrief für mein Gefühl des Aufgebens. Ich habe mich regelrecht darin gesuhlt. Es kommt aber auch eins nach dem anderen. Alles, woran ich meine Zugehörigkeit zu binden versucht hatte, hat mich letztlich enttäuscht. Meine Eltern sind doof, mein Freund macht über diese Tausende von Kilometern per Brief mit mir Schluss, und ich hab Heimweh. Was ich *nie* zugeben würde. Ein Krieger kennt ja keinen Schmerz. Also fresse ich alles in mich hinein. 74 Kilo Lebendgewicht sind das Resultat dieser Reise.

Zurück in Deutschland, jagt eine weitere Stresssituation die nächste. In der Schule finde ich nicht mehr so recht mit den anderen zusammen. Es sind meine Freundinnen, klar. Aber durch diesen Sprung ins Erwachsenen-Dasein, diesen Känguru-Jump, trennen uns Welten. Ich verbringe meine Zeit also mit Älteren. Und die Liebestauglichkeit meiner Mitmenschen teste ich bis aufs Äußerste. Ich will Beweise. Ich bin verletzt, frustriert und enttäuscht. Und darin: radikal. Und erfahre: Jungs betrügen mich auch. Macht nichts. Noch einen drauf auf den eh schon hochgehäuften Frusthaufen. Als ob ich mir selbst immer wieder die self fullfilling prophecy eingeladen hätte, dass es eh keinen Sinn macht hier. Denn die Partner suche ich mir selbst aus. Wen habe ich da also gewählt? Wundert nicht, dass auch sexuelle Übergriffe durch Männer und seelischer Missbrauch in der Familie an mir haften wie ein Magnet. Ich ziehe das förmlich an. Ich betone es nur ungern ..., aber alles hängt zusammen. Angebot und Nachfrage. Meine Nachfrage zuerst: macht doch mit mir, was ihr wollt. Grund: mein Mich-aufgegeben-Haben. Missbrauch also willkommen. Bestätigung für mein Leid. Sehen Sie die tiefere Wahrheit in dem Zusammenhang unsers Wirkens – also der Kraft unserer Entscheidungen? Auch wenn ich mich wiederhole: Es gibt faktisch keine Opfer und Täter. Wir *entscheiden*, das zu sein. Und das will ich damals. Vollkommen unbewusst. Bloß weg mit dieser Verantwortung! Die meisten Menschen, die ich kenne, wollen das auch nicht wahrhaben.

Eine Freundin von mir – und, wie ich finde, eine herausragende Persönlichkeit – hat eine Kindheit erlebt, in der sie von mehreren Verwandten, »Freunden des Hauses« und Familienmitgliedern auf alle erdenklichen Weisen missbraucht wurde. Über Jahre. Man würden sagen, dass sie das Recht hatte, ein Leben im Drama zuzubringen, sich fett zu fressen, den Körper zu verachten und die Welt anzuklagen für das Leid, das man ihr angetan hat. Hat sie auch. Über viele Jahre und Jahrzehnte. Auch wenn sie unterwegs eigene Kinder bekommen hat. Ihr Leid war ihr Leid. Was für eine Reflexion für ihre Kinder … Aber irgendwann kam auch bei ihr der Punkt, an dem sie sich auf ihre Sensibilität als Kind zurückbesinnen konnte. Nicht alleine. Sie wurde dabei unterstützt. Aber sie konnte sich erinnern an die Wahrheit in dem, was wirklich passiert war. Durch einen wertschätzenden Blick von außen war es ihr möglich, selbst wieder in die Wertschätzung zu finden. Das, was sie jahrelang eben nicht mehr spüren konnte oder wollte. Ja: physisch wurde sie »missbraucht«. Aber eben nicht von Onkel oder Bruder in deren eigentlicher Essenz, sondern von einer Energie, die Platz hatte, sich auszutoben durch die »Nichtentscheidung« von Onkel und Bruder, das mangelnde JA zu einem präsenten Lebenszustand, ein NEIN zu deren Eigenverantwortung, ein mangelndes Bewusstsein für den Zusammenhang von allem. Oder anders gesagt: Dadurch, dass die beiden nicht zu ihrer eigentlichen Essenz, einer eigenverantwortlichen, mit allem verbundenen Liebe JA gesagt haben, waren grauenhafte Taten *durch* sie möglich, wie durch fremdgesteuerte Zombies. Das sagen Kinder, die missbraucht wurden, wenn man sie dazu befragt. »Es war nicht der Papa oder der Onkel. Das waren Monster.« So sagen die Kinder. Es ist zunächst ein Schritt in die Trennung, von sich selbst und dem großen Ganzen. Dann kommt erst der zweite Schritt: in dem wird uns gegeben. Wir sind nicht von Haus aus Mörder, Vergewaltiger und Gewalttätige. Nur wenn wir uns egal sind, sind uns auch andere egal. Dann sind wir wie die Ratten. Wir fressen uns notfalls auch gegenseitig auf. Rums. Das ist den meisten jetzt vielleicht zu viel. Ich weiß. Aber das ist letztlich nicht nur konsequent im Hinblick darauf, dass erst Energie da ist und unsere Bereitschaft dazu die Ereignisse zulässt. Es ist auch die Erkenntnis meiner Freundin selbst. Das hat sie so mit mir geteilt. Sie spricht heute offen drüber. Erinnern Sie sich noch, dass ich zuvor in den Zeilen über meine Kindertage die Fratzenhaftigkeit der Erwachsenen erwähnt habe, die für uns Kinder zu sehen war, wenn sie Alkohol getrunken hatten? Wir Kinder sehen hinter die Zombies. Wir wissen, dass das nicht Mama und Papa sind. Die sehen nicht so aus, die reden nicht so, die verhalten sich anderes. Als wären sie besessen. Das Gleiche gilt hier. »Kann man nicht vergleichen – die Auswirkungen sind viel schrecklicher!«, habe ich hier schon gehört. Aber auch da frage ich leise und unaufgeregt: Was nützt uns die Beurteilung von schlimmer oder nicht so schlimm? Fakt ist: Das *Prinzip* bleibt dasselbe. Es ist Energie, der wir uns zuwenden oder vielmehr unterwerfen. Es sind Clubmitgliedschaften und deren Regeln. Und einmal dieses Prinzip verinnerlicht, ergibt *alles* einen Sinn. Die Zusammenhänge liegen wie ein Straßennetz vor einem. So hässlich, wie sie sein mögen. Wir müssen sie nur sehen wollen.

Wenn wir *nicht* aufeinander achtgeben – zunächst auf uns selbst und dann auch potenziell auf andere –, also nicht *ehrlich* miteinander umgehen und bewusst entscheiden, dann kommen eben solche verfahrenen Situationen hinten raus. Ich bin hundert Prozent davon überzeugt, dass es *keinen* Beteiligten in irgendeinem Fall von Grenzüberschreitung (mal ganz allgemein gesprochen) gibt, der nicht gespürt hätte, dass irgendwas nicht stimmt. Wir sind ja nicht doof. Nur, weil wir vielleicht die diffuse Ahnung einer misslichen Lage nicht gleich benannt haben oder einstufen können, sagen wir lieber nix. Das Sicherheitsnetz für solche Lebenslagen haben wir schon aufgespannt: Psychologen, die Polizei, Medikamente oder Krankheiten. Für alles ist auch hier wieder gesorgt. Für die Probleme, die wir uns geschaffen haben, haben wir auch gleich Lösungen mitgestaltet. Kopfweh: Schmerztablette. Missbrauch: Justiz. Zu fett gefressen: Schönheitschirurgie. Das Spannungsfeld zwischen Wahrheit und Realität nicht aushalten können: Psychosen, Depressionen, Suizid. Wir sind *sehr* erfinderisch in dem Prozess, die Eigenverantwortung zu vermeiden. Die scheuen wir wie der Teufel das Weihwasser.

Aus der bunten Palette dieser Angebote picke ich mir suizidales Verhalten. Die einen ritzen sich die Unterarme, die nächsten werden zu Ja-Sagern, wieder andere verlieren sich im Erfolg des Sports, den guten Noten oder dem Immer-nett-Sein. In Drogen oder militantem Glauben. Wir gehen diese Wege. Alle. Aber nicht, weil wir so schrecklich sind. Sondern weil wir hilflos sind. Weil wir keine Alternative haben. *So glauben wir*. Aber die Alternative ist IMMER da. Wir haben uns nur davor verschlossen. Der Sog der kleinen ICH-Sphäre ist zu verlockend … zu stark. Identitätsstiftend.

Manche aber haben vielleicht gar keine argen Verletzungen oder Traumata erlebt. Hier ist das Hinterfragen des *trotzdem* mangelnden Bewusstseins für die Allverbundenheit eine pikante Angelegenheit. Denn wenn Sie alles haben, was Sie befriedigt, – warum dann über solche Fragen nachdenken? Erst wenn Krankheiten, Tod oder andere einschneidende Erlebnisse uns mit der Endlichkeit konfrontieren, sind wir gewillt, mal anzuhalten. Dann erst fragen wir: Gibt es da vielleicht doch noch etwas …? Ich frage Sie: Warum bis zum Totenbett warten, wenn Sie jetzt schon damit anfangen können?

Die Antwort darauf ist wieder: der Kick. Die Stimulation. Die Verwirklichung des ICH. Das ist unsere Droge. Sogar: die

Lust auf Schmerz, diese zerstörerische Gefühlsintensität. Ich sage Ihnen: Alles, was ab jetzt in meinem Leben folgte, hat mir einen tierischen Spaß gemacht! Alles auszukosten, zu entdecken, mitzuspielen. Das Schöne an diesem bunten Treiben ist, dass es immer eine Belohnung bereithält. Sei es Aufmerksamkeit, Spaß oder Drama – auch das schafft Bindungen. Liebe, Sex, Macht, Romantik, Erfolg, Follower, whatever. Adrenalin – die Nahrung dessen, was gerade »törnt«. Da gibt es immer etwas Neues, immer Nachschub, immer ein noch tolleres Angebot. Teil des Konkurrenz- und Wettbewerbsprinzips. Suchtstoffe des ICH. Wir sind Süchtige. Vernebelt im Dunst der eigenen, kleinen Welt. Oder auch einer heilen, »guten« Welt. Unter welcher Brille auch immer, jedenfalls nicht willens, aus dem Club des System*erhalts* auszutreten. Es hält einfach zu viele *Belohnungen* bereit.

All diese Beobachtungen sind getragen von einer tiefen Liebe. Ich sage das nicht mit einem Urteil. Das wäre ja ein Fall von *Selbst*justiz: im Sinne von Anklage gegen mich selbst. Ich bin doch selbst voll in diese Systeme reingerannt, weil ich glaubte, das sei wahr. Ich hätte das Recht auf Drama. Das Recht auf Belohnung. Das Recht, in der ersten Reihe zu stehen. Das Recht, im Individualistenzirkus mein Auf und Ab zu tanzen. Gefüttert durch die Energie des Getrenntseins. Ich spreche also aus dem Verständnis der Erkenntnis. Für alles. Für mich und damit auch für andere.

Death metal tattoo inc. … eine hochsensible Angelegenheit …

Fallen, die die Energie des Getrenntseins bereithält, stehen an allen Ecken bereit: mit offenen Armen, einladend. Darauf wartend, dass wir da reinrennen. Teil des Lernprozesses. Alles Mögliche will verstanden, aufgeräumt, durchdrungen werden. Mein Lernbedarf ist offenbar groß und mein »Hausaufgabenheft« voll. Bewusst ist mir das damals noch nicht. Für mich ist das Leben vielmehr ein Schleudergang der Ereignisse. Das mag daran liegen, dass ich zu meiner Wahrnehmung und der *Identifizierung* mit ihr keinen Abstand mehr habe. Ich nehme alles persönlich. ICH bin. Wie sollte es auch anders sein. ICH erlebe ja die Dinge. Hm. Irgendwas daran ist nicht rund … Früher konnte ich die Dinge doch auch als das wahrnehmen, was sie waren. *Hinter* die Verhaltensweisen schauen. Sehen, was die Intention hinter einer Geste, Kommunikation oder Attacke war. Wohin ist mir das heute weggerutscht? Irgendwo muss ich mich vergessen haben. Ich habe mich reduziert auf die fünf Sinne. Auf das, was ich schmecken, riechen, hören, anfassen, sehen kann. Mein Gespür, meine *Hell*fühligkeit, mein sechster Sinn ist stumm geschaltet … Dabei ist es mein gesamter Körper, durch den ich kreisrund *wahrnehmen* kann! Und so, wie das Universum nichts verliert, vergisst auch der Körper nichts. Wir nehmen alles wahr und speichern alles. Der Körper ist das empfindsame Instrument, dessen Informationen der Verstand erst *nachträglich* zu verarbeiten vermag. Das ist der Schlüssel … Er ist der Kosmos, von dem das Hirn einen Teil bildet. Nicht umgekehrt. Und wir beschweren uns nur, wenn er krank wird! Dass Krankheiten womöglich eine Rückmeldung unserer Körper auf unseren Umgang mit ihnen sind, schließen viele schon aus. Ich auch. Damals. Ich will ja funktionieren. Habe mich dem prallen Menschenleben ohne den sechsten Sinn verschrieben. Denkbar, greifbar, beweisbar! Dramatisch, real, ausschließlich menschlich. So könnte das Motto lauten. Voll reingerannt in das System des Intellekts: den Rationalisierungsprozess dessen, was ich tatsächlich alles wahrnehmen kann. Ich muss gerade lachen. Stellen Sie sich bitte mal vor, jeder Körper wäre eine Staatsform. Auch ihrer. Was für eine Staatsform haben Sie gewählt? Ich kenne so gut wie niemanden, bei dem ich von einer Demokratie sprechen würde! Wir sind wandelnde Diktaturen. Das Hirn regiert. Und der Rest hat zu folgen. Wenn es uns schmeckt, stopfen wir in uns rein, was uns gefällt. Wenn wir gestresst sind, zünden wir einfach eine Kippe an. Und der Körper schluckt und qualmt ergeben, was wir ihm aufoktroyieren. Wir leben nicht mit ihm, nicht *präsent* im Hier und Jetzt. Wir hecheln im Hier und Jetzt das Gestern und das Morgen ab. Vollkommen eingenommen von Bequemlichkeit, Erfolgsdrang, Kontrollzwang oder Komfort. Manche auch von der Arroganz, den Körper eben dominieren zu können, *weil* sie es können. Suchen Sie sich was aus. Das sind ja alles nur Facetten dessen, was wir uns zur Alleinstellung unseres Selbst zurechtgebastelt haben. Rettungsanker, um nicht fühlen zu müssen. Gut aussehen, viel arbeiten können, Extreme erfahrbar machen, Ziele erreichen. Dabei haben wir einen Radius wie ein Bierdeckel. Der Horizont: was wir *wollen*. Die eigene Erfüllung. Wir sind eng geworden … Ich auch. Konsequenz unserer selbst gewählten Knechtschaften.

Wenn es also der Körper ist, der die Sensibilität trägt, der uns spüren lassen kann, welche Qualität, also welche Energie hinter den Dingen steht – was machen wir mit diesem Geschenk? Viele können schon gar nicht mehr sagen, was sie spüren, so sehr haben sie sich davon abgeschnitten. Logisch, denn wenn es der Körper ist, der mich die Kluft zwischen Realität und Wahrheit spüren lässt und damit auch die Konsequenzen all unserer Entscheidungen, dann kann das Ziel nur sein: den Körper oder die Anbindung daran zum Schweigen zu bringen. Gefühle zu rationalisieren. Denn dieses Paket an Verantwortung ist vielen zu schwer. Ehrlich damit zu werden, weshalb wir die Feinfühligkeit, die wir noch als Kinder hatten, abgelegt haben, bevor wir in den Strom des Funktionierens eingestiegen sind. Zuzulassen, wie sehr wir uns verraten haben, wäre eine zu schmerzliche Erkenntnis.

Ich habe allerdings den Eindruck, dass es eine Wende gegeben hat. Selbsterfahrungskurse, Yoga & Wellness und diverse Sportarten haben Hochkonjunktur. Wir sind Suchende, *weil* wir insgeheim wissen, dass wir uns selbst eine *Diktatur* geschaffen haben. Wir wissen, dass es da eine weitere Intelligenz gibt, die wir lange missachtet haben. Die Körperintelligenz. Und über diesen Weg finden manche Menschen überhaupt erstmal wieder in den Kontakt mit sich, ihrem Körper und damit in das Fühlen. Es sind äußere Hilfsmittel, Krücken, um etwas wieder aufzurichten, das wir bereits in uns tragen. Schon verrückt, finden Sie nicht?

Ich finde es großartig, dass es all diese Angebote auf unsere Suchanfragen gibt. Es liegt nur an uns zu erkennen, hinter welchem Angebot welche Qualität steht. Ist es ein Angebot, sich in dem bestehenden Zirkus nur zu *verbessern*, oder ist es tatsächlich etwas, das Ihnen dazu verhilft, diese Krücken irgendwann *nicht mehr zu brauchen*?

An Krücken, um mich *wieder* spüren zu können, ist damals noch lange nicht zu denken. Ich bin ja noch mit dem Erwürgen meiner Sensibilität beschäftigt. Und so sage ich damals auch dankend JA, als mit einer meiner Liebschaften das TATTOO auf dem Plan steht! Ein körperliches Label, eine Vergewaltigung meiner Haut: so barbarisch, wie das weh tut! Aber: ich *will* das erfahren. Und ja, auch die hier leicht durchklingende Promiskuität prägt einige Jahre meiner Jugendzeit. Auch ein Teil der Suche nach Nähe. Der Kreislauf der Ersatzbefriedigungen, der immer neuen Kicks. Alles, was ich erfahrbar machen kann, will ich erleben. Ich bin wie getrieben. Wäre ich EINS mit mir, müsste ich wohl nicht ständig einem Kick, einer neuen Bestätigung oder Grenzerfahrung hinterherjagen. Aber diese Selbstliebe ist mir weggerutscht. Vielmehr: Ich habe sie abgelegt. Es hat mich aber auch niemand darauf hingewiesen, dass das vielleicht gar keine gute Idee sein könnte. Die Bestätigung, dass ich eine tolle Frau bin, durch den Mann, der mein Vorbild in dieser Sache ist – mein Leitwolf, mein Papa –, kam nicht so richtig in Gang. Wusste der bestimmt gar nicht, dass das seine Aufgabe ist. Das geht vermutlich vielen Vätern so. Dabei wäre es gar keine große Sache für die Männer. Einfach nur wertschätzen. Mehr braucht es gar nicht. Dann kann nämlich kommen, wer will, und wir Frauen kämen nicht auf die Idee, uns zu *verschwenden* für ein *bisschen* Aufmerksamkeit durch einen anderen Mann. Da wäre schon ein Standard gesetzt. Dass mein Pa dafür keinen Blick hat, liegt womöglich daran, dass er sich selbst nicht mit liebevollen Augen sehen kann. Womöglich selbst nicht darauf hingewiesen wurde, dass er wundervoll ist. Und damit auch nicht sehen kann, wie wundervoll Frauen sind. Er hat ja gerade selbst seine Mühe damit, seine Beziehung oder Beziehungen zu sortieren. Zudem ist sicher auch er nicht frei von Bildern über Frauen – dem Heilige-und-Hure-Prinzip, das man Frauen zuschreibt, – und seiner Rolle als Mann. Versorger. Familienoberhaupt. Haltgeber. Er hängt offenbar auch am Haken einer Menge von Systemen. Nach der Trennung von meiner ersten Jugendliebe jedenfalls – jetzt reden wir von einer Schwärmerei mit Briefchen und Ja-/Nein-/Viel- leicht-Kreuzchen – sagt er zu mir: »Da kommt der Nächste. Sei nicht traurig!« Und geht mit mir ein Weißbier trinken. Heilmittel gegen alles im Allgäu. Das war der erste Alkohol meines Lebens. Mit Elf oder so. Irgendwie finde ich ihn süß, meinen Pa. Und ich kann die Liebe in dieser Geste sehen. Aber geholfen hat mir das damals nicht.

Stattdessen überschattet die Ehekrise meiner Eltern zuneh- mend alles. Mein Zuhause wird gefühlt zu einem Ort des Grauens. Verbale Attacken, Handgreiflichkeiten, Willkür. Ein hilfloses Um-sich-Schlagen der am gesellschaftlich geprägten Idealbild Familie Gescheiterten. Meine Schwester beschließt, den Rückzug anzutreten. Sie besinnt sich auf die Schule und igelt sich immer mehr ein. Ich wähle den Frontalangriff. Will alles wissen. Und werde durch diese Entscheidung zu einer Art Telefon zwischen meinen Eltern. Allerdings sind das zu viele Infos, die mich da erreichen. Aber: ich beweise mich mir selbst! Ich bin erwachsen. Und bin damit endlich aufgenom- men in den Club der Erwachsenen! Ein weiterer Orden für mich, so *denke* ich. Eine Kriegerin. »I can handle that!« Das wird lange Zeit zum Motto meines Lebens: Aushalten. Und die anderen nehmen es dankend an. Ich *will* respektiert wer- den. Dafür tue ich alles. Weit, *weit* über meine Grenzen hin- aus. Ein Wahnsinn, was sich alles zwischen Menschen austoben kann, wenn nicht wahre Achtsamkeit, Liebe und Vorrangehen das Miteinander prägen …

Bis wir gestoppt werden. So auch ich. Und zwar nicht durch ein liebevolles Gespräch, eine Öffnung meinerseits oder einen anderweitigen gefühlvollen Sinneswandel – nein: durch einen Bus. Den habe ich nämlich nicht kommen hören, als ich auf meinem linken Ohr im Alter von 14 Jahren einen

Hörsturz habe. Der Weg vom Schulhof endet im Krankenhaus. Und da erfahre ich etwas, das ich lange nicht mehr gespürt habe: Stille. Es ist mir das wunderbarste Geschenk! Hier hat der Himmel die Finger im Spiel.

Ich hatte im meinem Leben oft heilsame Stunden für meine Seele, angeboten durch meinen Körper. Kurz: Unfälle. Ich habe irgendwann aufgehört zu zählen. Wenige Knochen in meinem Körper sind noch unversehrt. Es waren alles kleine Stopps auf meiner Schleuderbahn vom inneren, liebenden Zentrum hin zum erfüllungswilligen, entseelten Äußeren. Dieser Körper ... der weiß genau, wo es langgeht! Nur verstanden habe ich seine Signale nicht so richtig, sonst hinge ich jetzt nicht im Krankenhaus am Tropf. Ich *genieße* diese »Auszeit«. Bis zu dem Moment, in dem meine Mama das Zimmer betritt. Unfreiwillig verkörpert sie all das, was mich aktuell stresst. Und da ja eh schon Druck auf meinem System ist, reicht ein Wort, und ich explodiere. Ich will nichts mehr *hören*! Im wahrsten Sinne des Wortes. Ich flippe vollkommen aus. Mit dem Ergebnis, dass man mir eine Spritze in den Hintern jagt, ich gefühlt mehrere Tage schlafe – und man mich einweisen will. In die Kinderpsychiatrie. Schon wieder! Hat man ja im Kindergartenalter schon mal versucht, erinnern Sie sich? Aber es ist doch nur mein gesundes Herz, mein sensibles Wesen, das mich rebellieren lässt! Wieso versteht das keiner? *Denke* ich. Während meine Seele ruhig und beständig nur darauf wartet, dass ich diese ungebremste Dauerschleife aus Reaktionen unterbreche und zu meiner inneren Weisheit zurückkehre. Zu meiner Stille. Meiner Ruhe. Die trage ich doch in mir! Damit ich endlich wieder die Wahrheit sehe. Weich werde, statt um mich zu schlagen. Akzeptiere, was eben ist. Den Weitblick behalte ... Naja: freier Wille. Ich *will* nur noch die Realität sehen. Das Menschliche, das Materielle, meine Verletzungen. Physisch wie psychisch. Ich bin tief in eine Forderungshaltung verwickelt: Das Leben schuldet mir was! Ich bin verletzt worden. Das soll wieder weg! Ich *kann* nicht mehr fühlen, sehen, was wirklich los ist. Ich habe mich zu oft überschrieben. Die Clubmitgliedschaft der anderen war zu verlockend. Das System der Funktionierer. Also sage ich nichts. Ich habe mich in mir selbst verfangen.

Selbstverständlich ist alles Erlebte keine Entschuldigung! Bei allem, was ich schreibe, ist es die Liebe und damit eine unglaubliche Leichtigkeit, die mich Ihnen das alles erzählen lässt. Denn nur durch die Identifikation mit dem Erlebten wird es zum Drama und damit sooso schwer. Es heftet die Erfahrungen an uns wie Bleiplatten. Aber es sind auch wir, die wir das annehmen. Man könnte ja auch sagen: »Hinfallen, Krönchen richten, weitermachen.« Aber da wir so mit unserem Erlebten identifiziert sind, mit dem Ich, mit dem Körper sogar im Sinne von Eigentum, halten wir uns an Freud wie Leid fest. Wir erlauben gar nicht, dass die Verletzungen heilen können. Mit jedem tieferen Verweben mit den Verletzungen verschlechtern wir die Heilungschancen. Das kann dadurch sein, dass wir ständig drüber sprechen. Oder wenn wir *nie* drüber sprechen, um die Verletzung zu beschützen, geheim zu halten. Eine bestimmte körperliche Anspannung nicht anzusprechen oder festzuhalten, wie zum Beispiel hochgezogene Schultern etc. Auch da gibt es tausend Wege. Es gilt eigentlich nur, nicht zu überschreiben, was wir *wahrnehmen!* Uns die Erlaubnis zu geben, nach dem Wahrnehmen auch wieder *loszulassen.* Zu akzeptieren, was ist. Die Energie zu lesen, die hinter den Ereignissen liegt. Nur weil ich heute in diesem emotionalen Rad nicht mehr mitlaufe, kann ich das so sagen. Für mich gibt es dabei weder Kläger noch Beklagte. Ich sehe Entscheidungen, die Menschen treffen, für die eine oder andere Energie – Systeme, Clubmitgliedschaften –, und welche Verhaltensweisen die zu Tage fördert.

Ich habe mich heute weitgehend davon frei gemacht – durch die Übernahme meiner Verantwortung und mit dem

Verständnis für die Zusammenhänge. Nicht in Perfektion! Wie schon gesagt: Die gibt's für mich eh nicht. Ich finde mich auch heute immer noch in Reaktionen wieder. Aber wenn ich das feststelle, dann bin ich mit allem, was mir zur Verfügung steht, bereit und willens, im nächsten Moment daraus zu lernen und andere Entscheidungen zu treffen.

Den Wendepunkt wird ein weiterer Unfall einläuten. Später. Mit 28. Aber jetzt erstmal zurück zu den Folgen meines Ausbruchs und dem weiteren medizinischen Urteil, das man über mich fällt. Da ich eben nicht sage, was mit mir los ist, um meine Familie nicht zu »beschmutzen«, kann man mich ja nur für irre halten. Folglich ordnen die Ärzte an, dass ich in ambulante psychotherapeutische Behandlung gehöre – und begleitend werden mir Tranquilizer verordnet. »Muss sich ja mal beruhigen, das Kind.« Jeden Morgen soll ich deshalb eine Pille nehmen. Aber ich habe wohl noch eine leise Frequenz, auf der mich meine innere Stimme erreicht. Ich weiß, dass mir das gar nicht gut tut. Also wird mein Morgenritual: Pille in den Mund und kurz drauf wieder ausgespuckt. Merkt keiner. Über ein Jahr nicht. Das dumme an der ganzen Sache: Lehne ich mich zu Hause auf, weil ich spüre, dass etwas absolut schiefläuft – ich sensibel genug bin, Unwahrheiten anzusprechen – bin ich ab jetzt diejenige, die »'ne Pille nehmen muss«. Das halte ich genau ein Jahr lang aus. Dann hat meine Fähigkeit auszuhalten ein Ende. Und es gibt einen sehr schwarzen Tag in meinem Leben ...

Am Morgen nach einer wieder zu kurzen Nacht, gefüllt mit den Eheproblemen meiner Eltern, – ich muss an dem Tag eine Mathearbeit schreiben –, ist wieder dieser Druck da. Die emotionale Spannung unserer Familienkrise *wieder* omnipräsent. Beim Frühstück. Ich versuche *alles*, um mich zu konzentrieren. Ich muss gleich eine Prüfung schreiben! Ich schaffe es nicht. Geht nicht. Als beschämende Folge meiner inneren Verzweiflung springe ich auf und gehe auf meine Mutter los. Das ist mein absoluter Tiefpunkt. So ein *Monster* will ich nicht sein. Ich finde keinen Halt mehr. Ich erschrecke vor mir selbst. Und entscheide einige Tage später, all diese Pillen, die ich ein Jahr lang gesammelt habe, neben anderem Zeug, das ich finden kann, auf einmal hinunterzuspülen. Ich möchte uns alle befreien. Mich befreien. Aus diesem Sog ins Bodenlose. Dieser traurigen Existenz im Funktionsmodus, im Überschreibmodus.

Was ich wirklich damit getan habe, war der Versuch, mich aus meiner Verantwortung zu ziehen. Das weiß ich heute. Damals war ich überzeugt, dass ich einfach nicht mehr konnte. Ich fühlte mich am Boden. Versunken in mein Drama. Ist doch interessant: Je nach Clubmitgliedschaft ändert sich auch das Gedankengut. Ich sage Ihnen: Suizid ist mit das Egoistischste, was es gibt … *Mein* Leid, *mein* Drama – kein Bock auf einen Platz im WIR.

Warum erzähle ich Ihnen das alles? Warum mache ich mich so *nackt* vor Ihnen? Ehrlich: Diese Nacktheit ist für mich Teil der Ehrlichkeit, an der es mangelt. Die Nahbarkeit. Die *wahre* Intimität. Diese Intimität, die ich so schmerzlich vermisst habe. Als Kind. Die wir untereinander so wenig eingestehen und leben. Und die es für mein Gefühl dringend wieder braucht, unter uns. Nicht, um mich darzustellen. Sondern um einen Zugang zu gewähren, den andere womöglich als Spiegel nehmen können. Raus aus dem emotionalen Irrsinn. Die Intentionen und Motivationen hinter den Dingen zu beleuchten. Die Systeme, in denen wir verklebt sind. Denn aus all diesen Dingen, die wir tun, erleben, uns gegenseitig *antun*, muss mal das Drama raus! Da ist der einzige Weg: ehrlich zu werden. Wahrheit auszusprechen. Raus aus dem Vertrag, der Abhängigkeit, aus dem, wie es bisher läuft. Dem Spiel aus Tätern und Opfern. Das ist der einzige Kündigungsweg für diese »Birth to death Capsule«, raus aus dieser Enge der *einzigen* Existenz. Es braucht Klarheit und Verantwortung einer, eines jeden Einzelnen. Selbst wenn Ihnen Reinkarnation zuwider ist: Dann übernehmen Sie wenigstens jetzt ein bisschen Verantwortung. Ich bitte Sie: Wir treffen Entscheidungen. Und wir können dafür Verantwortung übernehmen! Wir *müssen* das sogar an irgendeinem Punkt. Das geht gar nicht anders. Mehr ist es nicht. Ja: Es gibt Dinge, die unendlich wehtun, sodass man schreien, um sich schlagen, manchmal sogar lieber sterben möchte! Davon kann ich ja ein Lied singen. Aber wie lange halten wir daran fest? Wie lange lassen wir zu, dass diese Erfahrungen uns im Griff haben? Verstecken uns dahinter oder verteidigen unsere Befindlichkeiten damit? Oder nehmen sie eben als Entschuldigung dafür, nicht in unsere Verantwortung treten zu müssen! Dieses Drama ist das Drama unseres Daseins. Die Dinge sind real. Ja. Aber sie sind nicht »wahr«.

Ich komme damit zu einer entscheidenden Frage: Wenn wir nicht das Göttliche in uns wählen oder wenigstens den Zugang dazu, ein bisschen Verantwortungsbereitschaft …, wer sitzt dann am Steuer? Was lassen wir durch diese Nicht-Wahl zu? Was hatte mich damals so am Wickel, dass ich zu dieser Maßnahme gegriffen habe: Suizidversuch? Da frage ich nochmal leise weiter nach: Wenn wir den toten Körper vergraben, was ist dieses ICH, das da entscheidet? Was passiert damit? Und wenn es eine Seele gibt, was hätte der Geist mit dem Suizid für eine schwere Bürde zu tragen, die er im nächsten Leben aufzuräumen hätte? Im Universum geht, wie gesagt, nichts verloren. Wir alle sind ein Haufen Atome. Auch ich bin nur eine Masse an Teilchen. Wir werden bewegt. Mehr nicht. Nur der freie Wille entscheidet über die Qualität, die uns bewegt. Bei den Gezeiten akzeptieren wir den Einfluss des Mondes auf unsere Welt. Auch im Hinblick auf den weiblichen Zyklus sind wir noch bereit, den Einfluss des Mondes zu akzeptieren. Aber mehr auch nicht. Dabei sind wir alle ständig und konsequent unter dem Einfluss der Sterne. Und damit meine ich nicht die wiederum zu unseren Gunsten interpretierte Horoskop-Philosophie in der Tageszeitung, sondern die nackte Tatsache. Wir werden bewegt. Von der einen oder anderen Energie.

Damals bin ich mit meinem Verständnis noch lange nicht soweit. Ich versuche zwar noch, meine Anbindung an das Weise in mir aufrechtzuerhalten, aber trittsicher bin ich da schon lange nicht mehr. Logische Konsequenz also, dass ich andere Angebote annehme. Entscheidend ist, dass hier die Kraft des freien Willens ins Spiel kommt. Mit dem kann ich entscheiden, welcher Energie ich folge. Das ist *Kraft*. Kraft bedeutet also nicht, eine Kriegerin zu sein. Kraft bedeutet wahrzunehmen, egal was kommt, und dabei offen zu bleiben und zu lesen! Wir aber verstehen Kraft als eine Art Kampfesbereitschaft. So habe ich das damals auch eingeordnet. Nur: Wie soll der Himmel durch mich oder mit mir arbeiten, also meine Gedanken und Handlungen speisen, wenn ich mich von ihm abwende, mich aufgebe? Ich mach damit ja denen vom anderen Club auch noch Platz, in mir zu wüten! Deren Angebotsspektrum bietet, neben all den Verlockungen dieser Welt – Spaß, Genuss, Stimulation –, die im Bereich oberhalb der Nulllinie angesiedelt sind, auch alles unterhalb der Nulllinie. Von Enttäuschung über Gewalt bis zu Suizidgedanken, von Drogensucht über Rache und im Extremfall bis zum Mord. Der Himmel, das Göttliche, das WIR kennt das alles nicht! Mit einem offenen Herzen kämen wir doch nie auf die Idee, jemand anderem oder uns selbst den Schädel einzuschlagen. Nur das Verhärten, das Festhalten an Verletzungen begründet das Bedürfnis nach Rache. Nach Wiedergutmachung. Mein Aufgeben, mein NEIN zu mir war damals der Türöffner für diese Gedanken und folgenschweren Handlungen. So tragisch, wie wir das alles finden: Gewalt, Suizid, Vergewaltigung, Kindesmissbrauch: Letztlich sind das alles »nur« Folgen unserer eigenen Verantwortungslosigkeit. Und weil wir das nicht sehen wollen, suchen wir dafür einen Schuldigen oder Entschuldigungen. Wir wollen lieber glauben, was uns die Medizin, unsere DNA, die Psychologie oder die Gesetze als Erklärung für solche Auswüchse anbietet. Eigenverantwortung? Das klingt nicht so gut wie *Opfer* und *Täter*. DRAMA. Oder *vererbt*.

Ich hatte einen Cousin. Der sich ähnlich tief in diesem Sog verloren hat. Er beendet nur diese Reise selbst und überlebt seinen Entscheidungsreigen nicht. Muss er es also in der nächsten Runde lernen, seine Sensibilität nicht wieder für andere in Frage zu stellen. So meine stillen Worte an seinem Grab. ONE LIFE. Bis wir es kapieren. Denn den Körper umbringen zu wollen, ist letztlich nichts anderes, als die Feinfühligkeit abstellen zu wollen, und damit der Versuch, der Verantwortung im Gemeinsamen zu entkommen.

Ich überlebe den Chemiecocktail jener Nacht. Keine Ahnung, wie, aber am nächsten Morgen werde ich wach. Halbseitig gelähmt, kaum fähig zu sprechen. Die Dosis hätte eigentlich einen Elefanten lahmlegen müssen. Ich bin 15 oder 16. Unter der Panik meiner Eltern über meinen Zustand werde ich ins Krankenhaus eingeliefert. Mal wieder. Verdacht auf Hirntumor. Man macht mich über drei Wochen lang zu einem Versuchskaninchen. Tests, Rückenmarkspunktion, Elektroschocks. Man findet keine Ursache für meine körperlichen Symptome. Wie auch! Ich sage ja mal wieder nichts. Ich möchte meine Familie *schützen*. So tief sitzt das Bild der *Loyalität*, mein Verständnis von Liebe. Wie weit wir gehen mit der Liebe, wenn wir sie nach unserem Geschmack für uns interpretiert haben …! Die Belastbarkeit ausreizen, bis hin zu einer falsch verstandenen Loyalität. Das kann tausende Facetten habe. Auch die Deckung von Missbrauch durch Angehörige. Wegschauen ist ebenfalls eine falsch verstandene Art von

Schutz. Dient nämlich nur dem eigenen, damit man ja nicht in den Konflikt reingezogen oder zur Verantwortung gerufen werden kann. Meine Wahl damals: die Lüge. Vielmehr: das Zurückhalten der Wahrheit.

Nach drei Wochen komme ich heim, und mir wird klar: Ich komme aus der Nummer nicht raus. Alexanderplatz. Sie verstehen schon. Wir kommen nirgendwo an. »Aufgeben is nich.« Also dann ... Meine Entscheidung erneut: Hinein ins volle Menschenleben! Noch tiefer! Schluss mit dem Fühlen. Eigenverantwortung: nö. Verantwortungslosigkeit: bitteschön! Diesmal mit der Einstellung: dann eben wie die anderen. Jetzt bahnt sich der Weg ins Leben. Ab jetzt habe ich die Funkverbindung vollkommen gekappt. Denke ich jedenfalls. Was das alles Spaß macht! Wissen Sie sicher selbst! Die Party hat ein buntes und breit gefächertes Angebot: Rauchen, Alkohol, Eiscreme, Fallschirmspringen, Pommes im Freibad, Knutschen, Musik, Clubnächte, Freundinnen-Büchlein schreiben, Motorradfahren, Sex, Tretbootfahren. Egal was. Hauptsache, es schmeckt und macht das Leben ein bisschen schön! So wie Schokokuchen. Egal, ob der dick macht oder der Zucker den Körper krank! Weg mit der Verantwortung! Der Kuchen schmeckt!

Aber – lecker hin oder her – die Suche bleibt. Die Suche nach der Zugehörigkeit. Ich suche. Überall. Vorrangig in Beziehungen zu Menschen. Partnern. Und da kommen einige meines Weges. Und mit einem dieser wundervollen Menschen war auch der Weg zum eingangs erwähnten Tattoo nicht weit. Die Versinnbildlichung des Mitmachens. Wie soll ich sagen: Ich war damals schwer verliebt in diesen Football-Spieler. Er war älter als ich und hat einen wahnsinnigen Eindruck auf mich gemacht. Er hatte mehrere Tattoos. Und ich wollte dann eben auch eins. »Ich hätte auch gerne eins ... hier, auf dem Hüftknochen«, höre ich mich sagen, als wir auf meine Nachfrage hin tatsächlich gemeinsam bei seinem Kumpel im Tattoo-laden stehen. Der Typ hinterm Tresen, lässig und freundlich, die Kippe im Mundwinkel, lächelt und sagt »Na, was hätt's d'n gern?« Ich nur so: »…'n Tribal?«. Das ist eine symmetri-sche Form, erinnert an was Keltisches, finde ich. Also eine Fantasieform. Gesagt, gestochen. Eineinhalb Stunden später hopse ich tätowiert vom Tisch. Ich habe damit manifestiert, was ich damals von mir selbst glaube: »I can do it.« Stahlhart. Und jetzt auch tätowiert. Ich komme klar! *Fühlen* wird voll-kommen überschätzt. Ich bin taff.« Den Football-Spieler habe ich nach drei Monaten nicht mehr wiedergesehen. Aber das Tattoo, das blieb.

Da also auch das jetzt zu meinem Erfahrungshorizont gehört, erlaube ich mir, mal zu beleuchten, was da wirklich passiert … beim Tätowieren.

Ein Tisch, ein Tätowierer, ein Motiv – und ein williger Mensch, der den einzufärbenden Bereich seines Körpers ent-blößt und sich hinlegt. Die Prozedur vollzieht sich abertau-sende Male am Tag. Überall auf der Welt. Tendenz weiter steigend. Was einst ein Ritus in Stammeskulturen oder eine Tradition bei Seefahren war, ist heute nahezu jedem anzuse-hen. Mann wie Frau. Managerin wie Kindergärtner. Was hat uns dazu bewegt? Die Antwort ist oft: »Ich mag das.« »Es ge-fällt mir.« Ehrlich: Hier muss ich mal lachen. Und zwar von Herzen. *Das* glaube ich nicht. Denn was da wirklich passiert, muss man sich mal vor Augen halten: ein mit vielen scharfen Nadeln gefülltes Metallrohr, das diese wie ein Maschinenge-wehr in Bruchteilen von Sekunden stoßweise in die Haut ein-fahren lässt und damit die darüber fließende Tinte in die Haut einritzt, die sich darunter aufgerissen und blutend zeigt. *Das* soll uns gefallen?!? Das sind höllische Schmerzen! Und auf den knochigen Stellen noch mal mehr. Warum »mögen« wir das? Es sind Schmerzen, die ich *nie* vergessen werde. Die je-der Tätowierte bestimmt nie vergisst. Ich hab damals gedacht:

Ich sterbe! Aber das hätte ich mir natürlich nie anmerken lassen. Dazu war ich viel zu cool. Mit meinem hochgebockten Motorrad, meiner völlig abgetöteten Sensibilität (damit meine ich mehr meine Wahrnehmung als meine Empfindsamkeit) und ihm: dem Footballer.

Tattoos werden immer mehr sichtbar. Das zeigt: Sie sollen ja auch gesehen werden. Die Tattoos. Wir sollen hingucken, sollen sehen: »Ich habe es überstanden! Ich bin hart genug, einen solchen Schmerz ausgehalten zu haben.« Zugeben würde das niemand. Wir bleiben bei der »Ich finde das schön«-Behauptung. »Überstanden«, so habe ich mich gefühlt. Das trifft es jedenfalls für mich. Nicht nur aus der Erfahrung mit meinem eigenen Tattoo, sondern auch aus Gesprächen mit den vielen anderen, die Tattoos tragen, konnte ich die Erkenntnis gewinnen, dass Menschen mit Tattoos hochsensibel sind. Als ginge es darum zu zeigen: »Ich bin hart genug. Ich überlebe in dieser Welt.« Was immer für ein Signal an die Welt gesendet werden soll. Es sind ja oft auch Namen, die tätowiert werden. Ein Beweis dafür, ein besonders liebender Vater, Ehemann oder eine einzigartige Freundin zu sein? Jedenfalls ein Signal an eine Welt, in der sensibel zu sein nicht so gefragt ist. In der Sanftheit »uncool« ist. Ein Ausdruck der Suche, auf der wir alle sind. Es ist, als würden die Tattoos »überschreiben oder rausbrüllen«, was da an Sensibilität *unter der Haut* spürbar ist. Im wahrsten Sinne des Wortes. Was im KZ als Stigma genutzt wurde, wählen wir freiwillig. Wir wählen bewusst, uns zu labeln. Unter einer teils abschreckenden oder angsteinflößenden Marmorierung des äußeren Erscheinungsbildes versteckt sich meist eine sanfte und von der Welt überforderte, erschreckte und zarte Persönlichkeit. Und unter manchem Schmetterling auf der Haut eine romantische Sehnsucht …

Darüber hinaus hat jede Stelle des Körpers, auf die das Tattoo aufgebracht wird, eine bestimmte Bedeutung. Nicht im romantischen Sinne, sondern im Zusammenhang mit der Seele und deren Ausdruck durch den Körper. Warum überschreiben viele gerade den kompletten linken Arm als Sleeve (so nennt man ein Ärmeltattoo)? Der Volksmund sagt: »Die Linke kommt von Herzen!« Nur ein Spruch? Genau betrachtet, finde ich, sagt der alles ...

Mittlerweile gibt es sogar »brutal tattooing«. Ein Trend, bei dem eine Sitzung den Klienten quasi »foltert«. Dabei benutzen zwei Tätowierer zeitgleich ihre messerscharfen Tätowiergeräte und bringen binnen einer verabredeten Zeit so viel Farbe in die Haut wie möglich. Ob Gesicht, Busen, Schambereich oder sonst wo. Der Sinn auch hier: Der Kunde möchte sagen können: »Das habe ich durchgestanden!« Die Tätowierer begreifen sich als Folterknechte. Schreien, bitten und betteln werden überhört. Nur ein vereinbartes Codewort kann den Vorgang frühzeitig abbrechen.

Folgen Sie mir noch einen weiteren Schritt zu einer anderen Beobachtung in dieser Sache: Ein Maler malt ein Bild. Es landet in einer Galerie. Viele Menschen bestaunen das Gemälde. Es ist deutlich ein bestimmter Künstler erkennbar. Es ist der Ausdruck des Künstlers. Seine Kunstfertigkeit. Sein Stil. Deswegen gehen wir in seine Ausstellung. Wir erkennen den Künstler wieder. Seine Qualität. Seine Energie. Das Gemälde hält sogar einem Kunstprüfer stand: Original oder Fälschung? So hinterlässt also jeder »Künstler« seinen eigenen *Fingerabdruck*. Konsequent auf den Tätowierer übertragen, der die Farbe in die Haut eingebracht hat: Auch er hat auf den Körpern der Tätowierten seinen Fingerabdruck hinterlassen. Wir als Tätowierte haben also nicht nur ein Tattoo, wir tragen fortan auch die Energie eines anderen Menschen ständig subkutan mit uns. Das ist weiter übertragbar: Jedes Produkt, das Sie herstellen, ob das ein Essen, eine Musik-CD oder die Geheimakte Ihrer Gedanken ist, hinterlässt einen Signatur. Alles hinterlässt einen Abdruck. Und diese Qualität landet beim Konsumenten. Ein Tattoo können wir nicht einfach ablegen wie ein Schmuckstück oder ein Kunstwerk, das uns nicht mehr gefällt. Das ist da. Stellt sich konsequenterweise die Frage: Wenn der Tätowierer oder die Tätowiererin nun kein so feines Leben führt, gegebenenfalls viel trinkt, Pornos guckt, Drogen nimmt, was weiß ich, für welche Energie er oder sie sich entscheidet – weil er oder sie vielleicht auch aufgegeben hat –, von welcher Energie werden Sie als Tätowierte dann täglich beeinflusst? Das ist das Ausmaß der Allverbundenheit. Es entsteht ein Welleneffekt, wie dann, wenn Sie einen Stein ins Wasser werfen. Nochmal leise an die Tatsache erinnert, dass alles zusammenhängt – dass es nicht Nichts gibt …

Es ist eben nicht nur die Farbe, die auf brutale Weise in das hochsensible Organ Haut eingemetzgert wird. Es landet ‚on top‘ noch der Abdruck *des* Menschen im System, der dieses Tattoo aufgebracht hat. Erneut frage ich sanft: *Warum* machen wir das noch mal …?

In einem Punkt macht es also wahrlich Sinn, dass Tattoos überall und immer mehr zu sehen sind: »den Körper zu überschreiben«. Durch Schmerz, durch den Fingerabdruck eines Fremden, durch Farbe und Narben. Auf die Frage nach dem Warum die Antwort »Weil es mir gefällt!« stehenzulassen, scheint mir wenigstens frag-würdig. Eine Aussage, die wir uns selbst glauben lassen *wollen*. Damit das *Funktionieren* weitergehen kann. Ein Konsens, auf den wir uns alle geeinigt haben: den Körper zu dominieren und ihn zum Funktionieren zu bringen – ob durch Extremsport, Yoga, Diäten, Sex als Sportart oder die Weise, uns zu ernähren. Auch andere Alltäglichkeiten tragen ein dick verklebtes Gütesiegel – Süchte und Ängste, Mobiltelefone zu heiraten oder Nahrung als Dauerstimulation einzusetzen. Kurz: GENUSS. Das wird allge-

genwärtig gepflegt, gefeiert und unterstützt. In einer Groß-
stadt wie Berlin ist es überall möglich, in einem Umkreis von
50 Metern Kaffee oder Essen zu bekommen. Frühstück: 24/7.
Alles, um entweder den Körper noch mehr anzutreiben (z. B.
durch Koffein, Zucker, Sport), ihn funktionsfähiger zu machen (z. B. Zusatzfuttermittel, Medikamente, härtere Drogen)
oder »runterzukommen« (z. B. Alkohol, schweres Essen, Kiffen, »Chillen«). Was wir als »gut« für uns begreifen, mag –
unter der Lupe betrachtet – womöglich nur die Droge sein,
die uns gerade passt, mit dem umzugehen, das zu *umgehen*,
was uns gerade bewegt. Sicher: Es ist immer alles eine Frage
der Perspektive. Ich erlaube mir den Blickwinkel der Liebe
und des Respektes für die Sensibilität, die Zartheit meines
Körpers und vor allem: dessen *Intelligenz*, die die des Verstandes nach meinem Erleben weit übersteigt, damals nicht. Genuss ist auch für mich ein zentrales Ding. Aber wissen Sie
was? Ich hätte nie gedacht, dass ich mal keinen Kaffee mehr
trinken würde: tue ich aber. Ich hätte nie gedacht, dass ich
keinen Alkohol mehr trinken würde: tue ich aber. Und ich
hätte nie gedacht, dass mein Schwager, der nie auf sein Glas
Rotwein oder Bier verzichtet hätte, mich eines Tages anruft
und stolz verkündet: »Christina, ich trinke seit einem halben
Jahr keinen Alkohol mehr!« Das liegt schon länger zurück,
und er ist dabei geblieben. Ich hatte ihm jahrelang gespiegelt,
wie angeschlagen er auf mich wirkte. Sein Befinden ohne Alkohol: kein Kopfweh mehr, besser schlafen können, keine
Atemprobleme, Gewichtsabnahme, mehr Vitalität, mehr
Freude am Leben und vieles mehr. Ich war davon tief beeindruckt. Gewohnheiten sind eigetretene Pfade im Kopf. So
auch GENUSS. Das schmeckt vielleicht lecker, ist ein *Genuss*mittel. Aber machen Sie mal den Body-Check. Ob das, was
schmeckt, Ihnen auch *wirklich* gut tut …

Ausprobiert habe ich als *Genussmensch* folgerichtig so ziemlich alles. Motorrad fahren liefert zunächst den ersten Kick. Das hat was Gefährliches. Alkohol trinken – auch super. Da kann ich mal »abschalten«. So sehen das ja viele. *Unsere legitimierten Drogen*: Genussmittel. Alkohol, Zigaretten, Emotionen. Dazu stellen wir nicht so viele Fragen. Habe ich damals auch nicht. Aber tatsächlich war das damals meine »Droge«, um nicht fühlen zu müssen. Ich habe nie *gesoffen*. Aber das *stilvolle* Gläschen Wein, Champagner, das Feierabendbierchen ... Rauchen auch. Später kiffe ich gelegentlich und probiere auch mal Kokain. Aber außer dem berühmten Lachflash nach dem Kiffen und dem unbändigen Heißhunger auf Schokolade auf Toast gibt mir das nicht viel. Außer natürlich der Tatsache, dass ich ein Ritual mit Leuten teile. Etwas *gemeinsam* erlebe. Kokain ist mir zu krass. Das finden viele super, denn es gibt das Gefühl, alles vollkommen in Griff zu haben. Alles erklären zu können. Keine Müdigkeit. Voll wach. Für viele Stunden. Klar. Hallo: es ist eine Droge! Der Fall danach ist grausam. Die Tatsache, dass ich am Tag danach erstmal richtig schlecht gelaunt, sogar aggressiv wurde, zeigt mir, dass das Zeug gar nicht gut ist! Es bleibt also bei wenigen Austritten.

Apropos: Wussten Sie eigentlich, dass Zucker – also weißer Industriezucker – im Gehirn den gleichen Effekt auslöst wie Kokain? Es gibt eine Explosion im Kopf, einen »Schuss« sozusagen. Davon will man mehr. Und mehr. Warum wollen wir sonst alle – einmal damit angefangen – immer wieder was Süßes? Es ist ein Suchtmittel. Gehört aus meiner Perspektive damit auch auf den Drogen-Index. Und aus Kindernahrung müsste es per Gesetzt definitiv raus. Das Zeug ist gefährlich. Lachen Sie nur. Ich lebe – während dieses Buch entsteht – mittlerweile seit sieben Jahren ohne Zucker und ohne Alkohol. Was ja fast das Gleiche im Körper macht. Alkohol wird ebenfalls zu Zucker umgewandelt. Vor einigen Jahren habe ich nach einem blöden Streit mit einer Freundin zu meiner da noch geschätzten *Lieblingsdroge* gegriffen: Süßes. Damals Eiscreme. Glutenfrei, zuckerfrei, milchfrei, versteht sich. Aber eben trotzdem süß. Irgendein Kokos-Schoko-Nuss-Dings. So einen schönen großen 450 ml-Pott. Naja. Am nächsten Morgen – es ist ein Sonntagmorgen – passiert Folgendes: Ich fahre durch Berlin, und an der Ampel klopft ein Polizist gegen meine Fensterscheibe.»Fahren Sie bitte mal rechts ran!« Ich – vollkommen irritiert – folge der Staatsmacht.»Fahrzeugschein und Papiere bitte.« Ich fahre ein Auto eines Car-Sharing-Unternehmens. Denke mir:»Naja, vielleicht hatte jemand vor mir damit einen Unfall.«»Steigen Sie bitte mal aus.« Ich bin immer noch irritiert.»Darf ich fragen, warum Sie mich angehalten haben?« Der Polizist erwidert:»Wären Sie mit einem Drogentest einverstanden?« Ich falle aus allen Wolken. Ich bin *mit Abstand* einer der cleansten Berliner Bürger. Seit sieben Jahren nicht mal mehr Alkohol oder Koffein. Geschweige denn sonstige Drogen!»Selbstverständlich bin ich einverstanden – aber wie kommen Sie dazu?« Der Polizist:»Ihr Fahrstil lässt darauf schließen, dass Sie unter Drogeneinfluss stehen.« Er hält mir ein Röhrchen hin.»Bitte pusten, bis es piepst.« Ich falle schier um vor Entrüstung. Jetzt muss ich auch noch mit geschlossenen Augen auf einer Linie laufen und lauter solche Späße. Langsam dämmert es mir. Ich schlage schließlich innerlich mit der Hand gegen meine Stirn! Ja klar! Ich bin auf Zucker! Vielmehr auf Entzugserscheinungen. Ich bin fahrig und leicht aggressiv. Der Polizist würde mich sofort einsperren, wenn ich das laut bekunden würde. Ich schweige also lieber und ziehe meine ganz eigene Erkenntnis daraus. Früher bin ich nach einer Pizza, Rotwein, zwei Espressi und einem Tiramisu gemütlich eingeschlafen. Kennen Sie? Ist doch verrückt, auf welchem Niveau wir da mit unseren Körpern und vor allem mit unserer Körperwahrnehmung sind!

Es ist wirklich erstaunlich, wie heftig all diese Dinge einschlagen, wenn man das Leben pur, also ohne stimulierende Zusatzstoffe, erlebt! Also generalgedetoxt, wenn Sie so wollen. Zucker: der haut voll rein! Genauso wie eine Droge. Ich sag ja: auf den Index damit!

Das Thema Tattoo findet übrigens nach einem jahrelangen, schmerzvollen Prozess mittels Laserbehandlung einen Abschluss. Ich habe nach über 20 Jahren versucht, dieses schwarze Unding entfernen zu lassen. Ganz ist es nicht weg, aber nur, wenn man es weiß, kann man es noch erahnen. Jede Sitzung hat mich daran erinnert, wie sehr ich damals von mir abgeschnitten war, dass ich das einfach so habe machen lassen. Tattoo also weg! Und damit habe ich auch bewusst die energetische Verbindung zu dem Tätowierer gekappt. Dass ich meinen Körper wieder für mich eingenommen habe, hat also auch meine Zugehörigkeit um Club der »Tätowierten« gekündigt. Es kamen noch viele andere Ablenkungsmanöver …

Heimat. Hafen. Liebe.

Wer von sich entfernt ist, sucht danach: dem *neuen* Hafen. Im Außen. Dabei gibt es viele Angebote, sich einzugliedern, viele weitere Clubs, Systeme oder Energiefelder, denen man sich anschließen kann. Hafen-angebote eben. Solange wir uns selbst nicht Heimathafen sind, suchen wir. Eine Heimat. Einen Wiedererkennungswert. Einen Hafen. Womöglich tatsächlich einen *Ort*, an dem wir mit Traditionen und Sprache vertraut sind. Mit der regionalen Küche oder dem Geruch, der Gegend. Das mag auch eine vorübergehende Wahlheimat sein und nicht unmittelbar der Ort der Geburtsstunde. HEI-MAT. Diese ganz besondere Qualität von Vertrautheit oder wie immer Sie dieses Gefühl nennen wollen. Heimat also ein *must have*?

Es ist doch lustig, dass die ersten Fragen, die wir uns beim Kennenlernen gegenseitig stellen, der Herkunft, dem Beruf und der Meinung zum aktuellen Geschehen gelten. Politik. Fußball. Modische oder kulinarische Trends. »Hast du eigentlich mal was von der Jenny gehört?« ZACK – schon weiß ich: Heimat verbindet. Gemeinsame Bekannte verbinden. Gemeinsam Erlebtes in der Vergangenheit verbindet. Oder gemeinsame Pläne für die Zukunft. Aber nicht zwingend das Hier und Jetzt. Nur weil wir beide demselben Ereignis zugesagt haben, das früher geschah oder bald geschehen wird, heißt das noch nicht, dass wir uns deshalb eine gegenseitige Unterstützung sind. Aber das zu überprüfen, wagen wir selten. Lieber loggen wir ein, was wir positiv verbuchen konnten, und halten ewig daran fest. Ein Teil unseres Bestrebens nach Sicherheit. Die Tatsache, dass wir uns beständig weiterentwickeln, mit jedem Tag, ignorieren wir dabei – oder verhindern es sogar aktiv. Und das nur aus einem einfachen Grund: Wir suchen diesen Punkt X. Den Moment des Andockens. Die gemeinsame Schnittmenge. Kennen Sie das: »Ach nee! Du kommst auch aus der Ecke! Dann kennst du vielleicht ...« Und ZACK: Schon hat man mit diesem Menschen eine *Verbindung*. Wenn Sie mit sich nicht verbunden sind, hat diese Begegnung natürlich entsprechend ein ganz anderes Gewicht. Es lässt Sie sich gut oder nicht gut fühlen. Denn je nachdem, wie sehr Sie diese *Ecke*, aus der Sie kommen, mögen oder nicht, öffnen Sie sich Ihrem Gesprächspartner gleich mehr – oder vielleicht gerade deshalb noch weniger. Es sind Angebote anzudocken. Anzulegen in einem Hafen. Oder gerade deshalb Grund zur Flucht.

Meine geografische Herkunft würde man als Vorarlberger-Allgäu-Mix mit hamburgischem Poleneinschlag, geboren in Stuttgart, aufgewachsen in Hessen, betiteln. Ist Ihnen schon beim Lesen zu viel? Mir auch. Jedenfalls, wenn ich mich regional zuordnen müsste. Ich sehe mich als Weltbürger*in*. Bin ja nun mal in diesem Leben eine Frau. Nicht Deutsche. Nicht Allgäuerin. Nicht Hamburgerin. Gut, das bin ich alles *auch*. Aber in erster Linie Weltbürgerin. Ich bekenne mich zum Planeten Erde. Lachen Sie nicht – das ist eine Entscheidung, die eine Menge auslöst. Mit Rassismus oder regionaler Identifikation kriegen Sie mich schon mal nicht. Auch wenn ich mich, als ich mich das erste Mal mit diesen Fragen beschäftigte, noch versucht habe, in gängige Konzepte von Familie, Freundschaft und Verbundenheit mit der Region, in der ich aufgewachsen bin, einzuordnen. Mit dem, womit ich mich bis dahin schon identifizieren konnte. Früher war das beispielsweise der Duft von frischem Heu. Ich habe oft bei der Heu-

HEIMAT. HAFEN. LIEBE.

ernte geholfen. Damit verbinde ich etwas Schönes. Es sind die Wege durch die Weinberge im Rheingau, die ich so oft gelaufen bin. Es sind die Menschen, mit denen ich mein Leben teile. Damit fühle ich mich identifiziert. Und es ist der Geschmack von Mamas Kartoffelgratin ...

Aber wieder *schmeckt* mir daran was nicht ... Das Gefühl von Heimatlosigkeit kenne ich aus der Zeit nach meiner Rückkehr aus Australien. Da habe ich mich oft heimat-*los* gefühlt. Für meine Freunde war ich die, die lange weg war. Ich war also nicht mehr Teil des täglichen Geschehens. In der Familie ging es mir ähnlich. Gebräuche, Gerüche waren wieder neu – obwohl einstmals vertraut. Wie auch das Essen und die Gespräche. Ich hatte etwas erlebt, das andere aus meinem Umfeld nicht erlebt hatten. Eines fehlte also: die Gemeinsamkeit. Das Verbindende. Obwohl ein liebevolles Grundgefühl unser Miteinander nicht verlassen hatte, war auch eine Distanz spürbar, die zunächst überwunden werden musste. Ehrlich gesagt: Ich habe es nicht wieder geschafft, mich einzureihen. Aber das Schöne ist: Es konnte dafür etwas Neues entstehen. Etwas anderes. Das ist ein bisschen so, als hätten sie den geschmückten Weihnachtsbaum schon gesehen, sollten aber weiterhin so tun, als hätten sie ihn nicht gesehen: um die Eltern (oder Partner) nicht zu enttäuschen. So ging es mir mit meinen Freunden. Ich hatte mich und die Welt auf eine Weise kennengelernt, die ich nun hätte auslöschen müssen, um so tun zu können, als wäre ich nie weggewesen. Ich hatte etwas erfahren, das mir das »Alte« eng erscheinen ließ. Manche Reiserückkehrer würden jetzt vielleicht sagen: Nein. Nicht eng. Vertraut. Zum Aufatmen schön. Wieder zu Hause! Fein: auch das wäre eine Erkenntnis! Meiner Erfahrung nach ist das, was uns da so positiv an das »Alte« andocken lässt, das Gefühl von Vertrautheit. Das liegt aber mehr an unseren bereits gesetzten Fußabdrücken als den bekannten Gesichtern. Das wiederum löst ein Gefühl von *Sicherheit* aus. Sind wir außerhalb dieser vertrauten Zone also *nicht* in *Sicherheit*? Müssen wir uns da schützen, wo wir noch keine Referenzpunkte haben? Und wenn ja, wovor? Schützen wir uns vielleicht vor denen, die uns in ihren Schutzpanzern begegnen und von denen man nie weiß, was als nächstes kommt? Schützen uns vor dem, was uns unbekannt ist? Da piekt er wieder, dieser Stachel mit Namen Sicherheit. Der bohrt sich wie eine Dornwarze in alle Bereiche unseres Bewusstseins. Sicherheit ist ein Siegel auf der verschlossenen Tür zur inneren Weisheit. Im Hinblick auf den Begriff HEIMAT empfinde ich da nämlich eine Enge. Ja: Vertrautheit auch. Aber auch eine Enge. Die bestehende Idee von dem Begriff HEIMAT grenzt mich nämlich zunächst von allem anderen ab. Regionen, Menschen, Familien. Auch Religionen. Es kategorisiert. Kurz: Es trennt. So heimelig und wohl es sich im einen Moment anfühlen mag, *weil* es vertraut ist, so sehr begrenzt es uns, wenn wir in die Welt hinaustreten, *weil* die uns *nicht* vertraut ist. Das Maß der Begrenzung sinkt und steigt mit dem Maß Ihrer eigenen *Identifikation* mit dem gewählten Vertrauten.

Mit dem Örtchen, in dem ich aufgewachsen bin, Niedernhausen im Taunus, bin ich damals wenig identifiziert. Sobald ich alt genug bin, drängt es mich, meinen Mopedführerschein zu machen, um möglichst flexibel flüchten zu können. Mir ist das alles zu eng. Die seltenen Abfahrtzeiten des regionalen Busses. Die Dichte zu den Nachbarn. Für mich zu eng. Ich mag keine Trennung. Aber Identifikation ist für mich eine Form der Trennung. Also mache ich lieber mein Ding. HEIMAT im *regionalen* Sinn ist also nix für mich. Was gibt es denn da noch? Ah – Mitmenschen!

Vertrautheit im Gespräch. Es gibt Menschen, mit denen sind wir offen, transparent, da vertrauen wir. Im Gespräch mit Fremden sind wir gefragt, uns zu öffnen für unser Gegenüber. Das hatten wir ja gerade. Alleine dieser bildlichen Vorstellung folgt der logische Schluss, dass der Zustand zuvor *verschlossen* gewesen sein muss. Misstrauisch. Und das kann ich – und Ihnen mag es auch so gehen – nur zu gut verstehen. Man hat ja auch schon so viele unangenehme Begegnungen erlebt oder Negatives wie Positives gehört, von dem man sich hat erschrecken, verunsichern, beeinflussen lassen. Also erst mal ruhig angehen lassen und langsam rantasten – an den oder die Fremde. Wir entscheiden über Nähe und Distanz. Selbst wenn Sie – zur Freude ihres Umfeldes – zu denjenigen gehören, die unmittelbar und barrierefrei umarmen, begrüßen oder ein Gespräch offerieren, frage ich dennoch: Wie offen sind Sie wirklich? Nicht um Ihnen und dieser Qualität zu nahe treten zu wollen. Im Gegenteil. Ich habe mich selbst immer diesem Menschenschlag zugeordnet. So war ich schon als Kind. Was mich als Kind aber wirklich interessiert hat, mit welcher Transparenz ich da noch unterwegs war, ist später einem inneren Kontinentaldrift gewichen. Auf einer Party schmettere ich lange Zeit ein lässiges »Na, auch 'n Weinchen?« daher, offen, lustig, gesprächsfreudig. Aber wahres Interesse …? Darum ging es einfach nicht. Es ging darum, eine gute Zeit miteinander zu haben. Früher habe ich die Kluft zwischen »behave« und »what's truly going on« bedient. Ich bin sicher, Sie kennen auch folgende Szene: Sie kommen auf einer Party bei Freunden an. Bis auf wenige fremde Gesichter sind Ihnen die Menschen *vertraut*. Sie spüren sofort, ob Ihr Bekannter gerade mit seiner Frau geschlafen hat oder ob der Haussegen schiefhängt. Sie fühlen, dass Sie Ihre beste Freundin neidisch beäugt, da Sie ja das »passendere Outfit« gewählt haben. Und: Sagen Sie da was? Oder schmettern Sie stattdessen ebenfalls ein lässiges: »Hey, wie geht's? Coole Party – wo ist die Bar?« oder lassen sich davon einschüchtern? Und das alles nur, um der Spannung ausweichen zu können, die Sie wahrnehmen? So ganz tief drin – ist es nicht so …? Wir wollen eigentlich lieber gar nicht wissen, was los ist, weil wir mit den Resultaten nicht umgehen können oder wollen. Und das ist ok so. Das entscheiden wir aber. Wer will schon die Eifersucht, den Neid, den schiefen Haussegen ansprechen und aus dem Weg räumen? Wir wollen lieber eine »gute Zeit«. Und darum überschreiben wir diese sensible Wahrnehmung. Manchmal projizieren wir ja auch Bilder auf unsere Gegenüber. Aber auch das findet keine Aufklärung, wenn es nicht angesprochen wird. Und dann laufen wir ewig mit einer vermeintlichen Verletzung, Zurückweisung oder Angst rum, ohne dass sie je begründet gewesen wäre. Aber die Wahrheit ist uns oft zu müßig. Zuhören – das missfällt. Auseinandersetzten – nicht unsere Aufgabe. Lieber selbst reden – da hat man das Gespräch in der Hand. Das gibt Sicherheit. Wir sind nicht verquaste, unsensible und dumme Roboter. Wir sind ein riesiges Erfahrungsknäuel. Ängste, Verletzungen, Erfahrungen aller Beschreibungshorizonte säumen unsere Wege. Und dieses Knäuel tragen wir nicht als Reichtum mit uns rum, sondern als Ballast. Es ist ein Schablonen-Katalog, den wir im Gespräch mit unserem Gegenüber auspacken.

Andererseits kennen Sie doch bestimmt auch Momente, in denen Sie vollkommen eins mit sich sind. Vielleicht frisch ausgeruht, nach einem Schläfchen oder einem Spaziergang. Da sind wir in einer *Ent*-spannung, in der wir auf Schablonen und Erwartungen gar nicht anspringen. Die *An*-spannung kommt erst, wenn wir selbst aus dem Tritt sind. Sonst sind wir vielleicht sogar dankbar, wenn Schablonen aufgedeckt werden, die wir so mit uns tragen. Spannung: ein Zustand mit uns aus dem Rhythmus gekommen zu sein? Misstrauisch? Das können wir schon gar nicht mehr klar sehen, denn Erwartungen, Verletzungen, Erfahrungen hängen wie Wolken um unsere Köpfe. Schleier, die uns verblenden, manchmal sogar blind machen.

HEIMAT. HAFEN. LIEBE.

Ich wollte wieder Klarsicht. Und das hat mich Schritt für Schritt für Schritt dahin gebracht, dass man heute von mir ein ehrliches »Wie geht es dir?« hört – unerschrocken vor der möglichen Antwort. Ich will es *wirklich* wissen. Ich habe keine Angst mehr vor einer Zurückweisung oder Konfrontation. Denn wenn mir das begegnet, weiß ich, habe ich es in erster Linie mit einer Energie zu tun, für die sich der Mensch eben entschieden hat. Und das unterstützt mich dabei, die Dinge nicht persönlich zu nehmen. Das ist wahre Freiheit. Probieren Sie das mal! Klassentreffen sind da ein herrlicher Spiegel.

Apropos Schule. Als Grundschülerin schon habe ich auf dem Heimweg gerne angehalten und einfach Menschen angesprochen – frei nach dem Motto »Wer bist du denn?« Mal bin ich in den Bäckerladen reingetappt, mal hab ich an der Bushaltestelle mit jemandem geschwätzt. Menschen faszinieren mich. Egal wer. Ich bin neugierig und spreche die Leute einfach an. Meine Mutter ist manches Mal den Weg abgefahren, um mich einzusammeln. Auch abends, wenn ich bei den Nachbarn im Garten zum Plaudern hängengeblieben war. Mit dieser Entdeckerfreude bin ich auch weiterhin der Welt begegnet. Ab 16, wie gesagt, mit einem größeren Bewegungsradius. Ab da war ich eigenständig mit einer schrecklich lauten Zweitakter Enduro unterwegs. Dieses *Moped*, so habe ich die Maschine immer genannt, klang wie ein Rasenmäher auf hoher Frequenz. Mit dem Ding hab ich mich auch ein paarmal fast um die Ecke gebracht. Musste ja immer alles sportlich: vor allem schnell sein! Grenzen entdecken eben. Mit Autos und Motorrädern – mit Geschwindigkeit – hatte ich's irgendwie. Egal. Wie ich schon erwähnt habe, hatte ich mit der Familie und auch später die Freiheit, viel reisen zu können. Ich war aber später sicher nicht mehr ganz so unbelastet wie im Alter von fünf oder sechs. Das Gefühl von Vertrautheit, gewachsen aus dem Gefühl des Vertraut-Seins durch meine Angebunden-heit, ist durch Erfahrungen und Begegnungen mit anderen langsam, aber sicher, einem Misstrauen gewichen. Leise nur. Aber das Misstrauen hat Platz gefunden. Manche tauschen diese beiden Gefühle sogar gänzlich gegeneinander ein. Vom Ur-Vertrauen zum u(ltimativen) Misstrauen. Aber im Herzen habe ich mich trotzdem immer für Menschen und das Leben interessiert. Die Tür zu meinem Herzen für Menschen wollte ich nie ganz schließen. Womöglich, weil ich immer versucht habe zu studieren, wie die anderen das machen: das Mensch-sein. Wie die mit dem Grand Canyon umgehen. Wie die mit der inneren Zerreißprobe zwischen Wahrheit und Realität umgehen und ob die sie überhaupt wahrnehmen. Was deren Heimat ist.

Zum Begriff HEIMAT und Reisen ein kurzer Exkurs: Waren Sie schon einmal in einem Planetarium? Erst vor wenigen Tagen habe ich mal wieder eins besucht, und das hat mich um-gehauen. All das, wovon ich die ganze Zeit spreche, stand bildlich vor meinen Augen! Da ist man irgendwo auf der Erd-kugel, und die Vorführung beamt uns Zuschauer langsam raus. Das ist, wie einen anderen Verein aufzusuchen. Weg von der Erde – zunächst in die Perspektive auf die Erde. Und dann immer tiefer rein in unser Sonnensystem. Immer weiter in unsere Milchstraße, unsere Galaxie. Rein in neue Blickwin-kel. Erkenntnis darüber, dass es noch unendlich viele Gala-xien gibt. Billionen, vielmehr unzählige Sterne und Planeten umgeben uns. Und selbst, wenn wir ihr Licht sehen, sehen wir sie da, wo sie vor Hunderten oder Millionen von Jahren *waren*. Vielleicht gibt es sie teilweise schon gar nicht mehr. Das Schöne ist: Da gibt es neben der Materie – also den Ster-nen, Planeten, Kometen zum Beispiel – ja noch das andere. Das Dunkel drumrum. Das nicht Greifbare. Was ist das? Die-ses Dunkel, das offenbar aber alles zusammenhält. Es ist mit dem Verstand kaum greifbar. Aber übertragen auf unser menschliches Dasein, sehe ich die Versinnbildlichung des großen Zusammenhangs! Wir Menschen sind wie die Sterne. Und das Göttliche, die universelle Ordnung, das EINS, ist wie die dunkle Masse im All ständig um uns herum. Unbeirrt dehnt es sich aus. Hält dabei alles auf Kurs, und wenn mal zwei Sterne kollidieren und zersprengen oder verschmelzen, passt auch das in diese Ordnung. Nichts ist fix. Alles atmet. Ständig und unaufhörlich. Was mich weiterhin nachhaltig fasziniert, ist: Von jedem Blickwinkel des Universums aus betrachtet sieht es so aus, als würde sich alles von eben diesem Fleckchen weg ausdehnen.

Meine Faszination über diesen Vortrag und die virtuelle Rückreise zum blauen Planeten lassen mich ganz selig zurück. Ich bin nicht verrückt. Ich bin nur voll im Einklang mit dem Universum. Das klingt jetzt vielleicht ein bisschen abgehoben – aber es ist für mich so profund wie erdend. Im Universum ist die Erde ein Mückenpups. Und wir Menschen sind nochmal kleiner. Dennoch: Alles hat eine Daseinsberechtigung! Und der Mensch hat durch das Ausdehnungsprinzip den Eindruck, alles würde sich von ihm aus ausdehnen. Es ist also gar nicht verwunderlich, dass wir auf die Idee gekommen sind, wir selbst wären der Mittelpunkt allen Geschehens. Dass sich alles »um uns dreht«. Nur haben wir dabei vergessen, dass wir eben als Teile dieses Universums zusammenhängen. Da sitzen wir in unseren Wohnungen, Vereinsheimen und Büros und wähnen uns »für uns«. Ist doch meine Bude, wenn ich was an die Wand schmeiße! Aber nur, weil zwischen den Nachbarn und uns Wände, Türen, Staatsgrenzen sind, heißt das nicht, dass wir nicht energetisch verwoben sind. Ob wir das wahrhaben wollen oder nicht. Jedes Manöver hat einen Einfluss auf unser Umfeld. Jeder Gedanke. Niemals wird nur unser eigenes Dasein bedient – sondern ständig alles und jeder mit beeinflusst.

Der Mikrokosmos verändert den Makrokosmos.

Wir nennen uns Engländer, Franzosen, Farbige, Männlein & Weiblein – haben für alles Kategorien und Schablonen – aber am Ende sind wir zu respektierende Teile (Mikrokosmos) eines großen Ganzen (Makrokosmos). Darum ist es die große Kunst für jede und jeden von uns, uns selbst und alle anderen in der Wahl ihrer Mitgliedschaften und entsprechend gewählten Schablonen zu *respektieren*. Eine Verantwortung sehe ich höchstens darin, zu reflektieren, Dinge anzusprechen, *wenn* wir das Gefühl haben, dass es den anderen voranbringen könnte. Ehrlich sein also. Nur nicht ungefragt, bitte! Das wäre mehr als übergriffig.

Dieses vollverantwortliche Gefühl, mein Zugehörigkeitsgefühl zum großen Ganzen, halte ich damals nach wie vor schön abgeschnitten. Ich habe Vergnügen daran, nach dem zu suchen, was Heimat wohl noch sein könnte. Beziehung! Definitiv ein spannendes Terrain! Die Wahl meiner Partner ist so unterschiedlich wie bezaubernd. Es sind wundervolle, einzigartige und liebende Menschen. Gut: manchmal haben auch die sich wie Vollidioten verhalten. Aber ich spreche ja von deren Essenzen, nicht deren Abwegen. Gleichalt, älter, dicker, dünner, männlich, weiblich. Glauben Sie mir: Das macht keinen Unterschied. Der Unterschied wird ganz woanders gemacht. Nämlich in den Köpfen. Wieder haben wir da Schablonen und Bilder von *Richtig & Falsch*. Hetero ist richtig. Homo ist falsch zum Beispiel. Oder Jung und Alt ist falsch. Gleichalt ist *besser*. Sehen Sie, was ich meine ...? Wir kreieren unsere Probleme *alle* selbst. Wir setzen ein Ziel: *das* ultimative Beziehungsbild zum Beispiel. Etabliert *aus* und basierend *auf*: der Macht der Gewohnheit. Dem Fortpflanzungsmodell etwa, Traditionen oder der Hollywood-Romantik. Und nach dieser Vorgabe turnen wir uns alle ab. *Fühlen*, ob jemand zu uns passt, erlauben wir uns womöglich noch in den ersten Schritten. Aber da wir – vielleicht schon im Moment der Wahl – selbst einem Idealbild, einer Vorstellung, einer Tradition

HEIMAT. HAFEN. LIEBE.

erlegen sind, die womöglich gar nicht zu uns passt, stehen wir wieder vor der Frage: Was haben wir da entschieden und gewählt? Sicherheit oder Wahrheit? Welche Konsequenz es hat, was Sie da entschieden haben, tritt spätestens dann zutage, wenn die Schablonen und Urteile wiederkommen. Selbstgeschnitzt oder eingekauft. Der erste Streit, der erste Moment, in dem Sie ein Geruch oder rumliegende Socken stören, sollte Sie aufmerken lassen. Diese Kleinigkeiten sind schon Anhaltspunkte hinzuhören. Überprüfen Sie sich. Denn wer auch immer behauptet hat, dass es ein »Richtig« oder eine »Natürlichkeit« in Liebesbeziehungen gibt – folgen Sie diesem Model? Bieten Sie wirklich *sich* an oder nur eine Version von sich? Und was projizieren Sie vielleicht auf Ihren Partner? An Wünschen, Träumen, Hoffnungen, die der oder die für Sie erfüllen soll …? Welche Schablonen packen Sie aus? Und mit welchen sind Sie konfrontiert? Wozu haben Sie wirklich JA gesagt bei Ihrer Partnerwahl? Da entsteht der Nährboden, uns zu streiten, auseinanderzuleben, uns auf dem Spielfeld des *Richtig & Falsch* auszutoben. Gern gesehene Debatte in der Öffentlichkeit über ein *Richtig & Falsch* in Beziehungen: das Familienrecht. Und damit auch die Homo- oder Heterofrage. Das Recht ist da, um zu schützen. In diesem Fall den Begriff: FAMILIE. Basierend auf der Annahme, dass die einzige Existenzberechtigung für Beziehung, Familie und Sex die ist, Kinder zu zeugen. Einen Beitrag zum Fortbestand unserer Gesellschaft zu leisten. Was für ein Bild von Familie beschützen wir da mit unserem Rechtsempfinden? Mit unseren Gesetzen? Ein Bild der Gewohnheit? Oder ein antiquiertes Bild …?

Mal ehrlich … Ich bin jetzt 40. Und jedes Mal, wenn ich gefragt werde, ob ich Kinder habe – und das mit Nein beantworte – folgen Fragen wie: »Wolltest du keine?« »Hast du nicht den Richtigen gefunden?« »Stimmt was bei dir nicht?« Anscheinend erweitert sich diese Existenzberechtigung also vor allem auf Frauen. Frau sein = Mutter sein müssen? Wenn ich nicht den Durchblick hätte, dass mir diese Fragen vor dem Hintergrund einer gesellschaftlichen Vorstellung von Normal gestellt werden, die aus meiner Perspektive längst überholt ist und sich nur noch an die Sicherheit klammert, nicht auch hier noch eine Veränderung zulassen zu müssen, bliebe ich verletzt zurück. Gerade habe ich Ihnen vom Planetarium erzählt, erinnern Sie sich? Wenn sich das Universum dauernd ausdehnt, wir nirgends hingehen und auch Zeit eine Illusion ist: Wie eng und klein ist es, hier anzunehmen, dass bitte keine Veränderung kommen soll?! Alles verändert, vertieft, erweitert sich. Ständig. Nur wir sind es, die wir eng geworden sind. *Festhalten* an dem *Alten*. *Weil* es eben *vertraut* ist. *Misstrauisch* dem Neuen, Unbekannten gegenüber. So sollen ja auch die Fragen derer, die schon fast bedauernd nachfragen, ob es denn mit den Kindern nicht geklappt hat, Zweifel in mir auslösen. Mich leise darauf hinweisen, dass etwas nicht *normal* ist.

Meine Liebe zu mir lässt Verunsicherung in diesem Punkt selten zu. Nur wenn ich mal vollkommen neben mir stehe, lasse ich zu, dass sich die Zweifel in mir einnisten können.

Dass ich Kinder hätte kriegen *können*, hat mein Körper früh bewiesen. Da war ich 17. Es war nicht dran, sonst wäre ich heute Mutter. Es ist abgegangen. Schon sehr früh. Das erleben tausende Frauen, täglich, überall auf der Welt. Aber wissen Sie, was übrigbleibt: wir Frauen. Wir Frauen, die wir denken, *wir* hätten was *falsch* gemacht. Dass mit uns was nicht *stimmt*, wenn wir keine Kinder bekommen. Oder ein Kind verlieren. Es ranken sich so viele Mythen um dieses Kinderkriegen … Ich erlaube mir hier einen Rückblick auf Kapitel 2: Es gehören drei Elemente zum Kinderkriegen: ein Spermium, eine Eizelle und ein reinkarnationswilliger Geist – UND dazu kommt noch unser eigenes Hausaufgabenheft. Ich bin sicher, ich wäre eine tolle Mutter geworden. Damals zwar eher noch nicht. Sonst hätte sich das werdende Kind bestimmt gehalten. Aber heute vielleicht. Doch die Frage allein ist müßig, denn es hat nicht zu meinem Leben gepasst. Es war nicht Teil meiner Aufgabe in diesem Leben, ein Kind zu gebären. Was mir mütterliche Qualitäten nicht abspricht. Aus meiner Sicht hängt das eine mit dem anderen nicht zusammen. Wissen Sie, was mich *wirklich* bewegt und auch traurig gemacht hat? Es sind wieder die Urteile Dritter. Derer, die es besser wissen. Wie »man es macht«. Da wir die Gemeinschaft lieben, das Zusammensein, ist das Ausgeschlossensein die größte Bedrohung. Ob das wirtschaftlich, familiär oder gesamtgesellschaftlich ist. Sonst wären uns die Urteile oder Meinungen der anderen doch egal. Ich hatte damals, nach dem positiven Schwangerschaftstest, schon eine Horrorvision davon, wie ich bereits mit Anfang zwanzig in einem Reihenhaus sitze und für den Rest meines Lebens im Ehe- und Mutterglück aufzugehen habe. Das alleine hat mich erstickt. Ich wollte in dieses Bild nicht hinein. Ein solches Leben war *nicht meine Heimat*. Für viele stimmt das, es gehört zu ihrem Hafen, ihrem Heimatgefühl. Fein. Die sind ja auch nicht ich. Und ich bin nicht sie. Also beurteile ich das nicht. Für jeden gibt es ein ganz eigenes Lebensmodel. Schlicht schon deshalb, weil Sie einzigartig sind, jeder Einzelne großartig ist. Wie könnte man da überhaupt je eine Schablone anlegen …? Das passende Lebensmodell oder die Frage danach, was einen wirklich wachsen lässt, muss doch jeder für sich rausfinden. Für mich stimmte diese Schablone eben nicht. Und so trennt sich der befruchtete Mehrzeller – so lerne ich das später im Jurastudium zu betiteln – von mir, und ich trenne mich von meinem Freund. Der konnte ja nichts dafür. Aber der hätte die Reihenhausidee toll gefunden. Und da war mir klar: Wir passen nicht zusammen. Was blieb, war wieder die Suche. Wo ist denn nun meine Heimat? Ich bin früh ausgezogen. Meine langjährige Liebe finde ich in dieser Zeit. Zum Entsetzen aller Beteiligten ist das diesmal eine Frau. Meine ehemalige Sportlehrerin. Ja: wieder so ein Klischee. Urteilen Sie ruhig. Haben schon andere. Es ist aber eine Qualität, die ich in dieser Beziehung finde, die mich trifft. Es ist Beständigkeit, Wertschätzung und vor allem: Lebensfreude. Ihr Lachen reißt mich heute noch mit!

Mal ehrlich: Woher soll oder kann denn von außen jemand wissen, was zwei Liebende im Innenverhältnis voneinander haben, was die von- und miteinander lernen oder erleben – für ihr persönliches Wachstum? Ich weiß, bei mancher Beziehung steht man als FreundIn oder BekannteR nebendran, betrachtet diese Verbindung und möchte nur eingreifen. Wenn geschlagen, ein Fremdgehen bedauert, aber immer wiederholt wird, man sich nichts mehr zu sagen hat … Aber das müssen die beiden selbst entwirren wollen. Und oft wollen sie das gar nicht. Lieber das vertraute Übel als das unbekannte Potenzial. Auch die Frage nach der Homo- oder Hetero-Wahrheit als einer weiteren Schablone müssen wir uns stellen. Von Menschenhand gemacht. Wir sind – so meine Erkenntnis – alle Hermaphroditen. Diese Mann- oder Frau-Identifikation ist total irreführend. Nur weil biologische Geschlechtsmerkmale auf ein Geschlecht hinweisen, heißt das noch lange nicht, dass wir den *Qualitäts*merkmalen entsprechen müssen, die wir nachträglich diesem Geschlechterunterschied auferlegt haben. Wir tragen nämlich beide Geschlechter*qualitäten* in uns. Männlich und weiblich. Das sind energetische Qualitäten. Keine unumgänglichen, der Biologie entspringende Merkmale. Es gibt alles zwischen Männern und Frauen – und diesen Reichtum beschneiden wir wie eine Zuchthecke im französischen Garten. Da gibt es die Form: männlich. Und die Form: weiblich. Und wieder sind wir in dem Spiel: In welche Schablone passe ich hinein?

Was ist *richtig*, und was ist *falsch*? Ich komme da nochmal zu dem befruchteten Mehrzeller: Der ist in den ersten sieben Wochen vollkommen geschlechtslos. Irgendwann entwickelt sich aus dem Zellgewebe zwischen den noch werdenden Beinen eine Hautwulst zu Schamlippen oder Penis. Die inneren Organe entsprechend mit. Und bei Zwitterwesen entscheiden nach der Geburt andere, was abgeschnitten wird und was dranbleibt. Was dann auch die psychologische Geschlechtsidentität des betroffenen Kindes beeinflussen kann. Aber biologisch sind wir erstmal *beides*. Nur ein Y-Chromosom entscheidet später über den weiteren Verlauf. Und auf der Ebene der Geschlechterqualitäten? Wer entscheidet da? Wir. Wir quetschen die unendliche Vielfalt in Rahmen und Bilder, wie es uns gefällt.

Bin ich als Frau fähig, mit einer Kettensäge auf Bäume zu klettern und die Dinger zu fällen: gelte ich als männlich. Wenn ich besonders sensibel bin und meine Gefühle offen ausspreche: werde ich als besonders weiblich eingestuft. Und wenn das ein Mann tut: Was ist mit dem? Der gilt dann schnell als ein Weichei. Bin ich mit einem Mann zusammen, kommt die Kinderfrage. Bin ich mit einer Frau, heißt es: Wer ist der Mann und wer ist die Frau in dieser Beziehung? Bin ich in Highheels und Rock auf einer lesbisch ausgerichteten Party, heißt es abfällig: Ich sehe aus wie eine »Hete« (heterosexuelle Frau), *obwohl* ich mit einer Frau zusammen bin. Bin ich mit einer Frau zusammen unter Heteros, haben die Frauen Angst, ich würde sie anmachen. Oder wollen von dieser *exotischen* Art einen kleinen Geschmack kosten. Glauben Sie mir – ich habe mich getummelt in dieser Welt. Ob Homo oder Hetero: Wir schenken uns gar nichts! Wir lieben und leben Identifikationen und damit sämtliche Klischees. Ganz schnell wird gecheckt: Gehörst du zu unserem Club oder nicht? Und je nachdem, öffnen sich die Türen oder fallen ins Schloss. Als ich damals das erste Mal auf eine lesbisch ausgerichtete Frauenparty gehe, falle ich schier wieder rückwärts aus der Tür. Hier hageln genauso viele Schablonen auf mich ein wie in anderen Bereichen dieses Lebens auch. Auch hier gibt es Bilder davon, wie eine *lesbische* Frau zu sein hat. Auch hier hat die Prägung der Bilder von Männlich und Weiblich voll zugeschlagen. Alleine das äußere Erscheinungsbild mancher Frauen – in Karohemden am Tresen, eine Bierflasche in der Hand, stählerner Blick – erschlägt mich. Das kollidiert wiederum mit meinem Bild von Frauen: Die finde ich vor allem wegen ihrer *weiblichen* Kraft attraktiv. Die finde ich hier wenig. Hier ist die Luft geschwängert mit den gleichen zwischenmenschlichen Strukturen aus Macht, Unsicherheit, Protektion und der Suche nach wahrer Liebe. Die Blicke, die mich außerdem treffen, erzählen sofort: Auch hier gibt es *Regeln*. Wenngleich die Gay-Community ausstrahlt, als Minderheit im Verhältnis zur Mehrheit der Heteros allem und jedem offen gegenüber zu stehen. Meine Erfahrung: Das ist genauso ein Trugschluss, wie zu denken, dass auf dieser Welt doch alles ganz gut funktioniert. Wir sind nicht frei. Ob Homo oder Hetero. In der Abgrenzung liegt schon wieder eine Trennung begründet. Es stehen sich auch hier aber nur wieder zwei Parteien gegenüber, die sich schlussendlich in *Richtig&Falsch*-Debatten über ihre Lebensweisen verstricken. Meine Ansicht: Liebende sind Liebende. PUNKT.

Ich habe das Gefühl, ich werde noch wahnsinnig. Nicht, weil ich nicht liebe, was ich bin. Sondern weil es immer ein Kampf zu sein scheint. Mit dem Urteil anderer, dem der »Gesellschaft«, dem selbsternannter »Besserwisser«. Ja: Fliegen Sie mal aus einem Restaurant, weil der Stammkunde am Tresen ihre gleichgeschlechtliche Liebe »nicht gerne sieht«. Oder die Frage: »Und was nimmt Ihre Mutter?« – »Äh, das ist meine Partnerin!« Ein Scheißgefühl, sag ich Ihnen. Oder Androhung von Prügeln oder Vergewaltigung, nur weil sich andere in ihrem *Normal* bedroht fühlen. Da gibt es so einiges, was sich die lieben Urteilenden alles einfallen lassen. Nach vielen Jahren teile ich mein Bett wieder mit einem Mann. Jetzt sind wieder alle verwirrt. »Wie jetzt? Ich denke, du stehst auf Frauen.« Ich gebe auf. Dieses Spiel, sich gegenseitig einboxen zu wollen, ist ein Kampf gegen eine Hydra. Kaum schlägt man den einen Arm ab, schon wächst ein nächster nach. Ich verliebe mich doch in die Seele. In des Menschen Qualität. *Nicht normal?* Da passiert etwas, das mich anzieht, was in deren Persönlichkeiten liegt. Oder meine Sehnsüchte trifft. Hat mit meiner und deren Entwicklung zu tun. Das ist mit Sicherheit eine bunte Kombination aus verschiedenen Aspekten.

Mit einem Aspekt, dem meiner Sehnsüchte, bin ich auch nicht immer bewusst umgegangen. Sonst hätte ich ja keine HEIMAT gesucht. Wie oft suchen wir uns jemanden, weil wir gerade was brauchen. Nicht weil wir uns trauen, etwas anzubieten ... Und sei es nur jemanden für eine schnelle Nummer! So wie ich Sie auch zuvor gefragt habe: »Vor welchem Hintergrund haben Sie Ihre Partner gewählt? Aus *»Liebe«*, aus *»Passt gut«*, aus *»Nicht-alleine-sein-Wollen«*? Warum auch immer. Das ist letztlich Ihre Wahl.

Aber ist das nicht grausam, wie wir Menschen miteinander umgehen: wie im Zoo. In welche Abteilung gehören Sie? Heterosexueller Familienvater? Geschiedene Ehefrau? Heimlicher Schwuler? Notorischer Fremdgeher? Nymphomanin? Schon wieder Mutter? – Auf der ewigen Suche nach *unserem* Stall, unserer Zugehörigkeit irren wir durch den Zoo der Idealbilder und verirren uns, manchmal sogar zeitlebens, in einem fremden Gehege. Was ist, wenn wir gar nicht in den Zoo gehören?!? Ein Leben auf Augenhöhe. Eben nicht eingesperrt, sondern frei. Ohne diese Schablonen, die Gehege. Gemeinsam. EINS eben.

Aber nur auf Augenhöhe kann ich sehen, was gleich mit mir ist. Nämlich jede Seele. Egal, was Sie als Mensch schon alles getan oder nicht getan haben. Aber das schmeckt uns einfach nicht. Dass alles Energie ist, haben wir spätestens mit Einstein akzeptiert. Dass folglich alles auch auf Energie zurückzuführen ist – das schmeckt uns *noch* nicht. Aber einmal über den Tellerrand hinausgeschaut – einen kleinen Ausflug in den Himmel und die Weite des Weltraums in einem Planetarium gemacht –, nochmal die Frage nach dem, was wir Heimat nennen. HEIMAT – ist das nicht vielmehr ein *Zustand*? Der lässt mich nicht nach einem Ort, einem Menschen, einer Musik oder sonst was trachten. Wenn ich die ursprüngliche Qualität dieses Gefühls wieder zulasse und einnehme, dann kann ich HEIMAT mit jedem haben. *Weil* sie in mir, in Ihnen ist! Dieses Gefühl des Wohlbefindens. Ein Gefühl, das ich mit mir trage. Immer und überallhin. Da begründet sich eine Freiheit, uns nicht kategorisieren zu müssen. Das ist meine Heimat: die Anbindung an meine Seele! Der Seelenhafen. Mein Hafen. Unser Hafen mit der Qualität der Liebe. Der, aus dem wir alle mal losgesegelt sind. Das große Ganze. Das oder der ist jedem zugänglich. Und nur, weil das wenig *greifbar*, nicht materiell ist, wählen wir die vielen Alternativen: den Fußballclub, den Freundeskreis, die Familie. Oder auch eine Staatsangehörigkeit. Eine politische Überzeugung. Eine Glaubensrichtung. Irgendeine Orientierung in diesem Überangebot im Menschsein. Orientierungslos, weil wir den Kompass N°1, die Nordung an den inneren Hafen, nicht mehr als wahre Orientierung wertschätzen. Wir sehen den oft schon gar nicht mehr. »Es *muss* einen Hafen im Außen geben …«, so orientieren wir uns. Einen Anhaltspunkt – irgendeinen Hafen. Im besten Fall bleiben wir bei dieser Reise offen für anderes. Neues. Unbekanntes. Im schlimmsten Fall verschanzen wir uns in unserem Gehege hinter den entsprechenden Urteilen und werden eng. Rassisten. Homophob. Extremisten. Fanatiker.

Die Wahrheit: Es bleibt eine Wahl …

Habe nun ... Ach!

... Philosophie (zeitweise Gaststudentin an der Uni Bamberg), *Juristerei* (acht Semester an der Goethe Uni Frankfurt), *Medizin* (mein ursprünglicher Berufswunsch) – *und leider auch Theologie* (das Leben war und ist mein Lehrmeister) *durchaus studiert, mit heißem Bemüh'n!* Goethe. Dieses Zitat aus dem »Faust« ist hier die treffendste Überschrift über die Phase von Studium und – sagen wir – »Fachwechsel«. Von »Im Zweifel für den Angeklagten« (in dubio pro reo, Gesetzbuch) zum »Sein oder nicht sein« (to be or not to be, Shakespeare), also von Jura zum Schauspiel.

In der Lebensrealität haben wir oft nicht das Gefühl, eine Wahl zu haben. So wie mit den Häfen, die wir ansteuern. Wir sind permanent in Bewegung. Suchende, Anklagende oder in der Verteidigung. Eines Bildes, einer Idee, einer Erwartung. Allein, dass das Bild von FAMILIE von Rechts wegen definiert ist, also genauer gesagt, von Menschenhand bestimmt wurde, lässt mich aufhorchen. Es gibt also etwas Regulatives. Kann man damit auch auf die Schablonenwelt Einfluss nehmen? Mein Interesse besteht jedenfalls. Ich habe ein ausgeprägtes Rechts- und Unrechtsempfinden. So label ich mich selbst. Und so finde ich auch den Weg zur Juristerei. Ursprünglich hatte ich wohl andere Pläne. Meine Mutter hat immer gesagt, dass ich schon als Kind Schauspielerin werden wollte. Ich selbst habe daran gar keine Erinnerung. Aber dass ich zur Erheiterung der anwesenden Familienmitglieder, meiner Mutter oder Freunden regelmäßig den Entertainer gegeben habe, erinnere ich wohl. Ärztin wollte ich werden. Eigentlich. Aber während meines Tauchgangs ins volle Menschenleben, durch diesen Drang nach Leben und Liebe, nachdem ich mit 17 ausgezogen war, habe ich diesen Wunsch aus den Augen verloren. Kurz: meine Abitursangelegenheiten hintenangestellt. Und somit den Numerus Clausus deutlich unter meinen Fähigkeiten abgeritten. Auch eine Entscheidung. Nicht meine beste. Weltlich gesehen. Mit dem Ergebnis: kein Studienplatz in Medizin. Na gut. Ich beschließe also, erstmal überhaupt an die Uni zu gehen und dann einen Fachwechsel vorzunehmen. So zumindest der Plan. Und so komme ich zu Jura. Vier Jahre bin ich drangeblieben. Bis zum Examen. Es hat mir nämlich ganz gut gefallen. Das Strukturelle. Das logische Denken. Argumentationsketten. Letztlich eine Art Kalkulierbarkeit des Zusammenlebens. Es hat mir eine Perspektive angeboten, das Zusammenleben in einer Organisierbarkeit anzunehmen. Nicht nur den Grand Canyon zu sehen. Und es hat mir mit *Sicherheit* nicht geschadet. Ich muss gerade über diesen Spruch schmunzeln. Die liebe Sicherheit: Da ist sie wieder. Interessant finde ich die Motivation hinter den absolvierten acht Semestern: Es ist meine heimliche – mittlerweile nicht mehr so offensichtliche – Suche nach der Wahrheit. Wie gesagt: Die Anbindung an das weit größere Bewusstsein halte ich nach wie vor unter Verschluss. Die Juristerei ist das Spielfeld, auf dem ich eine Zeit lang wähne, zur Wahrheit zu finden. Im Weltlichen. Wenigstens mehr oder weniger. Zumindest finden die Juristen Regeln für das Zusammenleben. Das macht mir schon mal Hoffnung auf einen Ankerpunkt. Denn voll verstrickt im Menschenleben, ist das ein ganz wirksamer Ansatz. Regeln. Wie sich in diesem Lebensabschnitt allerdings zeigen sollte, werde ich den Begriff *Hoffnung* schon mal für mich als Wegweiser in eine irrige Richtung erkennen. Denn das Prinzip Hoffnung stellt wieder ein Ideal in Aussicht, vielleicht sogar ein Heile-Welt-Modell, auf das es dann zu *hoffen* lohnt. Dieses Prinzip *Hoffnung* entlarvt die Investition in dieses Ideal. Das Schlimmste an der Hoffnung ist, dass sie wie eine Karotte vor einem Esel hängt: immer da, aber unerreichbar. Sie belässt uns in einem Zustand, der die Idee begründet: »Eines Tages wachen wir auf, und es ist alles anders.« Und wenn dieses Ideal Nie eintritt, sind wir Zeit unseres Daseins in einem Zustand gewesen, der nichts anderes hinterlässt als Enttäuschung. Und Eigenverantwortung bietet das Model schon gar nicht an. Es bietet Täter, Opfer, Bestrafung und Läuterung. Die Hoffnung, dass unsere Gesetze es schon *richten* werden, klammert leider den Parameter »freier Wille« aus. Was, wenn Straftäter Menschen sind, die ihre Verantwortung abgegeben haben, ihren »freien Willen« also nicht dafür einsetzen, zu sich zurückzufinden und sich entsprechend an diese Regeln halten zu *wollen*? Dann ist es schön, sie zu haben, die Gesetze, aber sie stehen im Regal wie Kunststücke. Großartig gedacht, aber ohne Anwendung.

Was man an der Uni von mir hören will, ist das, was vor mir schon mal jemand gesagt hat. Der BGH, ein Richter oder sonst wer. Den Sinn der Wiederholbarkeit, sich in den Gesetzen auszukennen und die gängige Rechtsprechung zu erfassen, sehe ich dabei zwar, aber ich möchte mich frei durch den ›Schönfelder‹ (das ist eine große Gesetzessammlung) graben und Antworten finden. Vielleicht gibt es noch andere Wege als die, die man bisher beschritten hat. Das ist aber wenig gefällig und wird mit Punktabzügen bestraft. Ein *guter* Jurist, so lerne ich zu begreifen, ist einer, der sich in den Gesetzestexten, Vorschriften und der gängigen Rechtsprechung so gut auskennt, dass er jederzeit in einem Streitfall weiß, wie er seinen Mandanten in den straffreien Raum bekommt. Für den Fall der unschuldig Beklagten finde ich das großartig. Das gefällt mir an dem Studium. Aber diese Qualität wird auch dort eingesetzt, wo die Verteidiger schuldig Beklagte in den straffreien Raum bekommen. Dann heißt es: Sie hatten die besseren Argumente. Oder: Sie folgen der gängigen Rechtsprechung. Damit bin ich wieder nicht einzufangen. Ich mag diese Enge nicht. Gängig ist ein Argument, das zu Tradition und Normkonformität passt. Alles, was rechts und links daran vorbei drängt, ist nicht gerne gesehen. Das Hinterfragen ist überhaupt nicht gewünscht in unserem Bildungssystem.

Unser ganzes Ausbildungsangebot, von der Schule bis zum Universitätsabschluss, und noch weit darüber hinaus bis zum Chefposten, ist darauf ausgerichtet, *Wissen* zu repräsentieren. Also das wiedergeben zu können, was schon war. Das nennen wir Intelligenz. Soweit ja großartig. Nur, zu welchem Zwecke nutzen wir die Kenntnisse aus der Vergangenheit? Um uns zu profilieren oder um tatsächlich auf dem philosophischen Wege den Übertrag auf das Leben im Hier und Jetzt zu leisten? Und damit aus der *Erkenntnis* eine *gelebte* Weisheit, also eine Anbindung des Gelernten oder der *er*lernten Fähigkeiten an den tatsächlichen Lebensbezug anzubieten. Und damit womöglich sogar einen Richtungswechsel. Mir scheint, dass das Modell der Profilierung das gängigere ist. Ein in der Vergangenheit (Geschichte) wie in Zukunftsprognosen (wissenschaftlichen Theorien) trittsicheres Bewegen auf Basis der Wiederholbarkeit: Das halten wir für achtenswert. Eloquenz wird großgeschrieben. Wir erkennen dabei gar nicht, dass wir uns elegant, wie beim Walzertanz, nur ständig im Kreis drehen. Schlagen Sie doch mal die Zeitung auf: Politik, Wissenschaft, Finanzwelt. Der Intellekt hat hier den Chefposten. Wer den souverän vertreten kann, hat Ruhm und Anerkennung sicher. Zunächst ist damit keine Anklage verbunden. Nur erlebe ich in den überwiegenden Fällen, mit wirklich nur verschwindend geringen Ausnahmen, dass selten was anderes dahintersteckt als das Machtbestreben des Protagonisten. Macht und Dominanz des Einzelnen über andere. Ein Sichabsetzen-Wollen. Eine intellektuell geführte Debatte fühlt sich zwar herausfordernd, beflügelnd oder hitzig an: Aber für wen außer für die Beteiligten hat sie einen Nutzen? Wenn dem Ganzen Taten folgen, ok. Wenn es aber bei einer bloßen Hirnschlacht bleibt, um wen geht es dann bei diesem ganzen Spiel des Wissens und der Eloquenz? Es ist für mein Empfinden wieder mehr die Selbstverwirklichung als ein auf das Miteinander ausgerichtetes *Zuhören* und Den-gemeinsamen-Weg-Gehen.

Wie wäre es für Sie, sich im Inneren *gelassen* zurückzuleh-nen und die Bereitschaft zu pflegen, zu *empfangen*, sensibel und weise im Vertrauen darauf, dass das, was der *andere* wohl für eine Antwort braucht, schon durch Sie durchkommen wird? Denkbar? Womöglich. Aber praktikabel? Es wäre wohl ein Modell der Unmöglichkeit: Denn es hat nichts damit zu tun, dass man für die Antwort etwas *getan* hätte, außer wahr-zunehmen. Ein No-go im Spiel des Leistungsprinzips. Klar, so denkt keiner. Das ließe die Clubmitgliedschaft des *Wissens* gar nicht zu. Der Individualisten-Zirkus. Denn da denken wir – vielmehr bekommen wir die Gedanken – dass wir die *Quelle* des Denkens und der Kommunikation sind: dass wir die *Intelligenten* sind. Ergo: Es ist wieder das Sicherheitsbe-streben, das den Motor der Macht bildet. Aus Unsicherheit glauben wir, wir müssten es steuern, das Leben. Nur wenn wir es besonders gut diktieren können, haben wir vermeint-lich die »Gewalt« über die Dinge. Das Vergnügen am *Richtig & Falsch*-Spiel. Das sind all die Individualinteressen, die sich Lobbys nennen. Klar brauchen wir die, denn ohne deren Stimme würden ihre Interessen nicht gewahrt. Logisch. Nur wäre es möglich, dass bereits die Art unseres Zusammenle-bens, des Abgrenzens und Einteilens, der Grund dafür ist, dass wir überhaupt Lobbys brauchen? Das ist bei Familien-diskussionen zu Weihnachten oder beim Abendessen mit Freunden ja nichts anderes als im Büro. Hören wir uns gegen-seitig wirklich zu, oder geht es eigentlich nur darum, wieder antworten zu können, was *wir* zu sagen haben? Unseren Punkt zu machen, unsere Anmerkung, Idee zu äußern, Bedürfnisse durchzudrücken? Unsere Macht und Fähigkeiten *darstellen* zu können? Wir sind tief identifiziert mit dem, was wir können, wissen und gelernt haben. Das hat ja auch so viel Mühe gekostet, da haben wir schon viel investiert. Und wenn wir schön eloquent eine Abendrunde geführt haben, ist uns auch die Anerkennung sicher. Und *die* suchen wir eigentlich. Warum sonst sollten wir ein Gespräch dominieren wollen? Uns in den Mittelpunkt stellen? Wir sind eben weniger vertraut mit dem, was wir *sind*. Wir kommunizieren also auf eine Weise miteinander, bei der es nicht darum geht, *wie* wir kommunizieren, also welche Qualität wir einbringen, weil wir *sind*, sondern darum, *was* wir kommunizieren – es ist ein dauerndes Quartett-Spiel unserer erlernten Fähigkeiten, weil wir *wer* sind ...

Wissen Sie, was ich spüre, wenn ich das so ausdrücke? Ich kenne das ja alles. Ich war immer eine gute Diskussionspartnerin. Sprachgeschick und eine gewisse Eloquenz wurden mir lange nachgesagt. Aber gerade, weil ich es erfahren konnte, kann ich sagen, wie gut es sich zwar einerseits angefühlt hat, diese Anerkennung zu bekommen, wie hohl es andererseits nachklingt, weil man gar nicht wirklich im Austausch, einer vertiefenden Intimität miteinander gesprochen hat. Es nicht wirklich eine Begegnung stattgefunden hat. Ein intellektuelles Messen ist eher wie ein Tennismatch: gewinnt halt einer. Und weiter? Ja, ich weiß. Es macht Spaß. Aber darüber hinaus bringt es keine wegweisende gesellschaftliche Veränderung. Es ist ein gewonnenes Match auf dem Spielfeld des Ich.

Der Verstand dient uns dabei wie ein Tennisschläger. Eigentlich ein wunderbares Instrument. Nur dass wir diesen möglicherweise schlicht nicht adäquat zu nutzen wissen. So auch mein Eindruck bei der Rechtswissenschaft. Das Recht, so wie wir es gestalten, ist eine auf das Zusammenleben von Menschen abgerichtete reaktive und im Präventiven verängstigte Größe. Sie ist auf das nachträgliche Handeln reduziert: die Judikative (die Rechtsprechung) wie die Legislative (die Gesetzgebung). Diejenigen, die diese Gesetze dann in die Anwendung führen müssen – unsere Polizei beispielsweise – müssen gucken, wie sie damit klarkommen. Die Wahrheit, dass wir Gesetze machen *müssen*, weil wir Menschen außer Rand und Band sind und deshalb Wege suchen, alles irgendwie im Zaum zu halten, sprechen wir nicht aus. Es ist eine verängstigte Flucht vor der *Macht*losigkeit und damit die Flucht in die elitäre Arroganz des Intellekts. Oder – positiv formuliert – das mangelnde Vertrauen in die göttliche Ordnung, ein verantwortungsbewusstes Handeln jedes Einzelnen: unsere Gemeinsamkeit und die Allverbundenheit im Blick. Klar gibt es Verhaltensweisen, die nicht akzeptabel sind. Mord, Missbrauch, Steuerhinterziehung … Alles ja schon Folgen der Trennung. Da haben wir kollektiv gesagt: Diese Grenzüberschreitungen müssen bestraft werden. Jeder weiß: Bei Rot über eine Ampel fahren kostet Summe X, und vielleicht ist auch der Führerschein kurz weg. Ein paar Regeln sind für uns klar und fair. Wir messen uns lieber an dem, was im menschlichen Abgrund liegt und uns ja nicht betrifft, statt zu sehen, dass wir eigentlich aus der Größe des WIR kommen. Da gibt es keine Abgründe. Anyway. So entwickeln wir uns, es entsteht was Neues. Das Internet zum Beispiel. Und damit Cyber-Kriminalität. Dazu gibt es zunächst weder regelnde Gesetze noch die Manpower, sie umzusetzen. Es entsteht ein *reaktives* Schaffen von Gesetzen. Und alle meckern erstmal, dass die entsprechenden Rechtsorgane keine Ahnung haben und untätig bleiben. Wir sind echt bekloppt. Da braucht es doch erstmal Erfahrung und Lernschritte. Diesen Raum geben wir uns nicht. Die Lösung muss sofort her. Wir müssen aber doch erstmal lernen, diesen neuen Prozessen zu begegnen und das Nachjustieren zu akzeptieren.

Ich liebe es zu sehen, wie uns die Natur beständig einen Spiegel vorhält. Nehmen wir beispielsweise einen Ameisenstaat. Oder einen Bienenstock. In dem scheinbaren Chaos herrscht eine hochpräzise Ordnung. Eine Ordnung, die nicht darauf aufgebaut ist, wer sich gerne wo und wie verwirklichen möchte. Die kennen keine Paragrafen und Richtlinien. Wenn jemand einen Stock in den Haufen stecken würde, um die Ameisen zu ärgern, stellen sie die übliche Ordnung so rasch wie möglich wieder her. Sie finden neue Wege. Sie passen sich an. Das spiegelt uns aus meiner Sicht, dass wir zu viel Gewicht auf den Verstand legen. Es ist wieder ein entlarvendes Moment für die Identifikation des Ichs. Aber die scheint uns heilig. Das ist offenbar das Einzige, womit wir uns zurechtfinden. Und wenn das Reden nicht hilft, dann hauen manche eben auch mal zu. Was, wenn wir, analog zu den Bienen oder den Ameisen, in das Vertrauen in diese göttliche Ordnung zurückfinden würden ... Nicht immer um *Richtig & Falsch*, Recht und Unrecht feilschen müssten? Eine schöne Vorstellung, finden Sie nicht? One day ...!

Jetzt mögen Sie sagen: Stopp mal. Wir sind doch ein hochentwickeltes Volk. Was soll der Vergleich mit den Ameisen? Ok. Mal ehrlich: Haben wir uns denn wirklich so *hoch* entwickelt? Wir fliegen zum Mond, können Smartphones bedienen. Ja. Aber: Haben wir *Antworten* auf die Fragen unseres Zusammenlebens? Richten wir unsere Judikative verstärkt auf das, was uns zusammenführt, statt nur die Trennung zu *organisieren*? Ich bemühe nochmal als Beispiel unseres Fortschritts das Internet. Da haben wir eine großartige Errungenschaft. Wir können jederzeit weltweit miteinander kommunizieren. Und wozu nutzen wir dieses Tool? Nicht nur, um uns weltweit auszutauschen, uns gegenseitig aufzuklären, sondern vor allem für Missbrauch. Cyberkriminalität. Lügen, Korruption,

Kinderpornografie. Im Internet darf jeder ungefragt anbieten, kommentieren, beschaffen. Irgendetwas hinterlassen. Und das Beste: anonym. Im Falle von Cyberbulling, also Diskriminierung und Schändung eines Menschen im *virtuellen* Raum, schreiben Leute einfach, »wie hässlich, dumm und nicht lebenswert« jemand ist. »Er oder sie soll sich doch lieber gleich umbringen.« Mal ehrlich: Was waren die Sprüche der Nazis anderes? Was waren die öffentlichen Prozesse um Ketzer und Hexen anderes? Was waren die römisch-katholische Inquisition oder der Ku-Klux-Klan anderes? Unterdrückung anderer aus einer selbstherrlichen Beurteilung heraus. Urteile auf Basis der Trennung in ICH und DU. Darin hat jeder Einzelne die Möglichkeit, sich überheblich abzusetzen. In die Arroganz zu gehen. Und damit zu dominieren, zu herrschen, zu unterwerfen. Selbst Richter zu sein in der Frage um Werte oder Ordnungen. Selbstaufgabe steht natürlich auch noch zur Disposition. Opferstatus, um hinterher sagen zu können: »Die anderen sind schuld.« Der einzige Unterschied ist, dass wir früher mit Feuer, Mistgabeln und Guillotinen aufeinander losgegangen sind. Heute haben wir Tastaturen am Computer. Oder Zeitungen. Der *Stift* ist sinnbildlich das Schwert der Gegenwart. Nochmal die Frage nach dem *hochentwickelten* Volk …?

Fakt ist: Wir wissen alle, dass es unsere eigentliche Natur ist, in Harmonie miteinander zu leben. Wie ich zu dieser Behauptung komme? Ganz einfach. Die Antwort ist praktisch. Ich kenne das Gefühl der *Sehnsucht* nach Wollsocken und Kaminfeuer. Im Winter. Das kann ich aber nur sehnsüchtig vermissen, *weil* ich es mal erlebt habe. Die Tatsache, dass wir uns nach Harmonie, Frieden, Gleichberechtigung sehnen, liegt darin begründet, *dass* wir eine wahre Harmonie kennen. Dass wir insgeheim das WIR spüren können. Das ist unsere Natur. Wir können nur vermissen, was wir bereits kennen oder in uns tragen. Ob das die Sehnsucht nach mehr Zusammenhalt, einer wahren Beziehung oder ehrlicher Politik ist. Hätten wir keine Ahnung davon, würden wir das auch nicht herbeisehnen können. Und da wir diesen Zustand – *gemeinsam* – nicht erreichen, suchen wir eben nach dem *individuellen* Glück. Dem Erfolg. Dem wissenschaftlichen Durchbruch. Oder sonst was. Und enden dabei im Kampf. Logische Konsequenz. Egal auf welchem Terrain. Auch wenn sich manche dabei in der Hoffnung wiegen, dass ihre Erkenntnis vielleicht die Antwort auf die kollektive Irrfahrt ist. Hoffnung: sie ist eben trügerisch. Schon in der Hoffnung steckt ein individuelles Investment, ein *Wie-Sie-es-haben-Wollen*. Manche unserer Erkenntnisse sind vielleicht ein Einblick, der dem Kollektiv dienlich ist, erklären vielleicht sogar einige Momente unsere Existenz, aber eben nur Ausschnitte, noch lange nicht das große Bild, den übergeordneten Zusammenhang. All diese Phänomene sind Kreationen des »Getrennt-bleiben-Clubs«. Der liebt und fördert individuelle Erscheinungen.

Mal ehrlich: Würden Sie Ihre Kinder barfuß in Minen schicken, damit Sie den Kobalt abbauen, den Sie für die Batterien Ihrer Elektroautos brauchen? Würden Sie Ihre Frau schlagen, nur weil Ihnen gerade danach ist? Würden Sie Ihren Nachbarn als pädophil beschuldigen, nur weil Sie den nicht mögen? Lügen, Verleumdung, Missbrauch: Hand aufs Herz! Bei klarem Verstand und offenem Herzen doch nicht. Aber es geschieht. Alles. Weil es uns *egal* ist. Weil wir uns selbst *egal* sind. In erster Linie. Und damit auch das WIR. Und gerade *weil* wir diesen, unseren eigenen Wert nicht mehr kennen oder schätzen, weil er in Kontoständen und Schulabschlüssen gemessen wird, statt in der Qualität unserer Persönlichkeiten, haben wir es noch *leichter*, aufzugeben und uns dem *Schicksal* zu fügen und uns dumm zu stellen. Eine großartige Ausrede, die Verantwortung im WIR nicht einnehmen zu müssen. *Macht ja sonst auch keiner*. Wir haben schlicht die Fähigkeit abgelegt, ehrlich zu sein. Mit uns selbst und unseren Verletzungen und Verträgen. Dieses Ausblenden macht es möglich, dass uns auch die anderen egal sind. Einmal den Schalter umgelegt, hätten wir die Möglichkeit, zu *einer* Wahrheit zu finden, einer für alle gleichen Wahrheit. Aber – so sagt unser lineares Denksystem – das Leben ist endlich. Deshalb halten wir uns also lieber mit der Frage nach dem *eigenen* bisschen Glück beschäftigt. Auf dem Wege der *Evolution* wird mehr und mehr die Flucht nach vorne angetreten: Hauptsache *überleben*. In Bewegung bleiben. Ich zuerst. Bloß nicht anhalten und in der Still hören, was es *wirklich* zu tun gilt: *für alle*. Es geht aber darum, *wie* wir miteinander leben. Nicht, *dass* wir *über*-leben. Nur weil wir notfalls in einen Flieger steigen können und eben mal weg sind, sind wir aus der Verbindung miteinander nicht befreit. Wir glauben, *weil* wir fliegen und Auto fahren können, seien wir hochentwickelt. Unser Horizont scheint mir beschämend klein und unendlich verkümmert.

In einer Philosophievorlesung in Bamberg – dort bin ich später am Theater engagiert – bin ich in einer Mittagsvorlesung Gasthörerin. Passt super zwischen die Probenzeiten. Da hat mal der lehrende Professor Folgendes erzählt: »In Amerika wird eine ganze Truppe von Spezialisten bei der NASA beschäftigt, um Kugelschreiber zu entwickeln, die in der Schwerelosigkeit funktionieren. Über Monate. Und was machen die Russen? Die nehmen Bleistifte mit …«

Ich liebe diese Simplizität, die sich hier offenbart. Sie ist leicht und nahbar. Aber wir lieben die *Komplexität*. *Schwer* muss es sein. Drum sind die Studiengänge ja auch so lang. Man muss doch was dafür tun! Für mich ist das wie mit dem Verhältnis vom Menschen zur Wissenschaft. Erst war der Mensch. Und aus dessen Forschergeist entwickelten sich die Wissenschaften. Nicht umgekehrt. Wir verhalten uns aber oft so, als wäre es genau andersrum. Die Wissenschaften sollen bitte die Antworten auf das Leben bringen. Wieder so eine Erscheinung, die einen weiteren Kampfschauplatz bietet, die Debatte um die *richtige* Antwort. Geistes-, Rechts- oder Naturwissenschaft? Welche weiß es besser? Wir sind schon ein sehr lustiger Haufen, finden Sie nicht? Und können Sie sehen, wie alles miteinander verwoben ist? Glauben Sie mir, ich bin keine Verächterin des medizinischen oder technischen Fortschritts! Im Gegenteil. Ich frage nur nach der Wertepyramide, die wir parallel dazu errichtet haben. Wäre unsere oberste Priorität das gemeinsame Vorankommen, statt das Kräftemessen, und *der* folgten all diese technologischen und geistigen Errungenschaften – meinetwegen auch Kugelschreiber, die in der Schwerelosigkeit funktionieren, – ich würde schweigen.

Vielleicht halten Sie mich jetzt für traumtänzerisch oder jenseits der Bodenhaftung. Doch einmal tiefer betrachtet, ist die Kraft der Erkenntnis über dieses Zusammenhängen auf der *energetischen* Ebene der Schlüssel zu einem wahren Zusammenleben. Für mich sind wir als Gesellschaft – und damit meine ich *alle* Weltbürger – wie ein Uhrwerk konzipiert. Jeder hat eine bestimmte Position. Einen Sinn. Eine Aufgabe. Und jedes noch so kleine Rädchen ist für das Zusammenwirken des großen Ganzen unabdingbar. Wenn nun jeder versucht, ein Zeiger oder eine Ziffer zu sein, und diejenigen, die als Ziffern oder Zeiger ihren Job nicht machen mögen, weil sie aufgegeben haben, sich lieber als kleine Federn oder Rädchen verstecken, kreieren wir ein heilloses Chaos. Und weiterhin kann niemand die Uhr mehr lesen, da sie schlicht nicht funktioniert. Und dann soll es das viel beschwerte RECHT wieder richten. *Justitia – pack die Waage aus!?*
Traurige Wahrheit, finden Sie nicht?
Wie wir nur ständig versuchen, den Kelch der Verantwortung weiterzureichen. Macht keinen Spaß? Ist zu anstren-

gend? Was ist es denn? Warum? Vielleicht, weil wir unsere Position nicht kennen ...

Da mag sich nun die Frage stellen, wie wir unsere Positionen finden sollen. Aus meiner Sicht bleibt nur eine Möglichkeit: die Sensibilität und Fürsorge für sich selbst einzunehmen. *Ehrlich* mit sich selbst zu werden. Das System des Vergleichens, in dem wir uns gedanklich bewegen, zu überwinden. Der Ursache dafür, dass wir überhaupt in die Kategorien wie *besser & schlechter, richtig & falsch* einteilen können. »Zeiger ist besser als Rädchen« zum Beispiel, exemplarisch: Vorstandschef ist besser als Handwerker. Sie müssen entscheiden, ob das Ihr Weg ist oder nicht. Der Dalai Lama hat mal gesagt: »Menschen wurden erschaffen, um geliebt zu werden. Dinge wurden geschaffen, um benutzt zu werden. Der Grund, warum sich die Welt im Chaos befindet, ist, weil Dinge geliebt werden und Menschen benutzt werden.« Nicht zuletzt die Tatsache, dass wir materielle Delikte, wie Diebstahl, Betrug, Unterschlagung etc., im Vollzug meist *härter* bestrafen als Körperverletzungsdelikte, hat mich mit dazu bewogen, mein Jurastudium an den Nagel zu hängen. Das war mir zu viel. Das ist also auch nicht die Wahrheit, nach der ich gesucht habe. Es ist ein Weg. Aber nicht meiner. Auf dem Gebiet des Strafrechts und der Rechtsphilosophie fand ich zwar kurz Boden unter den Füßen: *Summa cum laude* für eine Semesterarbeit, die einzige mit diesem Prädikat, aber im Grunde hat Recht nichts mit *Gerechtigkeit* zu tun. Hier ist es oft, wie schon erwähnt, nur der Sieg der besseren Argumente. Es ist ein Organisieren, Verwalten, Wegsperren. Ein hilfloses Straucheln. *Weil* wir eben nicht mehr in Eigenverantwortung leben, fliegt uns das Kollektiv brutal um die Ohren. Gerechtigkeit ist in Wahrheit Karma. Wir werden alle irgendwann zur Rechenschaft gezogen. Aber mit Sicherheit nicht von denen, die selbst nicht verantwortlich leben. Da gibt es eine viel größere Instanz.

Ich habe mich meinem Karma gestellt, meine Verantwortung mal wieder an den Hörnern gepackt und eine Entscheidung getroffen: Es braucht Taten! Nach acht Semestern lege ich sie ab: die Hoffnung. Meine Erkenntnis: Sie ist eine Illusion. Und vollziehe den Fachwechsel. Mitten in den Examensvorbereitungen. Nicht zur Medizin. Zum Schauspiel. Unterstützt von meinem Inneren. Da war mal wieder so eine »Vision« wie mit 17 und dem Reihenhaus. Das Bild der *idealen* Juristenkarriere. Nach den absolvierten Praktika in Gefängnis, Verwaltung und bei Gericht habe ich mich schon als Justizfachangestellte mit einer Flasche Jack Daniels im Schreibtisch gesehen. Mein eigenes Gefängnis, unter Akten begraben. Dieser Comic hat mich gestoppt. Es war wohl die Botschaft meiner Seele, nicht einem äußeren Idealbild, sondern meiner inneren Stimme zu folgen. Und so hat die Reise durch das Recht an einem frühen Mittwochmorgen auf der Bahnstrecke zwischen Wiesbaden und Frankfurt ein abruptes Ende genommen. Genauer gesagt, noch im Wiesbadener Bahnhof. Auf dem Weg zur Examensvorbereitung habe ich aus dem still vor sich hin gärenden Comic in mir meine Konsequenzen gezogen. Ich war ganz still. Hab aus dem Fenster geschaut. Und plötzlich habe ich mit einer tiefen Gewissheit meine Akten zugeschlagen, den Zug verlassen und um sieben Uhr am Gleis mit einem Erleichterungsjubler die Pendler in Kenntnis gesetzt: »Das war's!« Das ist nicht meine Wahrheit. Ich werde woanders gebraucht. Aushalten war ja schon immer eine meiner *Stärken*. Aber das sollte nicht mein Leben bis zum Ende brandmarken. Aushalten ist zugegeben nicht wirklich eine Stärke, wenn sie ein permanentes Unterdrücken der eigenen Wahrheit bedeutet. Damit begab ich mich auf eine Reise ins Ungewisse. Ich wusste selbst, dass der Zeitpunkt für die Entscheidung, an einer Schauspielschule vorzusprechen, aus der Perspektive von Rationalität der denkbar ungünstigste war. Aber auf einer anderen Ebene war er ein Volltreffer: auf der Ebene meiner Bereitschaft, mich auf den Weg zu begeben, meiner inneren Stimme, diesem roten Faden zu folgen, vor dem ich selbst großen Respekt hatte. Ich gehe auf *die Bretter, die die Welt bedeuten,* mit ziemlich wackeligen Schritten zu. Zugegeben, ich habe ja noch ein Sicherheitsnetz: im Notfall eben den Schreibtisch in einer juristischen Fachanstalt.

Ich sah durchaus eine Wahrheit darin, Jura studiert zu haben. Tue ich noch. Ich bin dankbar für alles, was ich da gelernt habe. Das findet immer noch überall seine Anwendung. Damals glaubte ich mich eben im »richtigen« Gehege. Aber gefühlt hatte ich schon lange, dass da was nicht gestimmt hat. Was nicht *zu mir* gehört hat. Ich lerne zu verstehen, dass das Leben ein Wachstumsprozess ist. Fehler gibt es nicht. Es gibt nur Entscheidungen. Am laufenden Band. Manchmal auch die Bereitschaft, selbst nach eingeschlagener Marschrichtung offen für einen Gleiswechsel zu bleiben. Jede Entscheidung einfach nur als Entwicklungsschritt zu betrachten. Und nicht als Versagen! Versagen kann man nämlich nur, wenn man ein *Ergebnis* ins Visier genommen hat. Um das Ergebnis geht es aber oft gar nicht, sondern um den Weg dahin. Zu der Frage, wie man also seine Position finden soll, ist es aus meiner Sicht essenziell, erstmal ehrlich mit sich zu werden und die wahre Motivation zu benennen, warum man was so alles anstrebt. Wie oft höre ich von Menschen, die ich coache oder behandle, dass ihre Berufswahl eigentlich nicht das ist, was sie mal machen wollten. Wie viel war bei der Entscheidung Kalkül und wie viel die eigene Wahrheit?

Wäre ich beispielsweise bei der Rechtswissenschaft geblieben, *weil ich doch schon so weit gekommen war* oder *weil ich das Studium doch wenigstens hätte zu Ende bringen können,* hätte ich mit dieser Motivation den Grundstein für jedes weitere Denken und Handeln in dieser beruflichen Tätigkeit gelegt. Ich hätte grundlegend eine Entscheidung in meinem Leben getroffen zu sagen: »dann eben der Kompromiss«. Das ist wie etwas, das Sie nicht gerne machen, es trotzdem widerwillig erledigen: Wäsche waschen oder der Besuch bei der Familie an Weihnachten. Wenn Sie nicht die Liebe zu dieser Aktion finden oder wenigsten an den Sinn anknüpfen können oder an die Tatsache, dass Sie hier gerade gefragt sind, mitanzupacken, kann ja nur Murks hinten rauskommen. Mit jeder Entscheidung begründen wir ein *qualitatives* Fundament. Durch unsere Motivation. Wir setzen Standards. Wenn Sie den Kompromiss wählen, dann werden Sie das ganze Ereignis hindurch mit *Durchhalten* beschäftigt sein. Wir unterschätzen die Kraft unserer *Qualität*, die unser Denken, unser Handeln ausmacht. Unsere Präsenz!

Es ist kein Wunder, dass wir die »wohlverdienten Ferien« herbeisehnen, wo wir doch so arg geschuftet haben. Es ist ein Kreislauf aus Buckeln und Ausruhen. Keine beständige Qualität. Sehen Sie die Vertracktheit darin? Einmal waren Sie nicht ehrlich mit sich selbst, mit Ihrer Motivation, etwas Bestimmtes zu tun – und schon fallen Ihnen die Konsequenzen vor die Füße. Und dann bemühen wir gerne wieder alle möglichen Entschuldigungen: von Erziehung bis Pflichten, von gesellschaftlichen Werten bis Mangel an Selbstvertrauen. Ja: auch das ist eine Entscheidung. Sie könnten sich ja hinstellen und sagen, was Sie mögen oder nicht mögen. Aber tun Sie das? Unsere Bereitschaft oder »Freiheit«, das zu tun, ist erfahrungsgemäß verhältnismäßig gering, weil wir uns in so viele »Verpflichtungen« verstrickt haben. Das ist wie bei Loriot im Wartezimmer. Kennen Sie die Sequenz? Da will er nur ein Bild gerade rücken, und schon liegt der Raum in Schutt und Asche. Eine Verpflichtung einzuhalten, ist dabei der selbst gesetzte Anspruch. Das kann ja auch was Befreiendes haben. Aber wenn es zum Zwang wird, kann es urkomisch oder vielmehr unglaublich tragisch enden.

Ergo: Ich muss gerade lachen. Denn dieses Kapitel ist wie eine juristische Klausur geworden. Es ähnelt sich im Aufbau: Einem Sachverhalt folgt die Subsumption – und hier jetzt das Ergebnis. Mein ganz unjuristisches Ergo: Das Einzige, das wir ändern können, sind wir selbst, vielmehr unsere Qualität. Oder wenigstens unsere Ausrichtung, unsere Einstellung zu den Dingen. Und damit, und nur damit, können wir dann auch ein ehrlicher Spiegel für andere sein. Hier geht es nicht um ein *Perfekt*. Was soll das schon sein? Das, was Sie sind: Das ist einzigartig. Somit ist es auch Ihre Reflexion. Es geht also nicht darum, Sie zu *optimieren* oder zu *verbessern*. Es geht darum, zu Ihrem wahren Selbst *zurückzukehren*. Das finden Sie nicht im Außen. Das ist schon alles da. In Ihnen. Es braucht nur Ihre Entscheidung. Ihre Haltung zu der Frage, was es mit Ihnen macht – und was Sie daraus machen –, die Welt wahrzunehmen. Sich selbst in der Welt wahrzunehmen. Bis zu welchem Preis wollen Sie das Ich verteidigen? Nehmen Sie sich in Wertschätzung an und damit auch andere? Sind Ihnen andere also auch wichtig? Wenn wir nicht dazu stehen, nicht leben, wer wir sind – *aufgeben* –, dann sind wir wie die Zerrspiegel auf dem Jahrmarkt. Wir projizieren, interpretieren und geben gefällige Rückmeldungen, weil alles andere ein Anhalten darstellen würde. Auf der Überholspur des Funktionierens nicht gerne gesehen. Ein weiterer Aspekt steht auch noch an, nämlich der, ob andere *wirklich* oder überhaupt in den Spiegel schauen wollen oder nicht: Der liegt nicht mehr bei Ihnen. Das ist deren Entscheidung. Es geht nur darum, was Sie *anbieten*. Klarheit oder Verzerrung. Wir sind in unserer Wahrheit, in unserer Präsenz, unserer *Essenz* gebraucht. Jede und jeder. Sonst wird dieses Uhrwerk nie laufen, und niemand wird je die Uhr lesen können …

»... und: Bitte!«

Wie soll das jetzt gehen – diese Richtungsänderung? Authentisch sein. Ehrlich werden. Das können wir nur Schritt für Schritt entdecken. Da alles immer mit einem ersten Schritt beginnt, wäre der hier schon mal getan. Einfach nur durch die Erkenntnis des Zusammenhangs oder wenigstens eine Öffnung für die Option, dass es ihn gibt. Jetzt folgt ein weiterer Schritt, hin zur Wahrheit. Der nächste Schritt in die Praxis. Wir sind gefragt, ehrlich mit uns selbst werden. Dazu gehörte für mich damals der Fachwechsel. Damit waren die nächsten Lernschritte eingeläutet, und es wartet eine neue Ladung an Idealen und Schablonen auf mich. Auch wenn man glauben mag, dass die im künstlerischen Umfeld nicht vorzufinden sind, wir Künstler alle besonders offen und barrierefrei seien: Da wir aber zunächst Menschen sind und nicht frei von Bildern und Konditionierungen, bleibt logischerweise auch dieser Bereich nicht frei von Idealen oder Emotionen, wie Wettbewerb und Eifersucht. Wir sind Menschen, keine wandelnden Berufskategorien, wenngleich sich möglicherweise Häufungen bestimmter Attribute finden lassen. Fachrichtung hin oder her. Es greifen auch alle Muster. Auf dem neuen Terrain »Schauspiel« wartet beispielsweise das *Traumbild* des Post-Bohemiens am Horizont – geformt von Bildern:
Der Schauspieler! Oder *Die Schauspielerin!*
Stets zitatfähig, trinkfest und bereit, an alle Grenzen zu gehen. Immer ein bisschen zu laut, zu emotional, zu verquer. Tiefgründig, körperbewusst, sexuell aktiv und attraktiv. Und

in seiner oder ihrer Sensibilität beschützenswürdig. Dieses Bild der Narrenfreiheit hängt wie ein Gütesiegel über dem Eingang zur Schauspielausbildung. Nicht als eingerahmtes Foto, aber gefühlt. Na, da passe ich ja hin!

Meinem Leben mit Hund Emma, meiner Ex-Partnerin Gundi und einem kleinen Ferienhäuschen im Taunus sage ich schweren Herzens »Leb wohl!« Einem Ort, an dem ich mich lange wohlgefühlt habe, an dem ich sogar meine handwerklichen Fähigkeiten voll ausleben konnte. Apropos Grundstein! Erinnern Sie sich: Kaulquappen-Züchten mit meinem Nachbarn, als ich noch ein Kind war? Da habe ich den Grundstein gelegt zur Allround-Handwerkerin: Bäume fällen, Wasserleitungen legen, Elektroarbeiten erledigen, Möbel bauen etc. Das Handfeste daran gefällt mir. Das hat was Ehrliches. Nach getaner Arbeit im Garten sitzen und am selbstgebauten Grill die Würstchen umdrehen und ein kühles Feierabendbierchen trinken – Das hatte für mich Lebensqualität. Das war damals Teil meiner individuellen Glückseligkeit.

Der große Altersunterschied in unserer Beziehung, mein frühes Erwachsenwerden und der neu gewonnene berufliche Horizont läuten aber für mich eine Wende ein. Ich bin gerufen, weiterzuziehen. Ich tausche mein altes Leben ein gegen die Geschichten rund um leergegessene Spaghetti-Packungen, lustige Partynächte und hochemotionale Geschichten. Kurz: Ich ziehe in eine WG. Gut, wer vorher mit mir gelebt hat, weiß, dass meine Nächte zuvor auch nicht kurz waren und ich nicht minder dem Rotwein und allem Kulinarischen zugeneigt war. Ich habe das fortan nur auf einem anderen Parkett fortgesetzt. Beweis dafür: Ortswechsel läutet nicht gleich eine Persönlichkeitsveränderung ein. Ich bin derselbe Mensch, nur fortan in einem anderen Umfeld. Also mit anderen Herausforderungen, Erwartungen und Bequemlichkeiten konfrontiert. Mit dieser Entscheidung bringe ich auch meine finanzielle Unterstützung zum Austrocknen. Klar: Studium geschmissen, das kam nicht so gut an. Der elterliche Druck und die Bedingung, dass die Kreditkarte nur gegen sonntägliche Kaffeebesuche weiter benutzt werden durfte, brachte zwei Konsequenzen mit sich. Erstens: Aus Trotz zerschneide ich die Kreditkarte vor den Augen meines Vaters – ich lasse mich nicht zwingen! Was zweitens hervorbringt: Aus der Hilflosigkeit, doch nur das Beste für mich zu wollen, erachten es meine Eltern als eine gute Maßnahme, mir jede weitere Unterstützung zu verwehren. Ich treffe damit also eine folgenreiche Entscheidung. Meine Mutter hat mir später heimlich das Kindergeld gegeben. Sie glaubt an mich. Das hat gereicht, um die Schule zu bezahlen. Für alles andere mixe ich nachts in einer Bar Cocktails. Dieses Leben ist bunt. Ich fühle mich frei. Immer noch. Das Gefühl innerer Zerrissenheit halte ich noch ganz gut unter Verschluss.

Aber nicht mehr lange. Denn das Verrückteste am Schauspiel ist – da hat man sich jahrelang in Benimm geübt, die sensible Wahrnehmung zurechtgestutzt, sich diszipliniert, angepasst –, dass man das jetzt alles wieder ausgraben und überwinden soll. Dabei sind Grenzen nie weit genug, Erfahrungen nie zu krass. Alte, ungeheilte Wunden sind gern gesehene Gäste auf der Probebühne! Ich muss sagen, dass mir das – abgesehen von Körper- und Stimmschulung sowie Gesangsausbildung – gar nicht gutgetan hat. Der Haken an der Schauspielausbildung ist nämlich, dass es dabei nur um ein Ergebnis geht, an dessen Ende der Applaus oder die Anerkennung des Regisseurs, die eigene Aufwertung stehen. Gut: Eine körperliche Erschöpfung wie nach dem Sport ist womöglich spürbar. Auch eine eigene Grenze, Schmerz oder Konfrontation mit eigenen Verletzungen können in der Begegnung mit einer darzustellenden Geschichte erfahren werden. Es ist aber keine Therapie! Es ist ein Beruf. Was wir dabei wieder verstehen lernen, ist, Energie zu repräsentieren. Vorausgesetzt, irgendwer macht einen mal darauf aufmerksam.

Das ist mir in dieser Klarheit allerdings nie begegnet. Ausbildungsalltag: ein gegenseitiges Provozieren und Verletzen, bis das gewünschte Ergebnis zu sehen ist, und sich anschließend wieder in den Arm nehmen um zu signalisieren: Das war ein Spiel. Der Körper allerdings erlebt all die Vorgänge, als wären sie echt. Also wäre ein bewusstes *Putzen* nach den Proben sinnvoll. Ein Wieder-bei-sich-Ankommen. Das steht allerdings nicht auf dem Lehrplan. Grenzen erfahrbar und überwindbar machen, ja. Aber meist interessiert später keinen mehr, *wie* man da hingekommen ist, und schon gar nicht, wie man damit zurückbleibt – nach der Probe, der Szene, der Vorstellung oder dem Film. Das Ergebnis zählt! Eigentlich nur ein Abbild dessen, wie wir Menschen grundsätzlich miteinander umgehen. Das »um-zu-Prinzip«. Wir geben oder provozieren etwas, *um* ein Ergebnis *zu* erzielen, etwas zu verbessern oder Gewinne zu generieren. Faktisch benutzen wir uns ständig gegenseitig für unsere Zwecke. Da ist die Schauspielbranche oder Film- und Theaterwelt kein Einzelfall. Das ist im Bankwesen, der Jurisprudenz oder der Politik nicht anders. Wie eigentlich überall. Nur in verschiedenen Facetten. Wir manipulieren, fordern und belohnen. Fakt: Wir channeln alle den ganzen Tag irgendeine Energie, holen sie aktiv ran und leiten sie durch uns durch.

Noch während der Ausbildung treibt mich die wachgerüttelte Sensibilität wieder in die Arme meiner inneren Stimme – und damit, durch die nun wieder fühlbare Kluft zwischen Realität und innerer Wahrheit, in den Wahnsinn. Das lang unterdrückte FÜHLEN, vielmehr das *bewusste* WAHRNEHMEN tritt wieder zutage. Was ich schon alles erlebt habe, wird als Quelle für meine Ausdrucksstärke auf der Bühne *nutzbar* gemacht. Alte Verletzungen, ungeheilte Wunden werden mit Salz bestreut, damit auf der Bühne »was passiert«. Und ich tobe das aus. Merke nicht mal, wenn ich mich unter vollem Körpereinsatz verletze. Nur die erschrockenen Gesichter der Zuschauer lassen mich aufmerken und sehen, dass ich blute. Es ist ein Wahnsinn. Den übrigens viele Schauspieler genau deshalb suchen und lieben. Es ist irgendwie auch eine Flucht vor der Realität. Raus aus dem Ich, rein in den Charakter. Raus aus dem eigenen Leben, dem eigenen Körper, rein in das Channeln fremder Geschichten. Möge in diesem Körper walten, was immer kommen will. Es ist krass. Es ist nicht den Gesetzen unterlegen, die auf offener Straße gelten. Außer dem vielleicht, dass man sich physisch nicht gegenseitig verletzt. Die emotionale Achterbahnfahrt allerdings, die ist für viele der Kick. Die Illusion lässt viele in dem Glauben, dass sie *sich* wieder *spüren*. Sich spüren zu können, indem man sich völlig verausgabt. Es begründet eine Identifikation mit sich und dem Drama, auf die sie fortan nie mehr verzichten möchten. Dass sie gesehen werden. Die Menschen, die Schauspieler werden. Dabei spüren sie die Welt der Figur. Und nicht *sich* selbst. Machen sich fremde Emotionen zu eigen. Für den Moment des Spiels ist das ja schlicht unser Job. Aber der Fokus liegt darauf, die Geschichte anderer zu durchleben, *damit* ein Publikum das ablesen kann. Dazu ist es eben unbedingt erforderlich, dass dieser Prozess bewusst geschieht und nicht nur ergebnisorientiert vorangetrieben wird.

Viele würden sagen, dass sie diesen Teil gar nicht so mögen: gesehen zu werden. Aber Fakt ist: Wir werden gesehen. Dazu sind wir da. Die einen lieben es und sind auch nur damit beschäftigt, diese Aufmerksamkeit für sich auszuschöpfen, sich selbst darzustellen, sich an einer Rolle abzuarbeiten. Und die anderen verstecken sich hinter einer Rolle, verlieren sich darin, nutzen sie als Flucht vor sich selbst. Gefährlich ist aus meiner Sicht beides. Es ist die Folge dessen, dass wir uns *nicht* als Dienstleistende unserer Geschichten verstehen, sondern den Beruf als Parkett für das eigene Erleben *benutzen*. Das ist das Resultat einer ergebnisorientierten Ausbildung, die mit der Bereitschaft der Schauspielanwärter, sich aufzugeben, wegzugeben, sich zu verlieren, ihren Handel treibt. Dieses Phänomen kann nur so selbstverständlich passieren, *weil* wir gefragt sind, unsere persönlichen Erfahrungen in das Spiel einzubinden. Egal ob in den Geschichten oder Figuren. Und natürlich bringen wir unsere Fertigkeiten – sprachliche, körperliche und emotionale – ein. Das sind unsere Werkzeuge. Das sind unsere Körper, unsere Stimmen, unsere Gefühle. Wir bringen ja *uns* ein, unsere Erfahrungen. Es sind unser Körper, die *schau*-spielen. Also die Geschichte einer anderen Person erzählen. Mit unseren Mitteln. Das erfordert aber einen *bewussten* Umgang damit. Da die eigene Persönlichkeit so eng mit diesen *Werkzeugen* – also unserem Empfinden, unserem Körper und unserem Ausdruck – verknüpft ist, ist für die meisten irgendwann keine klare Linie mehr zwischen dem Ich und der Figur, dem Spiel, erkennbar. Die Zielgerichtetheit, also der Fokus auf dem Ergebnis, die persönlichen Fertigkeiten für das Schauspiel *nutzbar* zu machen, ehrt nicht, wie wertvoll der bewusste Umgang mit sich selbst zunächst sein muss. Denn das *Wieder-Aussteigen* aus einer Rolle ist so wichtig. Die Klarheit darüber zu haben oder zu entwickeln, *wohin* man wieder aussteigt. Nämlich *zu sich selbst*. Wenn es einem darum geht, bei der Ausübung des Schauspielberufes *gesund zu bleiben*. Dieser Schritt wird *nicht* gelehrt. Der Fokus liegt nicht auf der Stärkung der Persönlichkeiten und dem bewussten Umgang mit den eigenen *Werkzeugen*. Wie auch: »Dafür«, so höre ich es während der Ausbildung, »ist keine Zeit. Das ist nicht die Aufgabe von uns Dozenten.« Es ist ihre Aufgabe, ein Ergebnis sichtbar zu machen. Egal mit welchen Mitteln. Teil unseres Bildungskonzepts. Begründet auf dem Leistungsprinzip. Dabei geht es um Inhalte, aber nicht um Persönlichkeiten und deren Qualitäten. Auch wenn das im Schauspiel nicht so offensichtlich erscheint. Manche werden dabei auch krank. Heute nennen wir das Burn-Out.

Das Schizophrene an unserem Beruf ist, dass wir Geschichten erzählen, also Umstände darstellen, von denen wir kognitiv wissen, dass es ein Spiel ist. Unsere Körper allerdings erfahren alles, als wäre es real. Schreien, weinen, lieben, prügeln, trauern – die ganze Palette der Emotionen und physischen Belastungen – je nach Einsatz auf der Bühne oder vor der Kamera – sind mehr oder weniger invasiv. Je *authentischer* wir spielen, desto mehr erfährt der Körper die Wirklichkeit der Figuren. Nur weil jemand mit » … und: Bitte!« die Szenenarbeit eröffnet und mit einem »Cut« beendet, heißt das nicht, dass wir einfach so ablegen, was wir da gerade erlebt haben. Der Körper speichert das Erlebte. Auch das wird nicht unterrichtet. Es kommt der Applaus, die wertschätzende Bekundung der Regie oder der Kollegen – und damit geben wir uns zufrieden, wie die Hunde, die ein Leckerli bekommen haben. Aber mit den Auswirkungen auf Körper und Bewusstsein bleiben wir zurück und allein. Das ist eine Arbeit, die wir selbst leisten müssen! Wir müssen uns dann selbst wieder *aufräumen*: die hängengebliebenen Emotionen und Verletzungen bewusst der Rolle übergeben und sie loslassen. Lernen, eine Rolle zu *sein* – hundert Prozent – sie aber nicht zu *werden*. Keine Behauptung. Und danach wieder hundert Prozent wir selbst zu sein. Das ist für die meisten schon der blinde Fleck. Und darum geschieht es auch so schnell, dass die Grenzen zwischen Schauspiel und Leben verwischen. Ich sehe das ein bisschen so, als wären wir Landebahnen, auf denen unsere Figuren landen dürfen. Jede von uns *unbearbeitete* Angst, Wut, Trauer oder Scheu, wenn sie kein bewusster und im Umgang ehrlich adressierter Wesenszug ist, wird zu einem Hindernis, das auf dieser Landebahn steht. Und daran können wir uns verletzen. Außerdem kann die Figur nicht anständig *landen*. Da stehen wir im Weg. Wir haben aber dafür zu sorgen, dass die Figuren landen – und der Zuschauer damit an einer

Geschichte seine Erfahrung machen kann. Wir sind Dienstleistende für unser Publikum.

Das ist wie mit allen Grundsteinen: Ich muss das Fundament kennen, auf dem ich stehe. Den Ort, von dem aus ich mich für meinen Charakter in den Dienst begebe. Den Ort, an den ich zurückkehre, wenn mein Dienst getan ist. Ich muss *mich* kennen. Das wird nicht gelehrt. Da heißt es gerne: »Die Ausbildung ist keine Psychotherapie.« Kinder zeigen uns eigentlich, wie das geht: Wenn sie spielen, dann sind sie für den Moment *einhundertprozentig* Prinzessin und Bär (oder was immer ihre Rollen sind). Sobald der Ruf kommt: »Essen ist fertig« oder sonst was, legen die Kleinen ihre Rollen ab und flitzen los. Sie haben alles gleich wieder vergessen. Mit dieser Absolutheit, Leichtigkeit und Präzision arbeiten die wenigsten. Da wird sich reingewühlt, in Mark und Bein geforscht. *Schwer* muss es sein. *Tragisch. Emotional* und gerne auch laut und blutig. Wir lieben dieses Spiel mit den Grenzen. Sowohl als Ausführende als auch als Zuschauende. Dabei zeigen wir nur das Leben … Das erinnert mich an Gladiatorenkämpfe. Diese Lust ist uralt.

Ich habe mich 2016 diesem aus meiner Sicht in der Schauspielerei unberücksichtigten Aspekt zugewendet und unterrichte das seitdem. *Weil* ich dieses Manko sehe. Es sind die Persönlichkeiten, die hinter einer Rolle stehen, die es zu stärken gilt. Spielen kann letztlich jeder. Ob und wie gut das ist, beurteilen ja wieder andere. Für uns, liebe Kollegen, wird es jetzt verantwortungsvoll! Denn: Was erreicht Sie, liebe Zuschauer, wenn wir spielen? Ja – vordergründig der Text und die Szenerie einer Geschichte. Vorgetragen durch uns Spieler. Aber unter der Haut schwingt noch was mit. Es ist die *Persönlichkeit* von uns Spielern. Das Kostüm, die Musik und das Maskenbild kommen dazu – vielleicht ranken gar noch pressewirksame Mythen um uns Spieler – dazu kommt Ihre Bereitschaft, sich ein bisschen blenden zu lassen – Sie wollen ja eine Geschichte erleben. All diese Faktoren verschleiern den Blick dafür, dass Sie neben der Rolle eine ganze Menge mehr präsentiert bekommen. Genauso, wie Sie bei einer Freundin spüren, wenn mit der was nicht stimmt, oder Sie sich erschrecken, wenn ein Autofahrer Sie im Straßenverkehr plötzlich dumm anmacht, weil er schlechte Laune hat, – genau so sensibel sind Sie auch für die Spieler und deren Schwingungen. Auch wenn ich mich wiederhole: Alles ist Energie! Hätten Sie mir damals beim Spielen zugesehen, hätten Sie eine volle Packung abbekommen. Lebenslust, Lebensfrust, Zerrissenheit, Aufruhr, und vor allem:»Es ist ok, seine innere Stimme zum Schweigen zu bringen. Es gibt nichts außer der Linie zwischen Geburt und Sargdeckel.« Alles, was uns *ausmacht*, schwingt mit. Das *landet* neben der Geschichte auch bei Ihnen. Sie schauen ja zu! Neben dem Schauen *fühlen* Sie auch, was Ihnen da präsentiert wird. Ob das bewusst oder unbewusst passiert. Auch als Zuschauer gibt es ja das Phänomen, von den Geschichten *bewegt* werden zu wollen. Um sich selber zu fühlen? Aber was erlauben Sie da, unter Ihre Haut zu kriechen? Es ist eine enorme Verantwortung, Schauspieler zu sein. Daher nenne ich meine Schauspielmethode, meine Herangehensweise an das Schauspiel auch TRUTH IN ACTING. Es geht aus meiner Sicht darum, diesen Prozess bewusst zu machen. Damit haben wir – Spieler wie Zuschauer – ein ganz anderes Verantwortungsbewusstsein für die ganze Sache.

Während der Ausbildung ist mir das alles nicht bewusst. Nach meinem Abschluss werde ich unmittelbar am Theater engagiert. In Bamberg. Ich bin nebenbei auch vor der Kamera tätig. Ich bekomme ein erstes, größeres Angebot. Einen Kinofilm: Pink. Der erste Satz meines Intendanten am Theater auf meine Nachfrage, ob ich für die Dreharbeiten drei Tage frei bekomme, donnert mir entgegen:»Du bist doch eine Frau.

Was willst du denn Karriere machen?« RUMS. Das hat gesessen. Danke! Später in Filmgeschäft werde ich sogar von einem berühmten Filmproduzenten den Satz hören: »Mädchen, du bist zu schlau. Denken, das machen hier andere. Du musst einfach nur gut aussehen.« Puh. Diese Speckschwarte der Dekadenz, eines dem *Der-Mann-ist-der-Versorger-* und *Frauen-sind-Schmuckstücke*-Pathos entsprungenen Wahnsinns, hat schon extreme Ausmaße. Das ist Wasser auf meine Mühlen. Ich investiere damals meine komplette Gage und bezahle davon eine Kollegin, damit sie für mich Ersatz spielt und das Theater keinen Ausfall hat. Darauf hat er sich eingelassen. Ich reise nach Berlin. Die Film-Rolle lasse ich mir nicht nehmen. Es bedarf manchmal eben des Einsatzes, wenn man fühlt, dass Grenzen durch das *Normal* einem nicht entsprechen. Wenn man etwas wirklich machen muss.

Meine Einsätze parallel zum Theaterengagement haben ein paar schöne Spielszenen zusammengetragen, sodass ich bald ein Demoband habe, mit dem ich mich zeigen kann. Und: es wird gesehen. Und so machen andere den Weg frei, und ich finde den Weg vor die Kamera. Ich glaube an Zusammenhänge. Nicht an Schicksal, Zufall oder Glück. Ich glaube an Verbindungen. Daran, dass wir auf einer ganz anderen Ebene entscheiden, ob wir zusammenarbeiten oder nicht. Das alleine nimmt schon den Druck vom Kessel, den viele empfinden, wenn sie in ein Casting gehen. Sie sind ja schon gerne gesehen, ihre Kompetenz als Schauspieler wurde bereits anerkannt, sonst hätte man sie ja nicht eingeladen. Aber ob die Chemie stimmt, das ist eben keine Frage von Kompetenz. Das ist eine Frage von Konstellationen. Wer muss mit wem arbeiten, um zu wachsen oder auf der Komfortcouch zu bleiben? Das sind wieder nur Entscheidungen von Menschen. Woher wollen Sie wissen, ob Sie den Regisseur oder den Produzenten nicht vielleicht an eine Jugendliebe erinnern? Das mögen positive oder negative Erinnerungen sein. Fakt ist: Es ist Energie. Und so entsteht: Synergie. Und Sie, liebe Zuschauer, sitzen vor den Fernsehern und fragen sich, warum Sie bestimmte Leute immer wieder in den gleichen Konstellationen sehen. Es ist so einfach.

Aber Einschaltquoten, Jahresziele, Wirtschaftlichkeit – Medienwirksamkeit –: Das sind unsere rückwirkenden Erklärungsversuche für eine Zusage oder Absage. Wer mit wem arbeiten kann und mag, wird argumentativ oft mit Wirtschaftlichkeit oder anderen Platzhaltern weggeredet. Aber die Wahrheit ist, es hat was mit Anziehung zu tun. Ob es Verbindungen sind, die sich durch die beiderseitige Bereitschaft nach Ausdehnung und Entwicklung getroffen haben, oder solche, die alle Beteiligten voll vor die Wand fährt, das weiß man dann oft erst hinterher. Weil vorher vielleicht die Entscheidungen schon getrübt waren, also der Grundstein der war:»Werde ich damit berühmt?« –»Verdiene ich damit viel Geld?« –»Ich will den Job!« Das waren womöglich Fragen der Beteiligten. Ist ja auch logisch. Wettbewerbsprinzip! Da stecken wir voll drin!

Genauso wie in der Illusion, dass *gutes* Schauspiel dann begeistert, wenn wir es richtig krachen lassen! Grenzerfahrungen eben. Es gehört ja fast schon zum guten Ton, ein bisschen einen an der Klatsche zu haben. Was gefällt uns zum Beispiel daran, über eine Promi in einer bunten Zeitung zu lesen? Damit meine ich nicht Sie persönlich. Es ist mehr eine allgemeine Frage. Promi ist, wer schon im Rampenlicht stand. Vielleicht mal Preise gewonnen hat. Da gibt's die»Oscars« und andere Auszeichnungen für besondere *Leistungen*. Bei den Olympischen Spielen gibt es Medaillen. In der Finanzwelt den Boni. In der Wissenschaft den Nobelpreis. Wir hier in Deutschland haben u. a. die»Lola«. Diese Auszeichnungen sind eine wunderschöne Möglichkeit, Wertschätzung auszudrücken. Danke zu sagen. Was wir wieder damit machen, ist interessant. Denn für die meisten kommt im Rahmen des Wettbewerbs und der Konkurrenz irgendwann der Punkt, an dem es nicht bei der Wertschätzung bleibt. Es wird verglichen, sich gemessen. An den Preisen und Auszeichnungen. Die liebevoll gedachte Geste wird zur Schaubühne der Egos. Reduziert, ein anerkannter *Mess*wert für Leistung zu sein. Auch für Qualität? Wir behaupten: ja. Ich frage: Was ist der Grundstein? Und damit weiter: Welche Motivation lässt uns wirklich Preise verleihen oder empfangen?

So schön es wohl ist, Ruhm zu haben, wertgeschätzt zu werden für die geleistete Arbeit, finde ich es hier gleichwohl interessant, auch das Phänomen des Starkults zu beleuchten. Denn zunächst hat man was gleistet, er wurde honoriert. Punkt. Aber wir machen gerne eine riesige, manchmal lebensbegleitende Nummer draus. Von beiden Seiten. Aus Sicht des Stars und aus Sicht der Fanbase. Wer macht die Stars, wie ist es, ein Star zu sein, und warum bewundern wir Stars? Was bewirkt dieses Spiel um Stars im Rampenlicht oder deren Fall? Auf eine merkwürdige Art entsteht fast so etwas wie Suchtverhalten. Auf der einen Seite Sehnsucht nach den Stars – ein Anhimmeln dessen, was einem unerreichbar scheint, – und auf der anderen Seite die Sucht, *gesehen* zu werden, der Drang nach Rampenlicht und Beifall. Definitiv ist es also entweder eine Erhöhung oder Erniedrigung – je nach Perspektive. Jedenfalls alles andere als Augenhöhe.

Aus der Me-too-Debatte hätten wir echt was machen können! Exemplarisch betrachtet. Verpasste Chance, wie ich finde. Statt mehr auf Augenhöhe zu gehen, sind wir noch tiefer in die Geschlechterfragen abgetaucht und haben damit den Graben zwischen den Geschlechtern bestätigt. Wir gründen Kontrollinstanzen, die jetzt ausuferndes Verhalten regulieren sollen, weil wir uns nicht mehr gegenseitig *und* aus uns heraus regulieren. Vielmehr regulieren wollen. Das ist wie mit den Gesetzen. Sollen es doch Regeln und *messbare* Größen bestimmen. Eigenverantwortung: nein danke. Weil wir nicht zu dem stehen oder stehen wollen, was wir *spüren* – was wahr ist. Geschweige denn, danach zu *handeln*. Wir sind nämlich gar nicht so doof und unsensibel, wie wir uns damit attestieren. Im Gegenteil. Wir sind vielleicht einfach nur zu faul. Oder verunsichert. Oder feige. Zu jedem Übergriff gehört eine durchbrochene Grenze. Das kann gewaltvoll geschehen sein. Aber mancher hat den Schlagbaum auch selbst gehisst und den Feind hineingelassen. Aus Machtbestreben, Unterwürfigkeit oder Angst. Jedenfalls Eigeninteresse. Und andere haben weggeschaut. Freier Wille … Egal warum. Fakt ist aber, wir alle tragen eine Verantwortung, und wir hängen zusammen. Und dabei zählt die Eigenverantwortung eines jeden. Auch wenn Sie das jetzt vielleicht schon nicht mehr lesen können.

Wie Sie schon mitbekommen haben, geht es mir nicht um ein Urteil. Ich mag es nur, die Dinge ehrlich zu benennen. Benennen, was so los ist, ist Teil der Ehrlichkeit, für die ich stehe. Mit einer gewissen Öffentlichkeit, Berufserfahrung und Einblicken konnte ich eben erfahren, worüber ich hier spreche. Sehen, dass wir uns eigentlich wieder nur gegenseitig benutzen. Teil des Spiels. Die Journalisten benutzen uns für ihre Story. Die »gute Story« wiederum wollen die Leser haben, infiltriert von der voyeuristischen Lust, sich am Erfolg oder Misserfolg anderer zu ergötzen. Das ist nur möglich, weil der einzelne Leser mit sich selbst und seiner Welt nicht ausgelastet ist. Also gerne bei anderen in den Garten gucken möchte, weil der eigene Garten »zu langweilig« erscheint. Das wird also befriedigt. Diese »Sensationssucht« erfreut wiederum die Verleger und Fernsehanstalten. Dann stimmen die Quoten und Verkaufszahlen. Und die »Stars« freuen sich wiederum über mehr Bekanntheit. Und weil sie dann viel *umjubelt* sind, werden sie auch wieder und wieder gebucht – denn dann stimmen hoffentlich auch wieder die Zahlen: Besucherzahlen, Verkaufszahlen, Gehälter, Einschaltquoten …

Wer in diesem Kreislauf das Huhn oder das Ei ist, scheint mir müßig zu hinterfragen. Es ist auch nicht zu *verurteilen*. Wir sind geneigt, in *Richtig & Falsch*, Schuldstrukturen und Lösungen zu urteilen. Brauchen wir aber gar nicht. Das machen wir eben so. Das ist nur ein Spielfeld von tausenden. Ein ehrlicher Umgang damit ist ja schon ein erster Schritt. Es gibt die Nachfrage und dadurch das Angebot.

Als Folge dieses Spiels gibt es »Stars«. Manche sogar, denen das alles bereits zu Kopfe steigt und die vor lauter Rummel ihre Anbindung erst recht verlieren. Diese Aufmerksamkeit für die eigene Person drängt ja geradezu noch tiefer in das ICH hinein. In dieses »Ich-habe-es-geschafft-Gefühl«. Ich habe selbst einige Kollegen in Unnahbarkeit, Drogen, Alkohol oder überemotionales Verhalten flüchten sehen, als sie zu »Aufsteigern« wurden. Manche wurden zu Alkoholikern oder Fremdgehern, um die Spannung zu kompensieren. Und ZACK haben wir wieder den medial verwertbaren »Fall« des Sternchens. Die Phase der Besinnung ebenfalls. Gefolgt von dem Wiederaufbau, dem *Return* des Stars. Wir sind also vollkommen im Einklang damit, uns gegenseitig für unsere Interessen zu *ge*brauchen, manchmal auch zu *miss*brauchen. Wir Schauspieler sind Projektionsflächen für all die Wünsche und Träume derer, die das gerne hätten, was unsere Figuren präsentieren. Oder wie sich das Publikum vorstellt, wie wir Schauspieler leben. Das ist der Deal. Ein Teil des Spiels. Hillary Swank zum Beispiel hat für *Million Dollar Baby* einen »Oscar« bekommen – eine Low Budget Produktion. Am Tag nach der Oscarverleihung will sie in der Apotheke ein Arzneimittel besorgen. Bekommt sie nicht. Ihre Krankenversicherung ist nicht bezahlt. Zu wenig Einkommen. In den Mythen sind wir reich und trinken zum Frühstück Champagner, tragen teure Kleider und leben auf der Überholspur. Die Realität sieht oft anders aus. In unserem Beruf weiß man nie, ob und wann nach einem abgedrehten Film der nächste Anruf kommt. Mit zunehmender Beschäftigung wächst zwar eine andere Gelassenheit im Umgang mit diesem Phänomen, aber die Ungewissheit bleibt. Wir sind ein fahrendes Volk. Wir sind immer da, wo wir gerade gebraucht werden. Und in dem Glauben, durch Popularität Einfluss auf Wiederbeschäftigung nehmen zu können, treten wir in den Wettlauf um die Bekanntheitsfrage ein. Wir geben Interviews, lassen uns fotografieren, bedienen ihn: den Star- oder Sternchenkult. Diese Kluft, die wir dadurch gemeinsam gegenüber dem Publikum aufbauen, bedient eine Illusion. Die Illusion einer *Nahbarkeit*, die aber tatsächlich eine *Separation* begründet.

Es ist schon einige Jahre her, da habe ich mit einem befreundeten, namenhaften Kollegen gedreht. Bemühen Sie sich erst gar nicht. Ich bin kein Gossip-Girl, ich nenne keine Namen. Auch wenn alle immer gerne wüssten, wer mit wem und überhaupt. Wie sie denn *privat* so sind, die Promis? Es würde Ihre Neugier stillen, aber wem würde es nützen? Wäre es ein Zugewinn für unser Zusammenleben? Ich sage: nein. Also keine Namen. Wir saßen jedenfalls abends noch zusammen, haben Bier getrunken und den Tag ausklingen lassen. Zu später Stunde gehe ich auf mein Zimmer und stelle fest, dass ich mein Textbuch vergessen habe. Kehre also um und klopfe nochmal leise bei ihm an. Mein Kollege öffnet – bereits nackig und schlafbereit – die Tür, und es passiert etwas ganz Unerwartetes. Er sieht mich an, versucht die Tränen wegzudrücken, schlüpft in seine Hose und fragt ganz leise und sanft: »Würdest du hier bei mir schlafen? Ich vermisse meine Familie so. Ich fühle mich so einsam …« Jeder, der jetzt sexuelle Fantasien bemüht, gehört gehauen. Ich habe mich einfach zu ihm gelegt, meinen Arm um ihn gelegt – und die Wärme meiner Seele angeboten. Kommentarlos. So sind wir eingeschlafen. Seele an Seele ruhend. Das sind wir eben auch füreinander:

Wahlfamilie. In jedem Moment. Die Beschränkung auf die Blutsfamilie ist eine äußere Realität, die für mich mit der *fühlbaren* Wahrheit wenig zu tun hat. Familie ist, mit wem ich lebe. Wer mich begleitet, mit wem ich wachsen kann. Wer mir Paroli bietet und mich liebend halten kann. Augenhöhe spielt hier die Hauptrolle. Und Respekt. Aus der Enge dieser Reduktion schäle ich mich allerdings auch erst später raus. Noch prägen mich Idealbilder von Familie, Beziehung und der perfekten Partnerschaft. Auch der von Freundschaft. Deshalb kommt es auch immer wieder zu Reibereien in meinem Leben.

Wahlfamilien – so nennen sich auch Filmteams, die für die Dauer von fünf bis sechs Wochen gemeinsam losziehen zu drehen. Sehen Sie – im Praktischen gebrauchen wir dieses Wort und diese Vorstellung von »Wahlfamilien«. Im Sinnlichen lehnen wir sie ab. Es ist eine Art »Schockintimität«, die wir da für kurze Zeit eingehen müssen, um uns nicht ganz alleine zu fühlen. Weil wir ein Verbundenheitsgefühl eben nur zwischenmenschlich verorten können, suchen wir es auch genau da. Grundsätzlich sind wir es gewohnt, dabei Annäherungsphasen zu haben. Beim Film nicht. Auch beim Theater habe ich das nicht erlebt. Das barrierefreie Du säumt die Wege. Das hat was Unmittelbares. Aber eben auch was Amerikanisches. Es ist doppelbödig. So intim diese Nähe für kurze Zeit ist, während man einen Film dreht oder ein Theaterstück entwickelt, so schnell ist sie wieder verflogen. Es geht um das Ergebnis. Das ist der Deal. Eine kurze Liaison – manche nehmen dieses Wort auch sehr genau und also gelegentlich eine Kollegin oder einen Kollegen mit aufs Zimmer –, und dann ist der Spuk wieder vorbei. Aber solange dieses Landschulheimphänomen andauert, herrscht ein Rudelgebaren wie in der Natur. Wir halten zusammen. Weil wir eigenständig völlig aufgeschmissen wären. Die Gemeinsamkeit: Wir haben eine Aufgabe. Der tiefere Sinn ist das Zusammenarbeiten. An- und Miteinander wachsen. Und dabei machen wir einen Film. Im Alltag bedeutet das: Wir kreieren morgens Probleme, und abends sind wir stolz und glücklich, dass wir sie gemeistert haben. Ein Sinnbild für das Leben an sich. Allein da könnte man schon mal eine Kamera draufhalten! Mit genau dieser Ernsthaftigkeit ist jeder am Werk. So wie sicherlich in anderen Lebensbereichen auch. Hier eben gemeinsam. Dieses gemeinsame Projekt schafft Bindung. Verbindung. Und sobald die vorbei ist, suchen wir das nächste Team. Oder bleiben für immer in einer gewohnten Konstellation und reisen gemeinsam von Projekt zu Projekt, von einer Wahlfamilie zu nächsten Wahlfamilie.

Das finden andere wohl anziehend. Glaube ich. Das In-Bewegung-Sein. Bei einem geregelten Fünf-Tage-Job von Neun bis Fünf mit sechs Wochen Urlaub im Jahr und einem festen Wohnsitz scheint dieses Zirkusverhalten attraktiv. Mancher beim Film sagt:»Ach, hätte ich doch einen geregelten Job!« Wir sind zum Quietschen komisch. Wir wollen immer das, was wir gerade nicht haben! Lieber Nachbars Garten als der eigene …

Wissen Sie, was das Schöne am Film ist? Es ist was ganz Großartiges, Wunderbares, das wir mit dem Bewegtbild im wahrsten Sinne des Wortes in Gang gebracht haben. Wir können mit dem Film Geschichten erzählen. Bilder prägen. Eins habe ich ja schon mehrfach skizziert: Wir werden mit Bildern gefüttert. Ständig. Unsere Augen empfangen permanent Bilder. Gehen Sie vor die Tür, schauen Sie in den Spiegel. Wir sehen Dinge. Und wir reflektieren Dinge. Sehen ist schließlich das Empfangen von Lichtreflexen, die durch unser Hirn zu Bildern zusammengesetzt werden. Bilder, die wir sogar zu Schablonen des *Richtig & Falsch* machen, beeinflussen uns. Einmal gesehen, werden sie in den Baukasten der Orientierung eingegliedert. Mit diesen Bildern und Schablonen können wir im Film dann jonglieren. Wir können mit Bildern aufräumen, sie neu prägen, Seh*gewohnheiten* überwinden. Das *kann* Film erreichen. Für uns, als Gemeinschaft. Durch die große Reichweite können auf einmal gleich Millionen erreicht werden. Laut Hochrechnungen ja im Durchschnitt bis zu fünf Millionen Zuschauer pro Fernsehfilm am Hauptabend bei den öffentlichen Sendern. Es stellt sich für mein Empfinden hier nur die Frage, wie bewusst wir mit dieser großartigen Errungenschaft umgehen. Wissen wir wirklich um die Verantwortung dafür, dass wir BILDER produzieren? Bilder, die in den Köpfen der Zuschauer landen. Die prägen. Die sie vielleicht nie wieder loswerden! Und wir als Zuschauer: Sind wir dessen gewahr, dass wir BILDER empfangen? Sind wir uns bewusst, dass es auch Provokationen, Anregungen oder Lügen sein können? Bewusst eingesetzt von den Machern der Filme, um vielleicht ein manifestes BILD zu hinterfragen, zu schockieren – mit den Ängsten zu spielen, die manche Bilder auslösen? Auch hier ist wieder die Ausgangsfrage die nach der Qualität. Sie spüren, was ein Film mit Ihnen machen soll. Vieles, was das Bewegtbild heute präsentiert, ist aus meiner Perspektive nicht vor dieser Verantwortung entstanden. Es steht fast alles primär unter dem Druck der Zahlen und des Entertainments. Wenn die Bewegtbilder so geschickt aneinandergereiht sind, dass die Zuschauer nicht mehr weggucken möchten, hat der Hersteller sie am Haken. Und das ist das Ziel.

In dieser Welt bewege ich mich also nun. Dieser Filmwelt. Drehe tolle Filme und lerne wunderbare Kollegen kennen. Aber glauben Sie mal nicht, dass ich von Schablonen frei bin! Die fliegen auch hier nur so durch die Gegend. Klischees über Klischees offenbaren sich. Zum Beispiel: Theater versus Filmbranche. Das eine sei *Kultur*, das andere *Unterhaltung*. Innerhalb der Filmbranche jonglieren wir mit den Kategorien arthaus und Entertainment. Anspruch versus Unterhaltung. Schauspieler mit Bühnenerfahrung sind wahre Schauspieler.

Ohne Bühnenerfahrung: keine wahren Schauspieler. Urteile über Urteile! Und schon können wir wieder *gegeneinander* spielen. Kurz: erneut ein Terrain von Konkurrenz und Anspruch auf gut & schlecht. Dass es so viele Bedürfnisse wie Menschen gibt, wird ignoriert. Die einen schauen halt gerne Bauerntheater, die anderen Dokumentationen über das Tierreich in der Arktis. Wieder bleibt die Wertschätzung der *Vielfalt* im Gerangel um einen Platz auf der Wertepyramide im Dreck. Einer Pyramide, die wir selbst gebastelt haben. Alle wollen an die *Spitze*. So sind heute STREAMING-Produktionen *in*. *Da* will man mitarbeiten. Noch vor zehn Jahren war es KINO. Oder eine bestimmte Krimireihe. Sehen Sie, wie sich wieder alles im Kreis dreht? Wir verändern eigentlich gar nichts. Außer der Form vielleicht. Früher hat man am Sonntag um 20:15 Uhr vor dem Fernseher gesessen. Heute verbringt man halt ein ganzes Wochenende mit dem Laptop im Bett. Ausgestattet mit Chips und einer Serie. Online natürlich. Wir wollen ja flexibel sein. Aber dass wir damit noch mehr in die virtuelle Welt eintauchen, manche sich noch mehr von der Welt entfremden und zurückziehen, interessiert nicht. Das Angebot ist wie ein Sog. So viele spannende, dramatische, ereignisreiche Geschichten! Ich betone nochmal: Es geht nicht darum, das alles schlecht zu machen. Ich arbeite ja selbst in dieser Branche. Aber es sichtbar zu machen, das halte ich für sinnvoll. Und immer wieder auf das Wahrnehmen vertrauen. Was fühlen Sie, wenn Sie einem Produkt (Film, Dokumentation, Serie) begegnen? Es ist immer zuerst eine Qualität …

Den Umgang mit dem Medium Bewegtbild übertrage ich mal wagemutig auf die Spaltung der Atome. Da hat man einen Weg entdeckt, Energie freizusetzen. Strom herzustellen. Und was hat der Mensch *weiterhin* daraus gemacht: Atombomben. Wir machen tolle Filme, erzählen Geschichten. Aber haben wir dabei wirklich die Zuschauer im Blick? Also den Menschen? Das Vorankommen unserer Spezies? Mit den Produktionen ist es ähnlich, wie ich das vorhin über die Schauspieler skizziert habe: Als Zuschauer bekommen Sie auch immer die Energie mit. Die ist nicht in Quoten messbar, die ist nur fühlbar. Ein Regisseur hat mal zu mir gesagt: »Filme machen ist wie Glocken gießen. Wenn nicht alle zusammenarbeiten, klingt die Glocke nicht.« Ich mag das Bild. Worum geht es dabei? Um die Geschichte, den Zuschauer, den Klang – also die Qualität des Films, der mit der Qualität der Arbeit der Beteiligten kommt? – Oder geht es um Zahlen, Profit und noch mehr Preise, noch mehr Schritte auf der Leiter der Macht? Da können wir uns mal an den Ohren ziehen. Liefern wir Energie oder Atombomben in die Wohnzimmer und Laptops unserer konsumfreudigen Mitmenschen? Wir wollen wahrhaftige Filme machen. Da stellt sich mir nur die Frage: Sind wir wirklich bereit, wahrhaftig zu *sein*? Ist der Einzelne wirklich bereit, wahrhaftig zu werden? Und wenn wir es nicht sind, was sind dann die Produkte, die wir schaffen, also unsere Filme …?

Und auch Sie, liebe Zuschauer, sind von dieser Frage nicht befreit. Was steht auf Ihrem Bestellzettel? Wollen Sie eigentlich eine *wahrhaftige* Qualität, oder wollen Sie nur entertained, illusioniert und in romantische Bilder verwickelt werden? Wir tragen die Sensibilität für die Antwort auf diese Frage in uns. Nur haben wir uns darauf geeinigt, unsere Entscheidungskraft im Hinblick auf die Antwort, unsere eigene Feinfühligkeit, zu ignorieren, vielmehr sie wenigstens hinter der wirtschaftlichen Komponente anzustellen oder gänzlich zu verachten.

Ich will beileibe nichts mies machen. Ich liebe meinen Beruf, meine Kollegen, ich liebe die Vielfalt meiner Arbeits- und Geschäftspartner. Nur wenn es um die Qualität geht – also vor allem die Motivation des Handelns: den Grundstein für einen Film –, könnten wir nach meinem Eindruck bewusster und ehrlicher: und damit wahrhaftiger werden! Wir versuchen der Qualität mit Regeln zu Arbeitszeiten und gerechter Entlohnung zuzuarbeiten. Aber würden wir die Wertschätzung unserer Arbeit zugrundelegen, müssten wir womöglich diese Regeln gar nicht erfinden. Ich kenne keinen Filmschaffenden, der nicht ein feinfühliges Gespür hätte. Diese Ressource wird zu wenig abgefragt. Genau genommen werden wir für unser feines Gespür ja bezahlt. Es definiert eine künstlerische Tätigkeit geradezu. Wir sollen ja sensibel im Detail arbeiten. Egal ob Ausstattung, Kostüm, Regie, Drehbuch, Maske, Schauspiel, Musik ... Dass sich alle während laufenden Dreharbeiten physisch und auch psychisch an ihre Grenzen bringen, wird wenigstens billigend in Kauf genommen – solange es den Film zu dem macht, was man sich vorgestellt hat. Es soll *alles* gegeben werden. Ich bin ebenfalls für vollen Einsatz. Hundertprozent. Ich mag keine halben Sachen. Der unsensible Teil daran ist nur, dass mit der Sensibilität der Einzelnen gespielt wird. Was wiederum nur möglich ist, weil schon jeder Einzelne sich nicht mehr wertschätzt: Und mit »wertschätzen« meine ich das ganz konkret: seinen Wert kennt. Geld. Bezahlung ist in unserem Leben der Ausgleich für geleistete Arbeit. Und die größte Angst haben wir oft davor, nicht wieder eingestellt zu werden. Also kein Geld mehr zu verdienen. Und diese *Existenzangst* macht die Arbeitnehmer zum Spielball. Das sind auch die Produzenten, die wiederum weiter Filme machen wollen und ihre Leute ernähren. Bei zunehmendem Anspruch an die Bildgewalt und Einzigartigkeit der Filme aber dabei gleichbleibenden oder sinkenden Budgets müssen hier alle mal überlegen: Zu welchem *Preis* blicken wir ausschließlich auf das Resultat ...? Ich bleibe da still zurück und denke mir: »Der Preis ist zu hoch ...«

Würden wir die bestehenden Systeme aufbrechen, müssten wir uns auch der Frage stellen, warum es einen Gender-Pay-Gap gibt. Mal ehrlich und wertschätzend darauf geschaut, müssten wir gar nicht beschämt in der Ecke stehen und totschweigen, dass Schauspielerinnen nach wie vor bis zur Hälfte weniger verdienen als die männlichen Kollegen. Wertschätzend würden man sagen können: »Die Zeiten sind vorbei. Es braucht mehr Geld, um die adäquate Anpassung zu finanzieren.« Dazu heißt es aktuell: »Das haben wir nicht.« Das Geld von der Gage der Männer abzuziehen, um es gerecht einzusetzen – Na, *den* Protest von Einigen möchte ich mal hören! Allgemeiner Konsens derzeit: aussitzen. Die unausgeglichene Honorierung wird sich aber nicht von selbst korrigieren. Es braucht Taten. Transparenz und die Bereitschaft, aus dem Bezahlungsmodell auszutreten, das auf dem *Der-Mann-verdient-das-Geld-für-die-Familie-*Bild basiert. Es ist antiquiert. Entspricht nicht unserem Lebensalltag. Und es ist beschämend für unsere oft propagierte Gleichstellung. Eine Renovierungsmaßname, kein wirklicher Neustart. Der findet nicht in Quoten statt. Dafür braucht es gleiche Bezahlung. Über den Gender-Pay-Gap bräuchten wir nicht zu sprechen, hätten wir aus der Me-too-Debatte wirklich gelernt, statt nur wieder eine *Lösung* zu suchen. Dass es nämlich nicht um den *Unterschied* zwischen den Geschlechtern geht, sondern um Augenhöhe. Auch in der Wertschätzung durch gleiche Bezahlung für die erbrachte Leistung. Wir stehen alle gleich professionell und gleich lang am Tag vor der Kamera. Arbeitsstunden sind – jedenfalls soweit ich das überblicken kann – nicht an ein Geschlecht gebunden.

Diese Struktur ist auf alles übertragbar. Auf jedes Berufsfeld: Einzelhandel, Gastronomie, medizinische Berufe: letztlich jedes Arbeitsverhältnis. Wir sind da nicht besonders böse, unfähig oder egoistisch. Wir machen das eben so. Bis ein jeder umdenkt. Umlenkt. Ein jeder dazu beiträgt, es mal anders zu machen. Jedes noch so *kleine* Rädchen zählt. Klein oder groß entscheidet nicht über die Wichtigkeit. Alles zählt. Bis dahin fährt der Zug. Irgendwie. Nur *hoffentlich* nicht an die Wand …

Stille

… An die Wand … Manchmal muss man auch erstmal an die Wand fahren, um aufzuwachen, umzulenken. Anzuhalten, um durch den entsprechenden Stopp *verstehen* zu lernen … mal zuzuhören. Neu zu starten. Gegen die Wand … oder vielmehr auf den Asphalt. Da bin ich aufgeschlagen. Ein heilsamer Stopp. Abrupt von 160 km/h auf 0 km/h. Erst gegen eine Leitplanke, dann eine Böschung rauf und schließlich nach 70 Metern Flugkurve über diese Abschussrampe mit mehrfachem Überschlag knallhart auf die A 81. Am 8. Dezember 2007. Es ist ein sonniger Samstagmorgen. Ich komme von einem Gastspiel in Stuttgart und bin auf dem Weg zu meinem damaligen Stammtheater in Bamberg.

Sie verzeihen den chronologischen Sprung. Ich musste mich entscheiden: Biografie oder Inhalte. Ich versuche beides zu vereinen, so gut es geht.

So wie ich auch damals versuche, mein Leben auf der Überholspur zu vereinen mit dem, was ich sonst noch so wahrnehmen kann. Das Ereignis liegt also noch während meiner Zeit in Bamberg. Das Zuhören, also meinem Körper zuzuhören, beschränke ich auf die praktische Ebene. Reduziert auf das, was ich für meinen Beruf brauche. Alles andere kann ich im Krankheitsfall medizinisch lösen lassen. Mit Hilfe von Physiotherapeuten, Medikamenten oder Sport. Die Welt der Energie will ich nach wie vor nicht sehen. Ich bin zu der Zeit ziemlich radikal unterwegs. Mit allem. So empfinde ich das jedenfalls. Ich spiele auf der Bühne bis zur Erschöpfung, nehme an diesem Gastspiel teil, auch wenn das zeitlich und logistisch ein Wahnsinn ist. Ich lebe alles in dem Maß, das mir nach wie vor die innere Stimme zum Schweigen bringt. Voller Einsatz auf allen Ebenen. Nur nicht im Hinblick auf die Selbstliebe. Für diesen Club spiele ich nicht. Ich spiele für die Wilden und Lebenslustigen, die Trinker und Liebhaber, die Genießer und Langschläfer. Es ist ein lustiges Leben am Theater. Immer exaltierte Geschichten, umschlungen von einem familiären Miteinander: Das tägliche Proben und Vorstellungen-Spielen schweißt uns im Ensemble zusammen. Faktisch sind wir ja auch ständig zusammen. Eine Wahlfamilie. Mein kleiner Ausflug nach Stuttgart wird damals allerdings zu einer unerwarteten Auszeit.

Unfälle oder Krankheiten werden ja landläufig als tragisch, schrecklich und meistens unfair eingestuft. Man fühlt sich dabei gerne als Opfer eines solchen Ereignisses. Nehmen wir mal etwas nicht so Tragisches wie einen Unfall, was Simples: Kopfweh. Das haben viele Menschen, regelmäßig. Umgang damit? Wir nehmen eine Schmerztablette. Wir fragen gar nicht danach, warum die Kopfschmerzen überhaupt da sind. Hauptsache, das böse Kopfweh geht weg. Das *lästige* Gefühl der Rückmeldung unseres Körpers auf irgendetwas, das wir im Vorfeld entschieden haben – oder dem wir uns ausgesetzt haben. Zu viel Kaffee, zu viel Alkohol, zu wenig Schlaf, zu viel Frust, eine Ihrem Körper nicht entsprechende Nahrung? Bitte? Selbst verantwortlich für das Kopfweh? Kann nicht sein. Lieber eine Tablette. ZACK: erledigt. Bei Unfällen wird es einem noch leichter gemacht. Da sind ja meist andere beteiligt. Vor allem, wenn man sich selbst nicht in der Schuld sieht, bei Autounfällen zum Beispiel. Aber nach einer verdammt langen Liste an Auto-, Motorrad- und sonstigen Unfällen weiß ich, dass es *unfair* und *unschuldig* nicht gibt. Das hat alles auch was mit Entwicklung zu tun. Es ist in erster Linie ein

Stopp. Der Körper wird in ein Ereignis involviert oder sagt aus sich heraus: »Hör mir mal zu! Es reicht.« Der ist sogar bereit, sich von jemandem über den Haufen fahren zu lassen, damit wir mal anhalten. Der Körper schickt – vielmehr schenkt – Ihnen ein Ereignis oder verwickelt Sie darin: Unfälle, Krankheiten, Funktionsausfälle. Oder Plötzlicher Herztod zum Beispiel. Gerade bei jüngeren Menschen für alle Beteiligten immer ein Schock. »Der hatte doch sein Leben noch vor sich!« Woher wollen wir das wissen? Vielleicht war sein Hausaufgabenheft für diese Existenz abgearbeitet? Dass ein Herz einfach so, grundlos, aufhört zu schlagen, kann die Medizin nur bedingt erklären. Symbolisch gesehen, schreiben wir dem Herzen ja die Liebesfähigkeit zu – Was, wenn die entsprechende Person ihre Liebe nicht vollends gelebt und zum Ausdruck gebracht hat? Volksmund: »Er starb an einsamem Herzen.« Vielleicht war der Mensch auch so überfordert durch »zu viel« Liebe oder was wir dafür halten, dass er oder sie das nicht mehr *ausgehalten* hat. Wenn ein Kind mit vier Jahren an Leukämie stirbt, wird die Akzeptanz noch schwieriger. Das finden wir *richtig* unfair. Da wir uns für die Kinder verantwortlich fühlen, sie aufwachsen sehen wollen, möchten wir gar nicht in Betracht ziehen, dass die Uhr für diesen Zyklus möglicherweise einfach abgelaufen ist. Da wollen wir an diese Zusammenhänge noch weniger glauben, weil uns das im Verhältnis zur *regulär-erwartbaren Lebensdauer* so ungerecht erscheint. Nochmal mehr, wenn man gar nicht daran glauben mag, dass es Reinkarnation geben könnte.

Meinem Eindruck nach begründet die Angst vor dem Tod die Theorien vom *Schicksal*, der *blöden* Zufälle und der *Unfairness*. Da die Vorstellung von der Endlichkeit unseres Daseins ein Wiederkommen ausschließt, fällt auch der Kreislauf des Verantwortungsprinzips unter den Tisch. Ursache und Wirkung sind auf energetischer Ebene somit nicht existent. Was aber, wenn es diese Ordnung gibt? Jeder hat die Chance, aus seinen Krankheiten oder tragischen Einschnitten im körperlichen Erleben eine Lernaufgabe abzuleiten. Ob Sie sie erkennen, annehmen und umsetzen wollen oder nicht, ist eine Frage der Diktatur. Ihrer eigenen Diktatur. Sind Sie bereit, Ihren Körper als *Buddy* oder *Freund* anzuerkennen, der Ihnen einfach nur Signale sendet, ein Feedback zu Ihrem Handeln abgibt? Oder sind diese Rückmeldungen – wie das Kopfweh – nur lästige Erscheinungen für Sie? Überlegen Sie mal, was Ihr Körper tagtäglich alles mit Ihnen mitmacht?! Der schluckt all die Burger, Bierchen, Schokoriegel und verdaut sie, so gut er kann. Raucht die Zigaretten, die Sie ihm in den Mund stecken. Der rennt den Marathon, wenn Sie ihm den verordnen. Der schläft mit jemandem *Ihrer* Wahl, der ihm eigentlich nicht guttut, weil Sie ihm das verordnen. Der hört Musik, die eine Energie mit sich bringt, die ihm nicht guttut. Der trägt die Tattoos, die Sie ihm eingravieren lassen … Er ist der treueste Gefährte, den wir haben, und er verarbeitet, so gut er kann, all unsere Entscheidungen. Trägt, so gut er kann, mit, was wir *anordnen*. Und wir klagen ihn noch an, wenn er uns dann vor lauter Überfrachtung zusammenbricht. Krankheiten schickt. Nacken-, Rücken-, Verdauungsprobleme. Gängige Erscheinungen. Normal. Allein die Rede von »normal« signalisiert: Das haben wir eben akzeptiert. Dass wir zu viele Entscheidungen in eine ungute Richtung getroffen haben, sodass die Seele ein dickes Paket schnüren muss, all diese angesammelte Energie im Körper wieder loszuwerden, ziehen wir gar nicht in Erwägung. Die Möglichkeit, dass »normal« auch einfach bedeuten könnte, *gesund zu sein*, gibt es in dem Modell der *Krankheiten-und-Verspannungen-und-Erschöpfung-sind-eben-normal-Welt* nicht. Wie auch? Kleinster gemeinsamer Nenner. Das passt nicht in dieses gängige Konzept von Medizin, Forschung, Entschuldbarkeit und Drama.

Was aber, wenn wir akzeptieren, dass wir es in der Hand haben? Wenn wir mit allem, was wir dem Körper zuführen, bewusster umgehen würden, hätten wir eine Chance, auch da unsere Verantwortung zu erkennen. Der Körper meldet nämlich konsequent zurück, ob er etwas mag oder nicht. Wir müssen nur zuhören ... Und wenn Sie sogar noch einen Schritt weiter mit mir gehen, kommt im Rahmen des Reinkarnationskreislaufes auch noch in Betracht, dass der Körper – *weil* Sie in diesem Leben besonders gut auf ihn hören – den Raum haben kann, ungesunde Entscheidungen aus ihren früheren Leben zu »heilen«, Sie aus alten Mustern zu befreien, die sich sonst weiterhin wiederholen würden. Der Körper räumt mit einer Krankheit oder einem Unfall immer Überfrachtung oder alten Ballast auf. Das kann auch Emotionales sein. Nicht nur der Burger. Wenn Sie hinhören, werden Sie den Grund verstehen.

Auf dem Heimweg also von meinem Gastspiel kommt auf der zweispurigen Autobahn bei Neckarsulm ein Auto von rechts vor meine Motorhaube gezogen. Ich bremse, versuche zur Seite zu ziehen, verliere aber die Kontrolle über den Wagen. Ich bin voll da. Meine Sinne sind alle an! Und in Bruchteilen von Sekunden wird mir klar: Hier habe ich absolut keine Chance mehr. Meine Fahrt, und damit mein Leben auf der Überholspur, wird gestoppt. Voll im fließenden Verkehr. Mitten im Leben – um es bildlich zu halten. Hier ist er: mein ganz persönlicher POINT OF NO RETURN! Meine Seele hat entschieden »Es reicht!« Der Wagen kommt, trotz trockener Fahrbahn, ins Schleudern. Es soll einfach krachen. Ich habe zwar Sicherheitsfahrtrainings absolviert und halte mich für eine gute Autofahrerin, aber das nützt mir alles gerade gar nichts. Jetzt muss eine andere Entscheidung gefällt werden. Da muss eine andere Intelligenz ran. Und zwar pronto! Mir bleibt nur eins: LOSLASSEN. Zum ersten Mal – seit ich denken kann – schicke ich eine Botschaft in den Himmel, die heißt »JA. Ich will leben!« – »Hol mich noch nicht jetzt ...«, das ist mein Stoßgebet. Und in einem tiefen Vertrauen lasse ich los und gebe mich dem Schleudergang hin, den mein Todesgeschoss im Begriff zu vollziehen ist. Ich lasse alle Anspannung in meinem Körper, das Lenkrad und was man sonst noch loslassen kann, los, und sinke in der Gewissheit, die ich aus dem Kreissaal als Kind erinnere, in ein vollkommenes Vertrauen. Eine Gewissheit, dass alles so kommen wird, wie es kommen soll. Das ist das Einzige, was mich hat überleben lassen. Die leise Anbindung an die Intuition meines Körpers wird laut und deutlich. Hier übernimmt er das Kommando! Ich bin heute noch tief beeindruckt von seiner Intelligenz! Der hat einfach mal die Führung übernommen, während der massive Touringwagen zu einer Faltschachtel wird. Motorblock: rausgerissen. Heckklappe: weg. Rückbank und Beifahrerzelle: komplett zerquetscht. A-, B- und C-Säule: haltlos zermahlen. Aber wie von himmlischer Hand geführt, trifft es weder einen weiteren Autofahrer – und die Autobahn war voll – noch reißt es mir der Kopf ab. Ich komme quer auf der A 81 auf dem Dach zum Liegen. Ich selbst: sitze im Dach. Knie vielmehr. Der Gurt ist geschlossen. Fragen Sie mich nicht, wie das möglich war. Es kann nur eine Folge meines Loslassens gewesen sein. Ich bin also – später werden meine Erinnerungen daran wieder lebendig – wie eine gallertartige Masse aus dem Sitz geglitten. Zwischen Nackenstütze und Dach habe ich meine Schutzzelle gefunden. Hätte ich mich angespannt und noch irgendwas zu steuern versucht: Ich hätte mir *alle* Knochen gebrochen und nicht überlebt.

Die Natur hat mit der Schockreaktion schon was Kluges eingerichtet. Da nimmt man erstmal sein körperliches Befinden gar nicht wahr: die Ballung von Gewalt, die man gerade erfahren hat. Man agiert, so gut man kann. Das können Kriegstraumatisierte bestimmt bestätigen. Als ich zu mir komme, ist das Erste, was ich wahrnehme, dass mir Benzin entgegenkommt. Ich greife absurderweise nach meinem Mobiltelefon, finde krabbelnd den Weg raus aus diesem Trümmerhaufen – es bleibt mir nur ein zerbrochenes Fenster – und wähle Tanjas Nummer. Meiner Freundin. Maskenbildnerin bei uns am Theater. Sie hatte mir damals den Wagen geliehen. Wie ich mich fühle, hinterfrage ich gar nicht. »Könntest du im Theater Bescheid geben: Ich schaff's vielleicht nicht zur Vorstellung heute Abend. Ich habe gerade dein Auto zu Schrott gefahren. Ich melde mich wieder.« Klick. Damit lege ich auf. Wie es ihr da wohl am anderen Ende der Leitung gegangen sein mag? Diese Frage stelle ich mir gar nicht. Im Rauskrabbeln richte ich mich langsam auf und erblicke hinter mir eine Autokolonne. Zweispuriger Vollstau. Ich liege ja quer auf der Fahrbahn. Also die Reste des Wagens jedenfalls. Das andere Auto ist über alle Berge. Ich sehe diesen Klumpen Blech und frage mich wie unter eine Watteglocke, wie das jetzt passieren konnte … Dass es keinen anderen erwischt hat …? Ich blicke mich um, Menschen kommen mit fuchtelnden Armen auf mich zu. Ich registriere das kurz – dann sacken mir die Knie weg. Als ich wieder zu mir komme, liege ich immer noch auf der Fahrbahn. Ich zittere, mir ist kalt. Eine Frau streichelt meinen Kopf, und ein schwäbischer Polizist beugt sich mit den Worten über mich: »Mei, hän Sie a Glück g'hätt. Normalerweis fischet mir Leiche aus solche Autos!« Ich bevorzuge es, die Augen wieder zu schließen.

In dem ganzen Krankenwagen-Blaulicht-Großeinsatz wird mir übel. Ich will hier weg. Ich will nicht fühlen, was hier gerade passiert ist. »Ich muss ans Theater!«, schimpfe ich vor mich hin. Ich weine. Ich will, dass man mich gehen lässt. Ich habe doch überlebt. Also weitermachen! – Meine Herrn, ich hab den Schuss echt nicht gehört. Weglaufen bringt nichts! Im Krankenhaus, auf der Intensivstation, nach vielen Röntgen- und Untersuchungsmaßnahmen bitte ich endlich, mich mal aufsetzen zu dürfen. Mir wird immer wieder schwarz vor Augen. Ich bekomme keine Luft. »Komisch, ich war doch gar nicht erkältet, als ich losgefahren bin«, denke ich noch. Und kaum darf ich mich aufsetzen und kann abhusten, gibt mein Mund einen Schwall Blut frei. Auf einmal wird alles ganz still. Mir klappt der Kreislauf weg. Ob und wen man anrufen soll, hatte ich zuvor noch beantworten können. Doch dann ist Stille.

Meine Lunge war bei dem Aufprall geplatzt. Die oberen Bronchen sind eingerissen. Deshalb das Blut in der Lunge. Ich wäre also fast an meinem eigenen Blut ertrunken. Man versetzt mich ins künstliche Koma.

Noch in der ersten Nacht erlebe ich etwas, das man landläufig als »Nahtoderfahrung« bezeichnet. Jetzt schreien wieder Leute auf, die meinen, es besser zu wissen, was es denn nun war, was ich da erlebt habe. *Out-of-body-experience* oder Nahtod: ehrlich – das ist mir sowas von egal. Es ist das, was ich erlebe.

Es wird hell, wie unter einer Flutlichtanlage im Fußballstadion. Fußball – so ungefähr fühle ich mich. Als hätte mich der Trainer vom Feld gepfiffen und mich gefragt: »Schau mal dein Leben an. Was du da so treibst … Was sagst du dazu …?« Völlig wertfrei. Ich stehe einfach nur vor dieser Frage.

Stille.

Da ist einfach nur Licht.

Und es ist warm.

Und mir tut nichts weh.

Ich habe keinen Körper.

Ich sehe mich da liegen, an die Schläuche angeschlossen. Ich sehe alles auf einmal und doch gibt es keine Zeit. Es ist auch mehr ein Gefühl als ein *Film*. Ich sehe eigentlich das ganze Netz, in das ich energetisch verwoben bin. Alles auf einmal:

Da sind meine Eltern, meine Schwester Martina. Meine Tante Lisa. Onkel Alfons und Silvie. Und mit ihnen zeitgleich all meine Kindheitserinnerungen. Meine Lieben: Gundi, unser Hund Emma, Markus, Brit, Daniel, Juma. Das Theater: die Kollegen, Volker, Jürgen, Ecki. Meine Mitbewohner, Anke und Barbara, die Heuernte, meine Geburt, meine Unfälle, die Deimels, meine Feste und durchtanzten Nächte, Frau Bücher, unser Nachbar Lindenau, unser Pferd Doraldo ... Ich kann das alles gar nicht in Worte pressen. Es ist so prall wie kurzweilig, so endlos wie zeitlos, so bedeutend wie unbedeutend. Es sind nicht nur Menschen und Ereignisse, sondern auch das Gefühl, als würde ich alles, was ja mit mir in Verbindung stand, in Bruchteilen von Sekunden nochmal erleben, spüren, erleiden und genießen. Es sind keine Bilder – es ist mehr ein Wahrnehmen der Qualitäten der Ereignisse und Personen. *Ich erlebe, was Zusammenhang bedeutet.* Ich erfasse das gesamte Ausmaß jeder meiner Handlungen in meinem bisherigen Leben. Und darüber hinaus erfahre ich noch etwas ganz anderes: Es kommt die Gewissheit, dass mein Leben *eine* Runde von vielen ist. Dass da schon ganz viele waren und noch ganz viele kommen werden. Lebensrunden. Ein Dasein als Mann oder Frau zu welcher Epoche der Menschheitsgeschichte auch immer. Vorher wie nachher. Ich tauche ein in das Bewusstsein der Endlosigkeit. Des EINEN Lebens. Das meine ich, wenn ich von ONE LIFE spreche. Dem Kreislauf der Menschen, der Wiederkehr der *Spirits*, den Seelen als ihren Begleitern und der Kenntnis von Himmel und Astralwelt. Einer Welt, die wie eine exakte Kopie des Göttlichen erscheint, nur dass sie eben nicht zu dem Zweck konzipiert ist, dass wir uns wieder vereinen, sondern um Trennung und Illusion zu erhalten und zu manifestieren. Die Illusion, die uns von der gemeinsamen Wahrheit trennt, ist die *Kreation*. Der Urvater des ICHS. Der eines Tages eingenommenen WIR-*ist-langweilig-darum-kreiere*-ICH-*mein-eigenes-Ding*-Instanz. Eine auf identifikationsbildende und das Ich weiter nährende Abwendung vom großen Ganzen.

Es ist alles zugleich da.

Und ich bin still.

Ganz demütig und still.

Und ich werde gehalten. Bedingungslos.

Und ich lausche dieser Stille, die der schönste Klang ist, den ich je gehört habe. Stille ist nicht nichts. Sie ist der Zugang zu alldem, was der alltägliche »Verkehrslärm« überschreibt. Alle Wahrheiten, alle Entscheidungen werden sichtbar. Hier werden wir mit allem konfrontiert. Wahrscheinlich vermeiden wir sie gerade deshalb so hartnäckig. Aber die Stille ist die größte Liebe. Ich bin frei zu entscheiden, was ich damit mache. Es ist ein Angebot, keine Forderung. Gehe ich, bleibe ich? Das liegt bei mir. Ich habe den Eindruck endlos *Zeit* zu haben. Zeit? Ha! Die gibt es nicht. Sie ist definitiv eine Illusion! Von Menschenhand gemacht. Die nutzen wir, um uns zu orientieren. Aber Fakt ist: Wir sitzen an einem Punkt auf dem Globus und erleben Tag und Nacht. Und weil wir nachts im Dunklen schlafen, glauben wir, es gäbe Zeit. Etwas, das uns in andere Zustände versetzt. Dabei sind wir nur an einem Punkt auf dieser Erde und drehen uns mit. Wir leben Ein Leben – von Inkarnation zu Inkarnation zu Inkarnation. Mehr nicht …

Das sehen zu wollen, lehnen die meisten ab. Das ist wie im Höhlengleichnis. Kennen Sie das? Platon. Da leben die Menschen, immer nur in eine Richtung schauend. Vor ihnen sind große, schwarze Gestalten zu sehen. »Dreh dich nie um!« So die Regel derer, die da zusammenleben. Eines Tages dreht sich mal jemand um. Und diese Person erkennt, dass hinter ihnen nur ein ewiges Feuer brennt. Und dass das, wovor alle Angst haben – die bösen, dunklen Gestalten –, die eigenen Schatten sind. Wir sind gefangen in unseren Illusionen und haben Angst vor unserer eigenen Größe! Deshalb verschließen wir uns vor der Wahrheit, die ich immer ahnen konnte – und die ich jetzt »bewiesen« bekomme.

Ich erlebe das.

Ich kann es spüren.

Ich weiß zum ersten Mal, dass ich *nicht* bekloppt bin!

Dass das, was mich immer zerrissen hat, der Zweifel an dieser Wahrheit war. Der Kampf dagegen. Schließlich ein Kampf gegen mich selbst. Dass ich mich sogar so tief in Frage gestellt habe, dass ich mich eines Tages in eine Anstalt habe einweisen lassen, nur um mal Ruhe vor meinen Suizidgedanken zu haben. Aber auch die in der Anstalt waren nicht verrückt! Das waren einfach nur die sensibelsten Menschen, die ich je getroffen habe. Dass ich meine Lieben mit meiner überbordenden Emotionalität konfrontiert habe, *weil* ich nicht wusste, wohin damit … Das war immer mein Lebensgefühl: »Was heißt hier Ein Geisterfahrer. Hunderte!«

Hier, nach dem Unfall – in der Stille – umgibt mich die Wahrheit. Nicht *ich* bin verrückt. Das *Normal* ist ver-rückt. Im wahrsten Sinne. Es hat seinen wahren Platz verloren. Den Platz im Gefüge der Evolution. Es ist nur auf sein eigenes Vorankommen ausgerichtet, an seiner eigenen Reduktion orientiert. Geburt – Tod. Fertig. Nur, damit die Verantwortung von Inkarnation zu Inkarnation nicht übernommen werden muss.

Das Gefühl in meinem bisherigen Leben war ja, zwischen den Welten zu hängen! Jetzt darf ich Einblicke nehmen: Ich hing tatsächlich *zwischen* den Welten. Zwischen Himmel und Astralwelt. Da hängen wir alle! Das ist der entscheidende *Insight*, der mir gegeben wurde. Meinem Gefühl nach ist es meine Seele, die mich an der Hand genommen und mir diese Einblicke gewährt hat. Unser Entscheidungsreigen zwischen den Welten ist das Engelchen-und-Teufelchen-Spiel: also die Wahl des Kapitäns in unserem Leben. Wer regiert mich, meinen Körper? Der Anpassungsmodus – also das Teufelchen – oder das Streben nach Wachstum und Vertiefung, ausgerichtete auf das Gemeinsame – also das Engelchen? Geist oder Seele? Wer darf entscheiden? Für beide steht ein Reichtum an Impulsen zur Verfügung. Es ist ein tägliches Training, ein tägliches Lernen, ob wir das aktiv annehmen oder einfach geschehen lassen. Das haben wir immer im Gepäck. Neben unseren Hausaufgabenheften, in denen sich all das wiederfindet, was wir eben aufzuräumen haben. Und bei so einer langen Verkettung von Reinkarnationen können die nur prall gefüllt sein. Und selbst wenn wir unseren Dreck eines Tages weggeräumt haben, dann kommen wir trotzdem wieder hierher zurück, um die anderen beim Aufräumen ihres Mists zu unterstützen. Bis wir alle wieder »aufgeräumt« sind. Ready, zusammen zu gehen.

Auf einmal ergibt alles wieder einen Sinn!

Jetzt dämmert mir so einiges. Na logo, wurden mir Suizidgedanken geschickt! Logo hatte ich das Gefühl, nie zu genügen. Das wurde mir alles gefüttert, *damit* ich die Klappe halte! Ich wurde schön mit Selbstzweifeln gefüttert, und ich habe dankend die Hand hingehalten. Aus dem anderen Club – dem Club derer, die an den Zusammenhang, das Göttliche und die universelle Wahrheit angebunden sind, – waren einfach zu wenige Mitglieder da, als dass mir eine andere, mich bestärkende Reflexion möglich gewesen wäre! Es gab vereinzelt großartige Lichtblicke: durch Menschen und Ereignisse, aber das *Normal*, also das Leben ohne dieses Angebundensein, diese Allverbundenheit hat eine zu große Vormachtstellung. Da ist kein Platz für die universelle Wahrheit.

Diese Erkenntnis sitzt.

Und ich bade darin.

Ich muss gar nichts!

Für mich nicht. Für die nicht. Für den Himmel nicht. Interessant ist, dass das Licht – der Himmel, oder das Göttliche – tatsächlich nur ein Angebot macht. Es fühlt sich an wie ein lichter Flügel, der mich unter seine Fittiche nimmt. Ich kann mich da einrollen. Auf der anderen Seite zerren sie an mir und kämpfen um mich. Wollen mich wieder in das Rad zurückschleudern, in dem ich die längste Zeit meinen Dienst getan habe. Versuchen, mich mit emotionalen Bildern einzufangen. Und wissen Sie was?! Freier Wille ist genial!!! Ich entscheide mich nämlich DAGEGEN! Ich weiß, dass ich vor der Frage stehe: »Zurück in meinen Körper oder nicht?« Aber die Frage ist eine ganz andere: Wenn ich als Spielerin zurückkehre auf das Fußballfeld des Lebens (das Synonym mag ich), bleibt nur eine Frage: »Für welchen Club werde ich spielen?«

Himmel oder Astralwelt, diese Scheinwelt als ›Kopie des Himmels‹? Licht und Klarsicht oder Verblendung? Feuer oder Prana? Was wird künftig mein Treibstoff sein? Mit welcher Qualität werde ich mein Leben fortsetzen?

Ich erlaube mir, in dieser Stille noch ein wenig zu verweilen. Ich weiß, dass ich – wenn ich das Spielfeld überhaupt wieder betrete – dann nur noch für den Himmel spielen will! Aber *ob* ich noch spielen will …?

Irgendwann packt es mich. Ich erkenne: Ich *muss* zurück! Früher oder später. Ob als Christina oder wer anderes. Dann lieber jetzt! Diese Erfahrung soll nicht im Universum still abgeheftet werden. Sondern zugänglich sein für all diejenigen, mit denen ich zu tun habe. Und für diejenigen, mit denen ich zu tun haben werde! Los geht's!

Mir kommen gerade die Tränen. Vor Freude. Denn hier wird klar, was ich in meinem Vorwort geschrieben habe. ICH LIEBE MENSCHEN! Das ist nichts Romantisches. Kein Hollywood- Ende. Das ist nur das Gefühl der Allverbundenheit. Und das ist Arbeit. Liebe ist Verantwortung! Und die will ich annehmen! Wir können gar nicht anders, als füreinander da zu sein, uns zu lieben. Das ist unser Urzustand. Unsere Aufgabe! Ich spüre diese Verantwortung, die wir füreinander haben. Ausruhen ist nicht! Ob und wer das hören mag oder nicht, entscheiden die ja selbst. Aber ich kann diese widergewonnene Erkenntnis und damit meine Reflexion nicht zurückhalten. Ich kann nicht mehr schweigen, unterdrücken, was ich bin. Wer ich bin. Wer *wir* sind. Nicht aus Sympathie. Nicht aus einem altruistischen Anspruch. Nicht, um retten zu wollen. Nein. Aus Liebe zur Wahrheit ...

Und so neigt sich die Spielpause einem Ende zu. Und mein Stoßgebet »Hol mich noch nicht jetzt« wird erhört. Ich durfte Einblicke nehmen, aber es ist nicht dran, zu bleiben. Ich werde gebraucht.

Es gibt noch viel zu tun ...!

Ich brülle mich schier, wie ein Kind bei der Geburt, zurück ins Leben. Ich erinnere den Moment, als ich mich wieder einfinde in meinen Körper. Ich hänge an den Geräten, neben mir steht eine Frau in einem braunen Kittel. Ich erfahre später, dass das eine Reinigungskraft war. Ich habe davon mal in einer Talkshow erzählt. Die Tochter dieser Dame hat sich daraufhin bei mir gemeldet. Also alles nicht erfunden. Sie streichelt jedenfalls über meinen Kopf »Beruhig dich, Mädle!«, sagt sie liebevoll. Sie nimmt mich in Empfang. Ich habe ja Schläuche im Hals und kann weder reden noch atmen. Und eigentlich liege ich ja im Koma. Aber ich bäume mich auf, habe die Augen weit aufgerissen. Und in dem Moment, als ich diese Frau erkenne, wahrnehme, dass ich wieder in meinem Körper zurück bin, sinke ich unmittelbar wieder in mich zusammen. Weitere zehn Tage Koma unterstützen meinen Körper dabei zu heilen. Zu regenerieren.

Als ich das nächste Mal die Augen aufschlage, sehe ich am Fenster eine Meise. Sie kommt angeflogen, pickt mit dem Schnabel gegen das Fenster, dann kommt eine zweite dazu – und die beiden fliegen weg. Ich wurde zurück willkommen geheißen. Ab sofort halte ich mich auch mit meiner Weisheit um die Symbole der Natur nicht mehr für bekloppt. Alles ist. Bis zu dem Weckruf meiner Nachbarin. Einer übergewichtigen Frau, die mir auf breitestem Schwäbisch zuruft »Mei hän Sie lang g'schlofe. Gucket's a mol. Mir hän se d' Gallesteine rausg'nomme!« Daraufhin hält sie mir ein Glas mit zwei dunklen, braunen Dingern vor die Nase. Wieder ein Moment, in dem ich entscheide, die Augen zu schließen. Nicht, weil ich unhöflich bin oder die Frau doof finde. Nein. Ich lächle sie an und schließe einfach die Augen. Ich bin noch nicht soweit. Ich kann mich noch nicht mit ihr beschäftigen. Ich muss erstmal selbst verdauen, was mir passiert ist. Was ich erfahren habe. Ich spüre, dass mir echt alles weh tut. Mich hat's wohl doch ganz schon durchgerüttelt. Wachgerüttelt, könnte man auch sagen. Ab dem Tag liegt kein Stein mehr auf dem anderen.

Stille ist nicht Nichts. Bevor wir angefangen haben zu plappern, war es still. Das ist ein Klangteppich, eine Informationsvielfalt – ein Reichtum, dessen Fülle sich dem menschlichen Horizont entzieht. Worte, Töne, Körper – alles eine Reduktion dieser unendlichen Größe. Irgendwann, das sage ich Ihnen: Irgendwann kommen wir wieder dahin. In diese bunte, lebendige, pralle Stille. Gemeinsam. Bis dahin haben wir ein großes Geschenk, das wir vollkommen unterschätzen: Es sind die Pausen. *Der* Zugang zur Stille. Sie ist nämlich ständig und bedingungslos zugänglich. Es ist das Einatmen. Hier werde ich oft gefragt: »Wieso einatmen? Das Ausatmen soll mich doch entspannen.« Im Schauspiel, im Sport oder beim Yoga wird ein aktives Ausschnaufen als Mittel zum *Loslassen* angeboten. Mein Erfahrungswert ist ein genau entgegengesetzter.

Ich für mich habe rausgefunden, dass ich damit *mich* verlasse. Ja, die Spannung löst sich. Klar, denn der Effekt ist, dass ich nicht mehr bewusst mit dem umgehen muss, was ich wahrnehme. Damit ist zwar die Spannung weg, aber ihre Ursache nicht *gelöst*. Der Schlüssel zu meinem eigenen Rhythmus – und damit die Akzeptanz meiner Sensibilität, meiner eigenen Qualität – liegt in meinem Atem, genauer gesagt, eben im Einatmen. *Meinem* Atemrhythmus. Welche Qualität tanke ich? Was mich wirklich mit mir verbindet, ist das bewusste, sanfte Einatmen. Da nehme ich den Faden auf, die Qualität, die anschließend mein Handeln begründen wird: das Ausatmen. Das Aktivwerden. Die Qualität des Einatmens bestimmt auch die des Ausatmens. Sie ist der Grundstein. Probieren Sie das mal aus! Das ist der Zugang zu Stille. Außerdem unterstützend ist: der Schlaf. Eine weitere Qualität von Stille. Das ist kein Zustand des Auscheckens, des *Autopiloten*, des: *Hauptsache-mal-abschalten*. Gut, den können Sie auch wählen. Aber das Potenzial, das mir jede Nacht angeboten wird, ist, mit meiner Seele zu kommunizieren. Wir sind im Schlaf zwar nicht bei Bewusstsein. Aber wir sind ja trotzdem da: Der Körper und dessen Intelligenz arbeiten weiter. In dieser Stille können wir tiefer gehen, uns mit unserer Seele verbinden, vielmehr: ihr zuhören. Und wir bekommen unsäglich viele Informationen. Manchmal auch in Form von Träumen. Wir müssen sie dann nur lesen lernen. Und auch dabei hilft wieder der Körper. Es sind nicht die Bilder, die entscheiden, was der Traum Ihnen sagen soll. Es ist das Gefühl, in dem Sie wieder aufwachen. Es die Erkenntnis, die Sie im Zusammenhang mit dem Geträumten gewonnen haben. Die zählt! Die Schule der Traumdeutung liegt also in Ihrer Tasche. Ihr Gefühl zu schulen, Ihre Sensibilität zu achten, den Schlaf als Tankstelle verstehen lernen, das alles sind Dinge, die Sie trainieren können. Ich habe in der Zeit verdammt viel geschlafen.

Und das bewusste *Im*-Körper-Sein, die Präsenz kann man schon mit den alltäglichen Dingen trainieren. Beim Zähneputzen zum Beispiel. Wenn Sie das drei Minuten lang schaffen, ohne sich gedanklich oder aktiv mit was anderem zu befassen, sondern sich einfach nur Ihren Zähnen zu widmen, sind Sie auf einem guten Weg. Der Körper ist der Schlüssel zu unserem sechsten Sinn – der Sensibilität, der Klar- oder Hellfühligkeit: der Erfahrbarkeit von Energie.

Da sich alles ständig entwickelt, gibt es keinen Endpunkt. Es ist mehr eine ständige, vertiefende *Ent*-wicklung der Ehrlichkeit, um eine Übereinstimmung zwischen Wahrnehmen und Handeln wiederherzustellen. Das größte Geschenk, das wir uns selbst machen können, ist also die Qualität unserer eigenen Stille. Und damit der Zugang zu etwas weit Größerem als dem Hier und Jetzt. Dabei aber immer: mittendrin!

Wiederaufbau

Mittendrin! Ich frage mich, wie das jetzt gehen soll: eine Kongruenz zwischen der sensiblen Wahrnehmung meines multidimensionalen Bewusstseins und dem praktischen Leben herzustellen? Ist ja schön, dass ich all diese himmlischen Erkenntnisse bekommen habe, aber wie soll ich das nur alles unter einen Hut bringen, in meinen Alltag integrieren? Das scheint mir eine unfassbare Aufgabe. Die beste Erkenntnis *nützt* ja nichts und niemandem, wenn sie nicht in das Leben übertragen, also umgesetzt wird. Kennen Sie das? Da haben Sie mal einen Abend ein bisschen zu viel getrunken oder zu schwer gegessen. Am nächsten Morgen sagen Sie sich: »Boah, nie wieder!« Und schon wenige Tage später schmecken der Alkohol oder das fettige Essen wieder. Wir fassen Vorsätze, die wir aber aus Bequemlichkeit oder Lust oder *weil's schmeckt* wieder über Bord werfen. Und diese Bequemlichkeit hält uns als Kollektiv faktisch auf der Stelle. Wir entwickeln uns nicht wirklich. Wir schaffen nur den Jo-Jo-Effekt eines ständigen Verbesserns und Verschlechterns. Unsere Leben drehen sich im Kreis. ON – OFF. Arbeiten – Urlaub. Ehrlich sein – nicht soo ehrlich sein. Da wir nicht bereit sind, hinter die Dinge zu schauen, also einen *multi*-dimensionalen Blick einzunehmen. Wir wollen nur wahrhaben, was wir sehen können. Nicht, was die Wahrheit hinter den Dingen ist. Mit dieser Wahrnehmung ausgestattet zu sein, fühlt sich an, als wäre ich auf einer Autobahn entgegen der Fahrtrichtung zu Fuß unterwegs. Für alle anderen bin ich eine Irritation. Und die sind es für mich.

Der Rollladen ist oben, der Blick auf die Welt ein anderer. Und den bekomme ich nicht mehr zu.

Als ich aus dem Krankenhaus entlassen werde, wartet mein »altes« Leben auf mich. Ein Netz aus Entscheidungen und Verbindungen, die ich vor einem ganz anderen Bewusstseinshorizont getroffen hatte. Auf mich wartet ein von mir geschaffener Kreislauf. Mein Engagement am Theater. Meine Beziehung. Mein Freundeskreis. Meine Familie. Da wartet ein Leben auf mich, das geprägt ist von dem Bild, das ich bisher von mir aufgebaut hatte. Das konfrontiert mich erstmal mit einer Fülle von Selbstangezetteltem. Bisher hatte ich ja alles darangesetzt, bloß keine Deckung von Lebenserfahrung, Wahrnehmung und Umsetzung hinzubekommen. Auf die Verantwortung, meine Erkenntnisse auch *umzusetzen*, hatte ich bis zu meinem Unfall keine Lust. Ich war ebenfalls im Jo-Jo-Effekt verfangen. Denn mit jeder Erkenntnis kam auch die Aufforderung zu handeln. Das ist wie mit dem fettigen Essen. Erkenntnis: tut mir nicht gut. Folge: fest vornehmen, sowas nie wieder zu essen. Realität: nach drei Tagen schmeckt's wieder. Es ist bequemer, immer wieder denselben Blödsinn zu machen, als mit jeder Erkenntnis einen Schritt *voran* zu gehen. Oder sich zu vertiefen. Gegen den Strom zu schwimmen. Einmal eingeschlagen, folgen auf diesem Weg nur noch mehr Erkenntnisse. Und damit noch mehr Einblicke und noch mehr Verantwortung. Das bedeutet *voran gehen*. Und da schreien die meisten schon: »aufhören!« Das will keiner. Zu unbequem. Überschreiben, was ich wahrnehme, war deshalb lange mein Credo. Die Konsequenzen daraus konnten Sie bis hierhin ausführlich nachvollziehen. Es war *bequemer*. Aber mit meinem Abgleich ausschließlich an dem Bild der Lebens*realität* habe ich mich immer mehr von mir entfernt. Bis hin zum Todeswunsch. Das Mitmachen als Henkersmodell.

So stehen sie nach meiner Entlassung aus der Klinik noch da: all die selbstgemalten Zerrbilder von mir, die darauf warten, wieder bedient zu werden: immer leistungsbereit. Immer für andere da. Gerne im Mittelpunkt, im Glanze meines Intellekts. Gerne laut. Gerne mal ein Glas Wein oder eins zuviel. Gerne mal bis zur und über die Grenze hinaus.

Es hat mich attraktiv gemacht – gerne mal für das Ungewöhnliche, Experimentelle, Außergewöhnliche zu haben zu sein oder es gar selbst anzuzetteln. Aushaltend, belastbar, anpassungsfähig. Ein Typ zum Pferdestehlen. Ein revolutionsfreudiges Chamäleon. An der Oberfläche. Ich habe eben mitgespielt. Denn auch, wenn was nicht gestimmt hat, war ich nie der Typ, der wegschauen konnte. Ich habe mich in den Wind gestellt. Aber hier wird die Motivation relevant! Im *Richtig & Falsch*-Fahrwasser habe ich, so gut ich konnte, Stellung bezogen. Mein eigener Anspruch an mich konnte da nie hoch genug sein. Und daran hatte ich meinen Spaß, mein eigener Wettkampf. Es ging also letztlich immer irgendwie um mich. Meine Reputation, mein Gefühl von Gerechtigkeit, mein Vergnügen. Ein Beitrag zum großen Ganzen, dem Gemeinsamen: Fehlanzeige. Ich war ein an dem Idealbild eines *coolen* Menschen gemessenes Irgendwas. Und im Hinblick auf die Mehrheit damit voll im Trend! Verbessern: JA. Ein wahrer Richtungswechsel: NEIN. Ich war, basierend auf der Struktur unseres schulischen Systems, eher auf das Ergebnis ausgerichtet als auf die Qualität. Es *richtig* machen zu wollen. Perfekt. Die Messlatte *Leistung* habe ich nicht nur an mich, sondern auch an andere angelegt. Funktionieren war Status und Erwartungshaltung meines alten Lebens. Stille Anklage: Das Leben schuldet mir was. Wofür? Keine Ahnung. Vielleicht, weil ich schon so oft habe einstecken müssen. Opfer-Denken: Null Eigenverantwortung. All das sind Erscheinungen des Jo-Jo-Spiels, des *Sich-um-sich-Drehens-im-Kreis*. In diesem Spiel habe ich mitgespielt. Und so wurde ich Schulsprecherin, Vereinsvorsitzende, Eigentümer-Beiratsvorsitzende, Ensemblesprecherin oder Vorstandsmitglied in Berufsverbänden. In all diese Ämter wurde ich gerufen, weil ich den Mut und die Kraft hatte aufzustehen. Nein zu sagen. Für andere. *Für andere* konnte ich gut Partei ergreifen, für mich selbst habe ich diese Eigenschaft nicht immer genutzt. Vielmehr für das Gegenteil eingesetzt: Denn diese Sensibilität kann man natürlich auch nutzen, um sich entsprechend anzupassen, wenn man besser keinen Staub aufwirbeln will, um nicht alle gegen sich zu haben. So habe ich auch damit oszilliert. Was ja soweit vollkommen fein ist. Daran ist ja nichts *falsch*. Aber die Motivation dahinter war nicht *wahr* im Hinblick auf das WIR.

Grundsätzlich sehe ich das so: Wer sich einsetzen kann, der hat einfach nur mitbekommen – also sensibel genug *wahrgenommen* –, wo etwas bzw. was schiefläuft, und war *ehrlich* genug, das anzusprechen. *Mehr nicht.* Das macht Vorstände oder andere Führungskräfte nicht zu besseren Menschen. Das einzige, was es immer zu *hinter*fragen gilt, ist die Motivation *dahinter*. Es gibt dabei eine Menge zwischen Schwarz und Weiß … Viele Grautöne der ICH-Motivation und nur *ein* absolutes JA für das WIR. Damit meine ich die Sensibilität für multidimensionale Wahrnehmung und die Umsetzungsbereitschaft einer Wahrheit, die *allen* nützt.

Das Schöne *dahinter* klingt für mich bisher nur leise an: Es ist die *Wertschätzung* meiner eigenen Sensibilität. Bis zu meinem Unfall kannte ich nur deren Verdammnis. Somit war ich zuvor auch blind für die Wertschätzung der Sensibilität der *anderen* … Ein Kollektivirrtum.

Als ich wieder in meine Umgebung in Bamberg zurückkomme, habe ich ein ganz demütiges Lebensgefühl. Das ist neu. Meine Kollegen sind bezaubernd. Die Menschen meines Umfelds unterstützen mich, so gut sie können. Ich werde bekocht, umsorgt, geliebt. Ich bekomme zum *neuen* Leben eine gute Flasche Wein geschenkt. Aber da geht es schon los …

Das, was mir vorher Freude gemacht hat, erlebe ich erstmalig als etwas, das ich nicht mehr will. Ich traue mich kaum, das auszusprechen. Zum ersten Mal will ich sie nicht: die *gute* Flasche Wein. Ich will auch kein Bier mehr. Alles, was laut oder *zu* laut ist, will ich nicht mehr. Alles, was meine Wahrnehmung trüben könnte, will ich nicht mehr. Musik, Zigarettenrauch, Straßenlärm, Alkohol. Ich habe das Gefühl, komplett roh im Weltgefüge zu hängen. Jetzt verstehe ich wieder, warum ich früher immer versucht habe, dieses hochsensible, multidimensionale Wahrnehmen, die Energie hinter den Dingen zum Schweigen zu bringen. Mit allem, was stimuliert oder betäubt. Nur nicht der Stille dieser Angebundenheit lauschen! Denn damit geht der Vorhang auf für die *wahre* Kriegsbühne Leben. Mitschwimmen war deutlich komfortabler ... Alles, was ich bisher getan habe, will ich zwar nicht mehr so richtig, aber irgendwie will ich es ja schon: Ich will ja leben. Nur ...: *anders!* Aber wie? Wie soll ich das erklären? Ich fange an, mich zu offenbaren, spreche von Himmel und Zusammenhängen – aber schon da steigen die ersten Zuhörer aus. Das will keiner hören! »Wo ist die alte Christina?« ...

Ich bin eben nicht mehr die, die ich mal war. Also, mein Körper ist es im Auge des Betrachters noch. An dieser Schablone werde ich gemessen. Aber der Kapitän ist jetzt ein anderer. So jedenfalls mein Bestreben. Es ist die Seele, die ich ans Steuer lassen will. Nicht mehr meinen Geist, meinen zerstreuungswütigen *Spirit.* Nicht mehr das Chaos-Chamäleon. Ich möchte die Wahrheit und Weitsicht leben, die ich erfahren konnte, und sie damit auch anderen anbieten. Ich weiß: Sobald ich mich in meine alten Gewohnheiten, in die Hetzjagd meines leistungsgetriebenen alten Lebens wieder reinsinken lasse, bin ich wieder orientierungslos und komplett verloren. Das *Mitläufer-als-Selbstaufgabe-Modell.* Sechster Sinn: Adieu! Aber mir ist bewusst: Das feinsinnige Wahrnehmen von Energie ist mein *wahrer* Kompass. Ich habe im Umgang damit nur noch keine Erfahrung. Ich habe das Gefühl, dass mir alles gegeben wurde, mir aber die Bedienungsanleitung fehlt. Und alleine wegen dieser leichten Zurückhaltung, des Versuchs, irgendwie das Alte zu bedienen und schrittchenweise das Neue einzubringen, gerate ich in Stress. Aus Sympathie nehme ich die *menschlich gut gemeinte* Geste mit der Flasche Wein an, statt zu meiner Wahrheit zu stehen und zu sagen: »Danke! Aber ich möchte keinen Alkohol mehr.« Downfall N° 1. Das *Tier* in mir hat Lunte gerochen, und mein altes Leben streckt seine Tentakeln nach mir aus. Als ob dieses *Tier* meine Schwachstellen riechen kann und die Eingänge kennt, die es nehmen muss, um in mir wüten zu können. Meine alten Gewohnheiten, Verhaltensweisen, Ängste warten wie Zuhälter auf mich. Was mich dabei am meisten unter Druck bringt, bin ich selbst. Mein Anspruch, alles gleich umsetzen zu können. Aber dieses Muster, diese Struktur meines eigenen inneren Wettkampfs ist mir überhaupt nicht *bewusst*. Das werde ich erst noch lernen. So ist das: Wir bekommen Dinge erklärt, und sie in der Praxis anzuwenden, ist der Teil, den wir *Lernen* nennen. Schön und gut. Wahrnehmungshorizont damals: Ich fühle mich unter Druck. Ich möchte niemandem vor den Kopf stoßen. Ich versuche mitzuspielen – mich sehend blind zu stellen – und das im Einsatz für einen anderen Club. Und das wirft ab jetzt Fragen auf. Leute werden komisch. Und natürlich heißt es: *Ich* sei komisch! Und dabei sind wir alle nicht komisch. Wir funken jetzt nur auf verschiedenen Frequenzen. Bei mir ist eben der Rollladen hochgegangen, und ich versuche, die neu eröffnete Sicht in meinem Leben umzusetzen. Das Gefühl von *komisch* kommt nur auf, weil wir unsere alten – oder in meinem Fall – neuen Blicke aufeinander abgleichen. Es gibt immer wieder Momente einer gemeinsamen Schwingung, aber ein Dauerzustand ist das nicht. So langsam komme ich ins Straucheln. Ich möchte niemandem vor den Kopf stoßen, und schon damit verstricke ich mich erneut.

Geht das mit der Zerrissenheit jetzt wieder los? Die fühle ich, *weil* ich eine Deckung er*zielen* will. Ich will also etwas … Aha, mache ich da schon wieder die nächsten Verträge? *Wollen* ist nicht *Sein*! Ich weiß nur eins: nur nicht wieder reagieren! Beobachten. Nicht reinziehen lassen in die Illusionen. Hellfühlig bleiben. Das ist das einzige Gegenmittel, damit der Strudel mich nicht wieder ergreift und meinen Kahn in die Anbindungslosigkeit zurückschleudert. So meine innere Ansprache an mich selbst.

Mir *erlauben* zu *sein*. Das ist die Königsdisziplin. *Zu sein* ist ein Zustand, der nicht will, der nicht braucht, der nicht muss. Der ist. Stets. Wach und einsatzbereit. Ich übe. Nur: umgeben und geprägt vom Lösungsdenken, dem ergebnisorientierten Handeln und dem Streben nach einem möglichst harmonischen Jetzt, gerate ich mit meinen neuen/alten Erkenntnissen weiter unter Druck. Das Außen sieht – und will mich anders. Was muss ich sagen, um verstanden zu werden? Was kann ich tun, damit es nicht heißt, ich sei der »Geisterfahrer«? Ich weiß tief in mir drin: Tausende von »Geisterfahrern« sind um mich rum. Aber das ist wie bei demokratischen Wahlen. Die Mehrheit siegt. Ich übe mich von nun an im stillen Wahrnehmen und, so gut es geht, im Chamäleon-Sein, ohne mich dabei wieder gänzlich zu verraten. Es ist eine Gratwanderung. Ein Wandeln auf Messers Schneide. Die Gefahr liegt darin, dass die Klinge wieder in mein eigenes Fleisch schneidet. Ich wieder gegen mich handeln würde, um in dem kollektiven Miteinander zu funktionieren oder wenigstens nicht allzu sehr anzuecken.

Damit erkenne ich Sensibilität als eine alte Wunde im Bewusstsein der Menschen: Da will keiner mehr so wirklich hin. Das Fühlen hat bei jeder und jedem – und das meine ich ausnahmslos – irgendwann ein »shutting down«, einen Rückzug ausgelöst. Jeder muss irgendwann einen Schmerz oder so viel *gewalt*ige und Ehrfurcht-einflößende Autorität oder Zerstreuung erlebt haben, dass die universelle Wahrheit, die multidimensionale Weitsicht abgelegt und gegen den individuellen Eiertanz eingetauscht wurde. Den Unterschied kenne ich seit meiner Todesnacht. Allein schon, einen Körper zu haben, ist eine Art Schmerz. Das ist, als würde man versuchen, ein Universum in eine Konservendose zu quetschen. Als lebte man immer in einer Wohnung oder einem Haus. So schön es da sein mag, es bietet eben nicht die Weite des Himmels und der Natur, des Draußen-Seins. Den Körper zu spüren, heißt, multidimensional wahrnehmen zu können. Und damit auch die *Begrenzung* durch den Körper zu erfahren. Ein Körper-*Bewusstsein* zuzulassen oder zu entwickeln, ist für viele schon etwas, das sie gar nicht mehr erfahren wollen oder können. Das wäre viel zu viel! Die Begeisterung und Bewunderung von Schauspielern, Tänzern, Akrobaten, Leistungssportlern erklärt sich mir hier gänzlich. »Wie die ihre Körper im Griff haben!« Diese Faszination hängt auch damit zusammen, dass die meisten sich ihres Körpers gar nicht mehr *bewusst* sind, sich nicht selbst *bewusst* bewegen. Die disziplinierte Kontrolle und Dominanz über den Körper wirkt offenbar anziehend. – Ha: *selbst-bewusst* …! Unsere Sprache ist wundervoll … Anyway. – Man läuft eben. Oder trinkt. Oder fährt Auto. Das ist *selbst-verständlich*. Das wird gar nicht hinterfragt. Autopilot. Die Körper*wahrnehmung* ist für viele schon ein Ausschlusskriterium. Nicht, weil sie nicht wahrnehmen könnten, sondern weil sie die Fähigkeit schon lange nicht mehr aktiviert haben. Das Denken-*Können* steht vor dem Fühlen-*Wollen*. Das macht es uns so schwer, aus diesem Kreislauf auszusteigen. Sobald wir etwas denken können, wozu dann fühlen müssen? Mit dieser Art des Denkens können wir das Fühlen ja auch steuern bzw. kontrollieren. *Denken wir.* Das macht erfahrungsgemäß die Mehrheit so.

Dazu eine vertiefende Frage: Woher sollte jemand besser *wissen* als Sie selbst, wann Sie zur Toilette müssen und wann nicht oder was Sie essen sollen? Die Frage macht diese ganz andere Kompetenz bewusst, diese wunderbare, kaum genutzte Ressource: unsere Körperintelligenz. Was und wann es etwas braucht, *fühlen* nämlich *Sie!* Außer, wenn Sie gänzlich die Anbindung an Ihr Körpergefühl verloren haben und einfach in sich hineinstopfen, was schmeckt, oder nur, *damit* was gegessen wird: Dann mag vielleicht ein Anstoß von außen gar nicht so verkehrt sein ... Im Gegenteil: ohne einander haben wir ja eh keine Chance auf Reflexion.

Aber was liegt unter all dem *Besser-Wissen*, dem eigenen Messen am möglicherweise »Besseren« oder »Richtigen«? Das Wort verrät es. Wir wollen es wieder »richtig« machen. – Wenn es uns nicht egal ist, das wäre die Alternative. – Und dazu hangeln wir uns an Referenzpunkten entlang. Das ist wie beim Springreiten, wie ein Parcours, den andere aufgestellt haben. Wir reiten Hürde für Hürde ab. Und über jede sind wir stolz. Aber an denen, an denen wir hängen bleiben, halten wir uns manchmal ein Leben lang auf. Auch eine Entschuldigung, nicht weiter gehen zu müssen ...

Möglicherweise nutzen Sie diese Angebote ja auch, um sich davon inspirieren zu lassen und, wie Adorno es mal angeregt hat, sich der Wahl zwischen Schwarz und Weiß zu entziehen und stattdessen eine gänzlich andere Wahl zu treffen. Vielleicht nutzen Sie die neuen Impulse, um für Ihr Leben neue Standards zu setzen. Für Ihre Weiterentwicklung. Zur Vertiefung Ihres Bewusstseins und Ihrer Lebensqualität. Zur Stärkung Ihrer Anbindung. Großartig! Aber die meisten entscheiden sich, ihre Autorität in die Hände Dritter zu legen. Geben also ihre Entscheidungsgewalt *ab* und sich damit *weg*. Angebote mögen die neueste Diät in einer Frauenzeitschrift, ein hiper Yoga-Kurs oder die aktuellen Investment-Trends sein. Der Unterschied zeigt sich daran, wie *nachhaltig* Ihre

Entscheidungen sind. Beispiel: Sie haben eine Erkenntnis gewonnen. Ein ausdehnendes Gefühl von Zufriedenheit, Vertiefung oder Bestätigung erlebt. Vielleicht auch, wie ich, mit einem Unfall oder einer Krankheit einen STOPP erfahren. Was machen Sie damit? Vertiefen Sie diese Erkenntnis und bringen damit einen neuen Standard in Ihr Leben? Erlauben Sie sich, sich freier, satt, bei sich angekommen zu fühlen? Und umarmen Sie dieses Gefühl so tief, wertschätzend, dass Sie es ab hier halten, vertiefen und ausweiten wollen? Oder erleben Sie einen Kreislauf aus Belohnung und Dann-wieder-Weglegen, Vergessen, Überschreiben. »So: Jetzt ist die Yoga-Stunde rum – hat gutgetan. Wo bleibt mein Eis? Oder Wein? Meine ganz persönliche *Belohnung*.« *Yoga war gut.* Aha. Sie fühlen sich gut mit sich, fühlen sich besser. Warum dann Eis? Oder Wein? Um sich wieder zu vergessen und dann zu hoffen, dass die nächste Yoga-Stunde Sie ja wieder aufs Gleis setzen wird? Wir haben die Tendenz, Ausdehnung schnell wieder reduzieren zu wollen. Da mit dieser Kraft eine Verantwortung verbunden ist, die wir scheuen. Wir sind hier nämlich gefragt, konsequent zu sein. Am Ball zu bleiben. Unsere Erkenntnisse in die Umsetzung, in unseren Alltag zu bringen. So geht es mir ja auch mit meinen himmlischen Erkenntnissen. Die Bedienungsanleitung kam nur eben nicht mit. Was uns hier wieder auf die Füße fällt, ist die Motivation. Vor welchem Hintergrund treffen wir unsere Entscheidungen? Gehen Sie zum Yoga, um sich zu verbessern, sich an einem Ideal zu messen oder weil es eben alle machen? Oder weil Sie einem Ziel, einem Anspruch gerecht werden wollen? Oder sind Sie einem Impuls aus sich selbst heraus gefolgt? Traben Sie einer Idee hinterher oder ist das tatsächlich Ihr Bedürfnis? Machen das also für sich? In diesem Fall würde ich sagen, haben Sie weise entschieden, die Angebote um Sie herum als *Inspiration* aufzugreifen und nicht das *Parcours-Arbeit-Modell* zu wählen. Oft entscheiden wir uns nur gar nicht mehr, dem zu folgen, was wir spüren, was uns guttut. Vermutlich, weil uns nicht egal ist, ob oder wie *andere* darauf reagieren. Ob wir dann vielleicht zu sehr aus der Gruppe herausstechen. Das ist aus meiner Sicht Teil des Selbsterhalts der Scheinwelt, des *Macht-man-eben-so*. Es ist die alte Hetzjagd der Bilder und Erwartungen – außerhalb jeder Stille und wahrer Impulse unserer Seele, die uns treibt …

Und damit wäre klar, warum wir Angst vor Verlust haben: wir knüpfen uns oder unser Wohlbefinden an *andere*. Oder Ideale. Statt an uns selbst. Und da, menschlich gesehen, die Dinge *endlich* sind, bekommen sie eine so große Bedeutung. Universell betrachtet, hat die Endlichkeit von Beziehungen, des Lebens oder geschäftlicher Bindungen keine Relevanz. Nur der energetische Zusammenhang ist wichtig.

Mit zunehmender Wahrnehmungs*bereitschaft* entwickelt sich auch bei mir ein noch feineres Körpergefühl. Als Schauspieler werden wir ja im Körperbewusstsein trainiert. Also kann ich da schon auf ein Fundament aufbauen. Diese Fähigkeit war bisher allerdings darauf ausgerichtet, mich *steuern* zu können. Nicht, mich *führen* zu lassen. Und sie war an den Beruf gekoppelt und nur wenig für mein sonstiges Leben freigegeben. Für mich bedeutet dieses Zulassen nach meinem Unfall zunächst einfach nur Schmerz. Jeder Schritt ist für mich mühsam. Ich bekomme noch kaum Luft. Meine Lunge ist zwar wieder zusammengewachsen, aber es ist eine schmerzvolle Angelegenheit, mein Lungenvolumen wieder auf Bühnentauglichkeit anzuheben. Die Verklebungen in den feinen Lungengefäßen müssen erstmal freigepustet werden. Einen Riss in meinem Iliopsoas, dem Hüftbeugermuskel, macht mir außerdem zu schaffen. Den hat man während der Komaphase übersehen. Der ist zwar auch wieder zusammengewachsen. Aber eben nur *irgendwie*. Die Vernarbungen werden mir über drei Jahre große Probleme bereiten. Ich bin während dieser Zeit chronische Schmerzpatientin. Ich werde sogar nachts wach vor Schmerzen und komme aus der Hocke nicht wieder hoch. Und um das wieder »loszuwerden«, versuche ich *alles* Erdenkliche. Von klassischer Medizin, Spritzen, Medikamenten. Über komplementäre Medizin, Osteopathie, Physiotherapie, Homöopathie. Bis ich mich zuletzt auch spirituellen Heilversuchen zuwende. Nichts, aber auch gar nichts hilft. Kurzfristige Besserung schafft alles. Aber der Schmerz geht nicht weg. Hier wird wieder Angebot und Nachfrage deutlich. Meine Nachfrage: Ich will noch zu sehr mit meinem Hirn durch die Wand. Suche die schnelle Lösung. Die Angebote auf meinen Hilferuf: Lösungsvorschläge. Jeder weiß es besser. Aber wirklich heilen? In einem viel größeren Zusammenhang? Wie geht das?

Zunächst will ich *das* offenbar noch gar nicht. Ich weiß zwar: Ohne meinen Körper geht nix. Das ist das tief demütige Gefühl, das nachhaltig in mir geblieben ist. Und das meine ich mehr als positiv! Ich habe eine Ahnung davon, dass diese Sensibilität die Intelligenz ist, die mir den Weg zeigen wird. Wiederaufbau meint also die Zurückeroberung meiner *Sensibilität*. Körperlich. Mit allen Sinnen. Ich muss also lernen, auf den Körper zu hören, bis ich kapiert habe, all seine Weisheit ins Leben zu übertragen. Ich bin gefragt, in diese neue Richtung meine neuen Schritte zu gehen. Diese Erkenntnis in mein Fundament zu integrieren und damit zu meinem neuen Standard zu machen. Nur kann ich das noch nicht umsetzen. Oder fühle ich die Verantwortung dieser nächsten Schritte schon und will sie nicht gehen …? Dass die Schmerzen nicht weggehen, hat einen Grund. Aber den habe ich noch nicht ergründet. Ich will die einfach nur weghaben! Wahrscheinlich bleiben sie gerade deshalb so hartnäckig. Ich mag ja zuhören – und doch wehre ich mich dagegen. Definitiv sind wir nicht hier, um zu leiden! Das habe ich kapiert. Aber da es offenbar keine anderen Wege gibt, nutze ich alles, was hilft.

Aber eben wieder nur mit dem Ansatz der Lösung meines Problems, dem Ausradieren wollen, statt mit dem Wagnis, hinzugucken. Einfach mal in der Stille mit meinem Körper zu sitzen und zu hören. Klar, der Unfall ist die Ursache. Könnte man sagen. Aber irgendwas will da noch gehört werden, was nicht offensichtlich ist. Kann mir da vielleicht mal jemand beim Übersetzen helfen?

ERROR.

Warum wir die Arroganz haben zu entscheiden, unsere Körper nicht fühlen, sondern nur dominieren zu wollen, liegt für mich auf der Hand. Uns ist der Körper schließlich egal, weil es im Notfall für alles ein Rezept gibt, eine vordergründige Lösung. Mit der geben wir uns zufrieden. Bloß nicht tiefer damit auseinandersetzen. Doch – ohne dass wir das je zugeben würden – wissen wir tief drinnen um das Reinkarnationsprinzip. Oder Verantwortungsprinzip. Sehen also die Kausalkette zwischen unserem Handeln und den konsequenten Rückmeldungen unseres Körpers darauf. Insgeheim meinen wir: »Egal! Wenn der Körper hin ist, bekomme ich ja den nächsten.« Das ist die Garantie der Reinkarnation. Egal, was Sie angestellt haben: einen nächsten Körper bekommen Sie. Das behandeln wir wie die Frage nach einem neuen Auto. Ist es kaputt, kauft man halt ein anderes. Nur mit dem Unterschied, dass wir mit unseren Autos fast sorgfältiger umgehen als mit unseren Körpern. Die werden am Wochenende geputzt, gepflegt: die reparieren wir, versichern sie gut. Wäre Ihr Körper ein Auto – symbolisch stehen Autos für mich für den eigenen Körper in Bewegung –, was für ein Wagen wäre das? Vielleicht haben Sie ja sogar ein Auto. Und würden Sie sagen, dass Sie Ihrem Wagen Wertschätzung entgegenbringen? Da achten Sie doch sicherlich ganz genau darauf, was sie tanken. Gehen Sie mit Ihrem Körper ähnlich achtsam um, wenn Sie entscheiden, was Sie essen oder trinken?

Ich habe mal in einem Interview einer bekannten Hochleistungssportlerin die Aussage aufgeschnappt, dass – sinngemäß sagte sie:»Wenn ich damals gewusst hätte, was der Leistungssport mit meinem Körper macht, wäre ich nie angetreten! Mein Körper ist kaputt. Der Preis ist einfach zu hoch.« Es *muss* also einen Grund geben, warum wir das alles mit uns machen. Extremsport, Drogen, ständiger Kaffeekonsum, Alkohol, Zucker in rauen Mengen, durchtanzte Nächte statt eines erholsamen Wochenendes. Die Fähigkeit, unsere Körper dominieren zu können, sie durch Extreme zu jagen, gibt einen Kick. Es ist eine Art Erfolg. Der Verstand bekommt die Trophäe. Und: Der Club derer, die die Weisheit der Körper zum Schweigen bringen, freut sich über ein pralles Konto. Die Mitglieder zahlen ihre Lebensenergie hier ein!

Ok. Ja, wir müssen arbeiten, leisten etc. Wie soll das anders gehen? Selbst ich mit meinem Tiefseetauchgang in die universelle Wahrheit stehe vor derselben Frage. Wie gelingt die Umsetzung? Ja, Herrgott: Ich weiß um die Zusammenhänge, dass ich diesen Zustand selbst hervorgerufen habe, weil ich immer die Überholspur gewählt habe. Sinnbildlich. Aber Schmerzen will doch keiner! Und langsam, aber sicher, geht das wieder los. Ich werde ungeduldig. Und langsam aber sicher rutsche ich wieder rein in das Überschreiben meiner Wahrnehmung. Ich will wieder am Leben teilnehmen. Also bekommt mein Körper morgens wieder die Peitsche. Mit einem Kaffee und einem Schoko-Croissant den Tritt in den Hintern:»Werd' wach!« Fakt ist: Es ist wieder eine Art Droge, mich auf Speed zu bringen. Auf die Betriebstemperatur, mit der alle laufen. Nervöse Energie. Die generieren wir, um zu funktionieren. Sie hilft: Sie überschreibt meine Müdigkeit, sie lenkt ab von den Schmerzen. Irgendwann schmeckt auch das Bier wieder. Himmel hin oder her. Ich schaffe es nicht, das Volumen meiner inneren Stimme aufrecht zu erhalten. Der Zuhälter mit Namen »Aufgeben' hat mich wieder am Wickel. Da ist aber sonst auch niemand, der meine Welt versteht. Und anstatt das fröhlich zu akzeptieren und meinen Weg weiter zu gehen, rutsche ich wieder in die Abhängigkeit, wähle die Vorstellung, dass ich *falsch* sein könnte, möchte *mitspielen*. Gemeinsamkeit. Auch wenn sie die emotionale, auf das Menschliche reduzierte Ersatzform ist. Da ist aber auch keine Alternative am Horizont sichtbar. Selbstvertrauen kultiviere ich damit definitiv nicht. Das habe ich irgendwo anders abgelegt. Vielleicht schon als Kind. Vielleicht haben doch die vielen Sprüche und Diagnosen in meinen Kindertagen ihre Prägung hinterlassen. Jedenfalls habe ich sie angenommen. Da ich die Zusammenhänge in meinem System offenbar nicht alleine entschlüsseln kann, schraube ich mich eben wieder in den Funktionsmodus. Ich verändere mich zwar räumlich durch einen Umzug nach München, aber innerlich wandle ich wieder auf alten Pfaden. Die Tretmühle hat mich wieder.

Und wieder bekomme ich ein Geschenk, einzulenken: Da mein Umzug nach München nur mit kleinem Gepäck möglich war, blieb mein Hab und Gut eingelagert. In einer Garage in Bamberg. Die wird bei einem Unwetter überschwemmt: durch den Abfluss im Garagenboden drückt sich das Wasser kniehoch über meine Habseligkeiten. Eine Art *Zwangs-Feng Shui* spült mich von altem Ballast frei. Klavier: kaputt. Antiquitäten: vom Wasser vernichtet. Fotos: unsichtbar gemacht. Kleidung: verschimmelt. Das ist erstmal ein Schock. Ich fühle mich, als wäre meine Existenz ausgelöscht. Sehen Sie mal, wie sehr man sich mit Dingen identifizieren kann. Erinnert wieder an den Dalai Lama und seinen Ausspruch zur Betrachtung von Dingen und Menschen. Naja. Mit einer Freundin und ein paar Gummihandschuhen entsorgen wir am Tag nach der Entdeckung dieses Elends mein Eigentum auf der Mülldeponie in Bamberg. Ein Sprinter voll Emotionalem und offenbar nicht mehr zu mir Gehörigem landet entsorgungsbereit im Müll. Wie viele Hinweise, das »Alte« loszulassen, brauche ich bitte noch? Der Widerhaken der Sicherheit hängt in meinem Fleisch und jagt mich weiter. Ich hab den Gong immer noch nicht gehört, und so bekomme ich den nächsten liebevollen Schubs: auf der Barerstraße in München. Von einem Porschefahrer. Von rechts. Tragische Folge seiner Unachtsamkeit: Er hat nur einen Kratzer am Auto – ich einen Totalschaden. Ich wurde gerade erst vor die Tür gesetzt – Beziehung zu Ende – die letzten Reste, die mir geblieben sind, fahre ich in meinem alten Golf durch die Stadt – und mit einem lauten Krach wird auch diese Fahrt beendet. Verkehrsrechtlich wieder nicht meine Schuld. Aber das ist jetzt auch schon egal. Und dann fängt es auch noch an zu regnen … Wie viele »Schläge« gegen meinen Körper – also Autounfälle – brauche ich noch? Zwangsenteignet, Beziehung hin, Auto kaputt. Alle Pfeile deuten auf mich. Da blinkt eine Leuchtschrift: *Zurück zu dir*! Aber bei strömendem Regen ohne jede Ahnung, wohin ich soll, ist das keine gern gesehene Wahrheit. »Verdammt nochmal!«, brülle ich in den Himmel »So eine Sch …!«, statt »Danke« zu sagen! Jüngst spielt Wasser immer eine Rolle. Komisch. Ein Bewusstsein, das frei gespült werden muss? Der Himmel bietet mir mit dem Stopp zugleich die Hand und schickt Freunde meines Weges. Die fahren gerade vorbei und retten mich aus meinem heulenden Zustand. In deren gerade leerstehender Wohnung finde ich für einige Nächte Asyl. Ohne Möbel, nur mit einer Matratze und meinen Tüten voll restlichem Eigentum. Ich glaube mich am absoluten Tiefpunkt …

Dass ich aber auf dem besten Wege war, wahrlich in meine Essenz zurückzufinden, und dass das alles Schritte zurück zu mir sind, erschließt sich mir damals noch nicht. Ich habe mich immer wieder in das Alte zurückziehen lassen und wurde durch den Himmel liebevoll gestoppt und aufs Gleis zurückgesetzt. Es ist, als wären mir immer alle »Alternativen« genommen worden. Als hätte man mich beständig darauf hingewiesen, dass ich es doch schon längst habe: das Nest. In *mir*! Aber ich wollte glauben, dass andere Verbindungen das Ultimative seien: menschliche Bindungen. Emotionale Bindungen. Schließlich ist es das Spiel meiner Zuhälter und nicht das des Himmels. Die Nähe und Wahrheit suche ich im Außen, statt die Verbindung zu mir selbst und damit zu etwas viel Größerem anzunehmen. Deshalb habe ich immer wieder »Korrekturen« erfahren. Andere sagen dazu: »Du hast halt echt immer Pech!« Angesichts dieser platten Aussage haue ich mir gegen die Stirn. Aber ich mach's ja auch nicht besser! Ich bin immer noch nicht fähig, die Wahrheit in meinem Leben anzuwenden, und wähle noch Umwege. Mein Nest suche ich – vergeblich – weiter bei *anderen*. In einer WG mit meiner Freundin Kira in München, von dort wäre ich nicht freiwillig fortgegangen, wenn es nicht hätte sein müssen, ziehe nach Berlin um und durchlebe einige Amourösen, um mich schließlich endlich auf meine eigenen Füße zu stellen. Meine Wahrheit anzunehmen.

An einem tief dunklen Novembertag in Berlin kommt endlich die Wende. Wie Hulk, wenn er sein T-Shirt aufreißt. Die Nacht war wieder lang, ich habe einen Kater und entscheide: Es reicht! Ich mag nicht mehr dem Sonnenlicht hinterherlaufen. Ich mag mich nicht mehr unterdrücken. Mag nicht mehr in den Menschenabhängigkeiten stecken. Mag mich nicht mehr mit dieser Berliner Ausgehwut ablenken. Die *Lebensmittel*abhängigkeit mag ich schon grad nicht mehr. Am Set wurde mir das immer deutlicher bewusst. Morgens: Kaffee zum Wach*werden*. Danach: Schokolade, Obst – irgendeinen Zucker zum Wach*bleiben*. Nikotin: zum *Nicht-weiter-fühlen-Müssen*. Mittags wird reingeschaufelt: Kartoffeln, Nudeln – alles, was *stumpf* macht. Übrigens auch wieder Zucker. Um danach, vollkommen in den Seilen hängend, die Rechtfertigung zu haben für: Nachtisch! Mittagspause ist zu Ende – also wieder in die Gänge kommen: Espresso. Zwei. Und möglichst bald wieder Schoki. Um am Abend vollkommen überdreht zu fragen: »Wo ist mein Feierabendbier oder Rotwein?«, um wieder *runter*zukommen. Und am nächsten Tag geht das wieder los. Es ist genug! Ich erobere meine Autorität zurück. Ich habe ja einen Marker in meinem System. Ich habe die Wahrheit erspüren können. Mir wurden Einblicke in die universelle Wahrheit gewährt. Und seit meinem Ausflug in die Zwischenwelt habe ich jetzt genug Zeit verbummelt. Und: gesagt – getan. Sind wir bereit, steht der Himmel mit Pauken und Trompeten da und offeriert, so viel wir nur tragen können! Was das bedeuten würde, kann ich noch nicht mal erahnen. Aber mein Gefühl sagt mir: Da kommt was.

Highway to Heaven ...

oder wer ...! Damit hätte ich nicht gerechnet. Es kommt zu
dem einen Tag im Dezember. Zum Jahresabschluss habe ich
mich offenbar immer für die guten Dinge entschieden! Das
mag daran liegen, dass ich meine innere Stimme doch nicht
zum Erliegen gebracht habe. Das Fundament meldet sich beständig zurück. Alles ist Energie. Nachfrage und Angebot ...

Es kommt der 22., um genau zu sein. An dem Tag kulmi-
niert mein Entscheidungsreigen in der Bereitschaft, endlich
wieder Kongruenz zu schaffen – also mein Leben auf Wahrheit aufzubauen, nicht auf Mitlaufen. Ich bin bereit, die Kriegerin abzulegen. Mich zu öffnen, mutig genug, der Welt IN
WAHRHEIT zu begegnen. Das Universum reagiert sofort und
macht mir ein Angebot. Ich treffe auf jemanden, der ebenfalls
mutig genug ist, die Welt durch die Brille der Wahrheit zu
sehen und sich von der augenscheinlichen Realität nicht blenden zu lassen. Ich treffe den Menschen, mit dem ich heute
verheiratet bin. Die *Frau*, mit der ich heute verheiratet bin.
Und wie das mit Leuten in meinem Leben oft so war, mit denen ich lange Bindungen pflege: Wir fanden uns auf den ersten Blick erstmal so »auf gar keinen Fall!« Kein Muster, keine
Schablone, die wir aneinander anlegen, greift. Wir sind so unterschiedlich, wie man nur sein kann. Alles in unseren Köpfen
sagt: Wir passen nicht zusammen! Ich blicke zum Himmel:
»Das habe ich nicht bestellt!« Ich weiß heute, dass sie das auch
gedacht hat. Ich komme nach einer durchfeierten Nacht zu
unserem ersten Treffen. Sie ist in Sachen Fürsorge für ihren

Körper schon weit gegangen. Sie trinkt seit drei Jahren keinen Alkohol mehr. Ich bin super lässig, sie durchlässig. Ich lese überregionale Tageszeitungen, sie Lifestyle-Magazine für Frauen. Unsere Interessen, unsere Vorgeschichten, unsere Erfahrungen – wir kommen von Nord und Süd. In der Oberfläche passt augenscheinlich nichts zusammen. *Aber:* Wir kommen mit einer Schwingung, einer Energie, die *matched*. Da passt was. Hundert Prozent. Und so sitzen wir und reden. Und es vergehen Stunden. Ich werde erstmals nicht für vollkommen verrückt erklärt, als ich anfange, vom Himmel und den Zusammenhängen zu sprechen. Im Gegenteil. Sie teilt meine Ansichten. Unsere Seelen haben also gewählt. Oder wo immer im Zusammenhang des großen Ganzen die Fäden gezogen werden. Während wir immer noch überzeugt sind: »Nee, das ist nix!« Es wird an uns liegen, was wir daraus machen.

Wir werden im Leben immer entweder mit Menschen zusammengeführt, die uns wachsen lassen oder die uns auf *random* halten, also dort, wo die Platte einen Sprung hat. Dort, wo man sie in ein romantisches oder sonst wie geartetes Bild eingeloggt hat, das fortan nur noch erhalten werden soll. Veränderung ab hier: gleich Null. Da ist Sicherheit das einzige Ziel. Wer für uns welche Bedeutung hat, das erkennen wir oft zuerst nicht, weil wir dem Leben durch die Augen begegnen, nicht im Gefühl. Im *Sehen* statt im *Spüren*. Da gibt es viel, das uns ablenken, blenden will, statt wahrzunehmen, was es tatsächlich ist. Wir sind einander entweder »Highway to Heaven« oder »die Hölle auf Erden«, die auch ein goldener Käfig sein kann. Ich möchte gar nicht darauf einsteigen, meine vergangenen Beziehungen mit dem zu *vergleichen*, was mir da begegnet. Das geht gar nicht! Da war ich anders aufgestellt, und alles, was ich gelebt habe, habe ich geliebt. Mit einer hundertprozentigen Überzeugung. Auch wenn ich mich damit manches Mal gegen die Wand gefahren habe. Ich bin an allem gewachsen. Mit Steffi ist nur alles anders. Es ist ein mir komplett fremdes Bewegungsmuster. Meine coolen Sprüche ziehen nicht, meine flapsige Art ... Mir wird Entschleunigung angeboten. Das kenne ich so nicht. Überhaupt ist da so einiges anders. Das ist zunächst wie die Umarmung zweier Kaktusse.

Meine Bereitschaft, mich neu zu aufzustellen, hat eine Menge neuer Offerten angespült. Mit meiner Frau kommt eine ganze Reihe neuer Angebote in mein Leben. Allein, dass sie um 21 Uhr ins Bett geht und um fünf Uhr aufsteht, stellt mich am Anfang vor eine große Herausforderung. Machen die Buddhisten auch. Mag sein. Aber früher war das mein absoluter Antirhythmus. Dennoch – tief drin spüre ich: Da ist was dran. Nicht an der Form, also der offensichtlichen Routine, sondern an der Qualität *dahinter*. Da kommt eine von Selbstliebe getragene Herangehensweise zutage, die ich bisher nicht kenne. Ich sehe durch meine Augen: Meine Wahrnehmung kennt Disziplin. Aber *irgendwas* ist hier anders. Hier spüre ich das in Kapitel 1 erwähnte »Vom ICH zum WIR durch das ICH als Teil des WIR.« Ihre Ausrichtung gilt nicht einer Verbesserung des Selbst, sondern einer Vertiefung der inneren Anbindung an das große Ganze. Alleine unsere Gespräche lassen mich immer wieder aufhorchen: Auf einmal bin ich nicht mehr der alleinige »Geisterfahrer«. Meine Funkfrequenz wird getroffen. Nicht immer, aber im Kern. Es liegt nahe, hier jetzt das romantische Bild einer Hollywood-Begegnung hineininterpretieren zu wollen. Aber es ist eben *nichts* davon. Nicht *romantisch*, nicht *verklärt*. Nicht *Hollywood*. Keine Schmetterlinge, keine Aufregung. Es ist eine unbeschreiblich tiefe Vertrautheit, die mit mehr als menschlicher Anziehung zu tun hat. Es ist immer dann, wenn wir uns dafür entscheiden, seelenvoll zu agieren, eine erhebende und damit ständig herausfordernde Beziehung. Das ist neu. Es ist wie das Universum. Ständig in Ausdehnung.

Ich gehe also auf Entdeckungsreise! Ich lasse mich inspirieren und probiere das aus – das frühe Schlafengehen. Und siehe da: Es tut mir gut. Sukzessive verzichte ich auf weitere Dinge, die mir nicht guttun: Kaffee, Milchprodukte und Gluten. Das hebt mein Lebensgefühl ungemein. In meinem Inneren klingt an, dass ich dafür doch schon mal ein Gespür hatte! Nach meinem Unfall. Aber ich hatte keine Übersetzung, um das ins Leben zu bringen. Jetzt macht da eine mit. Und geht auch noch voran! Ich bin verführt, den Haken zu suchen, statt das Göttliche darin zu sehen. Aber ich kann gar nicht anders. Ich gehe auf wie ein Hefeklos. Nicht im Sinne von zunehmendem Körpergewicht, sondern sinnbildlich. Ich genieße eine innere Fülle. Ich mag dieses Angebot, anders zu leben. Über Energie zu sprechen, die Wahrheit hinter den Dingen und damit wahrhaftig zu leben. Was zunächst nur äußere Veränderungen sind, ist tatsächlich der Ausdruck eines inneren Richtungswechsels. Es ist die Ausrichtung auf die Wertschätzung meiner Selbst, und die beginnt bei meinem Körper. Ernährung, Schlaf, Kommunikation – alles bekommt einen neuen Kapitän. Nicht mehr »Was schmeckt, was gefällt, was kickt« – sondern: »Was brauche ich wirklich, wann muss ich Pause machen, wie kann ich mich darin unterstützen, noch mehr in die Präsenz zu finden?« Also Wahrnehmung und Handeln zusammenzubringen. *Zuhören* ist die Devise. Mir selbst, meinem Körper, meinem Gegenüber. Mit dieser Lebenshaltung kommt mehr Achtsamkeit in mein Leben. Mehr Vitalität, mehr Weitsicht. Ich bin schlicht wacher, mehr da.

Wir beide sind bereit, uns unseren Verletzungen zu stellen. Uns zu zeigen. Intim zu werden. Und damit meine ich nicht Sex, sondern Nahbarkeit. Das ist nicht immer unanstrengend. Es braucht fast fünf Jahre, bis wir endlich die Wahrheit hinter unserer Verbindung erkennen und aufhören zu streiten. Unser Potenzial zu bekämpfen. Auch alles von außen ist irgendwie gegen diese Verbindung. »Die tut dir nicht gut.« Wie andere es wieder *besser wissen*! Ich erzähle natürlich auch von den Reibereien. Mein Geist hat auch nicht immer Bock auf Wachstum und zettelt dann gerne mal einen Terror an. Vielleicht haben die aber einfach – und jetzt mal zu der energetischen Wahrheit – schon gespürt: Wenn die beiden zusammenfinden, in ihre Kraft gehen, dann müssen wir uns anschnallen. Die werden das Licht einschalten. Dann kommt Wahrheit auf den Tisch. Also: verhindern! Nicht böse gemeint. Es ist Teil der Clubsatzung, der dieses Verhalten hervorruft. Aber: Ich bleibe. Das ist zu kraftvoll. Ich lasse mich nicht beirren – auch wenn das manchmal eine echte Aufgabe ist.

Zudem werden wir, das ist typisch in unseren Dreißigern, bombardiert mit Idealbildern. Es kommen die Fragen nach dem Kinderwunsch. Das Idealbild der Heteroehe schwebt drohend immer über uns. Das *Normal*! Es gibt vieles, das uns permanent auf die Probe stellt. Auch Teil des Spiels, dieser Welt. Angesiedelt auf dem Parkett von *Richtig & Falsch*. Wiedermal. Am Tag unserer Hochzeit 2018 haben wir beim Essen zu unseren Freunden gesagt: »Wenn es die größtmögliche Unterstützung für uns wäre, uns morgen scheiden zu lassen, dann machen wir das.« Support! Das ist das Fundament. Diese Liebe entwickeln wir füreinander. Mit jedem Tag mehr. Nachdem wir erstmal versucht haben, uns gegenseitig in unsere Wünsche und Erwartungen zu pressen, erkennen wir jetzt: Es geht vor allem darum, uns gegenseitig voranzubringen. Was immer das für die Einzelne bedeutet. Auch wenn's eben mal unbequem für eine wird. Wir sind nicht gemacht, nebeneinander auf der Couch zu sitzen und auf den Lebensabend zu warten. Es gibt so viel zu tun!!!

Sobald etwas insgeheim *nur* dem eigenen Komfort oder Vorteil dienen könnte, klingeln bei uns beiden alle Alarmglocken. Wie der Stachel eines Skorpions schießen wir hervor und sorgen wieder für Ordnung. Da sind wir beide mit einer sehr tiefen Kraft ausgestattet. Willensstärke oder vielmehr: *Wahrhaftigkeits-Liebe*. Uns jeden Tag neu zu begegnen, so verstehen wir, ist der Schlüssel zu der Wahrheit einer Beziehung. Wir fingen in dem Moment an zu blühen, als wir die Größe unserer Verbindungen, die Schönheit von Vertrauen und Loslassen, erkennen konnten und fortan nicht weiter mit Planen oder Besitzenwollen beschäftigt waren. Es ist die tiefe Gewissheit darüber, dass wir nicht per Zufall ineinander gerannt sind. Wir haben erkannt, dass wir gefragt sind, uns freizumachen. Nicht nur für *uns*. Sondern auch in dem Bewusstsein, dass wir im Club »Beziehung« sind. Erlauben Sie sich diesen Blick auf Ihre Ehe oder Beziehung mal. Das wird was verändern, glauben Sie mir! Wieso die alten Schablonen und Muster nicht mal ein bisschen aufmischen?! Es ist egal, ob die Beziehung gleichgeschlechtlich, heterosexuell, beruflich oder freundschaftlich ist. Es ist die Beziehung zweier Geister.

Wir Menschen sind nur die – entschuldigen Sie bitte – »Vollidioten«, die sich selbst beschneiden durch dieses Regel-Roulette aus *richtig & falsch, hübsch & hässlich, macht man so* oder *macht man nicht*. Weil wir es nicht anders kennen. Uns fehlen schlichtweg andere Rollenmodelle. Da wir im Nachturnen stark sind, aber selbst nicht gewillt, mal wieder anzufangen, ehrlich zu sein – mit jedem Gedanken, jeder Intention, jeder Handlung –, können wir auch selbst kein neues Rollenmodell begründen und anbieten. Wir leben damit die ständige Wiederholung der Wiederholung der Wiederholung in einem fort. Hamsterrad eben. Deshalb mangelt es uns an gelebter Weisheit, an wahren Vorbildern und somit an der Möglichkeit, uns *miteinander* wirklich weiterzuentwickeln. Im wahrsten Sinne aus dem Wollknäuel der Do's and Don'ts heraus zu wickeln.

Und glauben Sie mir, es kann so einfach sein! So lange Sie sich wehren, ist es schwer, schmerzlich, anstrengend. Sobald

Sie erstmal loslassen, läuft das! Das ist wie bei meinem Unfall 2007. Hätte ich mich »gewehrt« – also hätte ich meinen Körper angespannt und verhärtet –, wäre ich heute tot. Gut – wäre ich halt jetzt wer anderes. Aber meine Lernaufgaben wären geblieben. Sie werden ebenfalls an auch diesen Punkt kommen, irgendwo, irgendwann. Das lässt sich gar nicht vermeiden. Zu dem Moment, an dem Sie etwas anderes wahrnehmen und spüren: »Ja: Genau das meine ich. Das will ich auch.« Mein Tipp: Erlauben Sie sich das! Werden Sie weich. Mit sich und anderen. Das heißt nicht: ohne Fokus. Ich hatte ja bei meinem Unfall auch eine Gewissheit. Die Ausrichtung war klar: »Hol mich noch nicht jetzt.« Es braucht klare Haltungen. Aber eben nicht im Kampfmodus, sondern im Präsentationsmodus. Wer sich Ihnen anschließen mag und wer nicht, haben Sie und auch ich nicht in der Hand. Das wäre auch grausam. Übergriffig! Des Menschen freier Wille …

Ich weiß, das mit dem eigenen inneren Standard ist so eine Sache. Die Entwicklung beginnt jedenfalls mit dem Erkennen. Dem Augenblick, in dem Sie sich bei und mit sich fühlen. Da erfahren Sie etwas über *sich*. Eine Selbstgewissheit, die Sie nicht mehr loslässt. Das ist ein Augenblick des Wohlfühlens, einer inneren Wertschätzung durch *Sie selbst* und nicht durch das Außen, hinter den man am liebsten nicht mehr zurückfallen will. Machen Sie das dann auch zu einem Standard mit sich? Für Sie selbst? Nach dem Erkennen sind wir gefragt, den auch zu halten und zu vertiefen. Mancher mag jetzt sagen: »Am wohlsten fühle ich mich bei einer Flasche Bier am Abend am Grill.« Das will Ihnen auch keiner nehmen. Denn das ist womöglich der Moment, wenn Sie mal *abschalten* können. Wenn niemand mehr was von Ihnen will. Aber ich erlaube mir zu fragen: abschalten? Wovon? Was denn abschalten? Sich selbst? Ihr Gefühl? Also nicht mehr fühlen müssen? Den alltäglichen Stress, all diese Verletzungen, die Trennung, die immer größer werdende Verrohung unserer

Welt? Nicht mehr fühlen müssen, wo wir als Gemeinschaft stehen? Ich kann auf jeden Fall sagen: Nur wenn Sie weich bleiben, können die Dinge Sie zwar kurzfristig verletzen, aber langfristig nicht beschädigen ... Sie setzen mit Ihrem Gefühl von und zu sich selbst einen Standard! Ob das in Ihrer Wahrnehmungsbereitschaft ist, der Art Ihrer Kommunikation oder Ihr Umgang mit sich selbst und anderen. Sie spüren, wann etwas *schräg* ist und wann etwas zu Ihnen *passt*. Dazu gebe ich in meinen Schauspielkursen und Coachings immer gerne folgendes Beispiel:

Nehmen Sie eine Membran – irgendein Gewebe –, das weich und beweglich ist. Darauf schießen Sie eine Kugel oder einen Pfeil. Hinter den Zielscheiben beim Sportschießen hängen Netze, die die danebengeschossenen Kaliber abfangen. Eine solche Membran erfährt eine Irritation beim Aufprall der Kugel oder des Pfeils. Vielleicht erleidet sie sogar einen Riss im Gewebe. Durch ihre Beweglichkeit aber kann das Gewebe – wenn es organisch ist, und das sind wir Menschen – wieder zusammenwachsen. Das ist ja bildlich gemeint. Nehmen Sie dagegen ein festes Gewebe, ein Holzbrett beispielsweise, und schießen darauf, wird die Einschlagstelle zerfetzt, das Projektil bleibt womöglich sogar stecken. Übertragen Sie das mal auf Ihren Körper, auf Ihr Empfindungsvermögen. Die Kugeln oder Pfeile, die in dem festen Material steckengeblieben sind, sind vergleichbar mit festsitzenden Verletzungen. Da war mal einer blöd zu Ihnen, hat Ihnen vielleicht sogar Gewalt angetan, und Sie entscheiden: Der Pfeil sitzt. Und sobald jemand in die Nähe dieser Wunde kommt, beißen Sie um sich oder igeln sich ein. Sie entscheiden, ob Sie Ihre Pfeile loswerden wollen oder nicht. In dem Moment, in dem Sie weich werden, werden die Pfeile vielleicht sogar von selbst abfallen. Oder Sie ziehen sie raus. Und wenn Sie das nicht allein schaffen, dann haben Sie doch noch die Möglichkeit zu fragen, ob Ihnen mal jemand helfen kann. Und die

Löcher können wieder zusammenwachsen. Es gibt auch Menschen, die glauben, dass sie als Stahlwand am besten durchs Leben kommen. Mag sein, dass die Projektile dann an Ihnen abgleiten, scheinbar, aber *erleben* wird diese Materie nicht viel. Sie ist ein Gefängnis, absolut unbeweglich. Leblos. Sich in Ihrer Sanftheit und Beweglichkeit zu zeigen, also auszudrücken, ist dann gar nicht möglich. Das ist wie eine konstante Attacke gegen sich selbst. Sich ständig an der Kandare zu halten. Für manche ist auch das folgende Bild anschaulich: Wenn Sie sich einmauern: Dann kann Ihnen nichts mehr zustoßen. Sie sind geschützt. Aber im Gegenzug kann auch nichts mehr raus. Und so verrotten Sie in Ihrer eigenen Großartigkeit, die nie das Tageslicht zu sehen bekommt ...

Wir haben also die Wahl.

Und manchmal geht es eben auch nicht ohne Hilfe von anderen. Das erleben wir im Verlauf unserer Beziehungen. Das Miteinander kann auch manchmal zu nah sein. Wenn man sich schon zu sehr verstrickt hat. Da kann nur jemand von außen Klarheit bringen. Dabei gibt es täglich tausende Angebote aus allen Himmelsrichtungen. Impulse der Verlockung und wahre Wachstumsangebote. Den Unterschied zwischen beiden herauszufinden, ist die Aufgabe. Das eine hält den Brummkreisel des Chaos in Gang – das andere entschleunigt den Wahnsinn und bietet damit die Möglichkeit, neu und damit anders zu entscheiden. Wir sind Empfänger und danach erst Impulsgeber. Aber nicht die Créateure.

Jeder von uns hat seine Geschichte, jede von uns hat die ihre. Wenn Sie an Ihren Partner oder Ihre Partnerin denken oder Kinder oder Ihre Eltern: Kennen Sie wirklich *alles* von ihm oder ihr? Jeden Atemzug, alles Erlebte und Vergangene – alles, was zu dieser Persönlichkeit gehört? Können Sie wirklich wissen, was diesen Menschen bewegt? Das ist UNMÖGLICH. Aber einmal eingeloggt, hat dieser Mensch einem Bild zu entsprechen, das *Sie* festgelegt haben. Tut er oder sie das nicht, wird es bunt! Schauen Sie Ihre Frau oder Ihren Mann mal mit liebevollen Augen an: In welche Box versuchen wir unser Gegenüber ständig hineinzupressen, wenn wir sie oder ihn täglich nur immer durch die gleiche Brille sehen oder erziehen wollen? »Erziehen« meine ich in Bezug auf Kinder. Ich hoffe, Sie dachten jetzt nicht an Ihren Partner. Er ist ein Wesen, das ebenfalls wachsen will. Das auch seine Verletzungen und Hausaufgaben mit sich rumschleppt. Welche Bürde, dabei auch noch etwas für Sie oder sonst wen sein zu müssen! Wir verfallen schnell in den Trott. Hauptsache verheiratet – egal, in welcher Qualität diese Ehe geführt wird. Die *Form* ist wichtiger als die *Qualität*. Das gilt leider für viele. Ich vermute, es sollten viel mehr unglückliche Ehen geschieden und viel mehr neue Ehen geschlossen werden. Wir sind nicht mutig genug, ehrlich zu sein, uns einzulassen auf mehr. Dann bleiben wir eben, auch wenn wir nach 20 Ehejahren immer noch nicht die Marmelade zum Frühstück mögen, die uns immer vorgesetzt wird. Es geschieht aus Vertrautheit zum Ritual, in das man sich einst aus Liebe verstrickt hat – oder was man eben dafür gehalten hat.

Irgendwann zu Beginn unserer Beziehung frage ich meine Frau: »Woher nimmst du deine Inspiration? Und hast du vielleicht auch eine Idee, wie ich die Schmerzen in meiner Hüfte loswerden könnte?« Hat sie. Sie erzählt mir von *Esoteric Healing* und *Universal Medicine*. *Esoteric Healing* – das klingt für mich zum Davonlaufen! Ich bin ein geerdeter Mensch, auch wenn ich schon so manches Familienstellen oder anderes Spirituelles ausprobiert habe. Manches hat eine akute Besserung gebracht, aber wirklich geheilt hat nix. Jetzt also esoterisches Heilen? Naja, zu verlieren hab ich eh nix. So entscheide ich: Ich will mir selbst ein Bild machen. Jetzt, wo ich mit mir Hand in Hand gehe, kann ja nichts schiefgehen. Ich habe mich und mein multidimensionales Bewusstsein als Kompass zur Verfügung. Ich werde diesen Weg gehen. Egal wie. Ursprünglich kommt *Universal Medicine* aus Australien. Damals wurden Behandlungen und Kurse auch in England angeboten. Ich reise also dorthin. Meine erste Begegnung habe ich direkt mit Serge, dem Mann, der das Unternehmen und die Methoden begründet hat. Ein unaufgeregter, sanfter und weltoffener Mensch. Fast unscheinbar für mein weltliches Auge. Erstaunlicherweise ist mein Körper allerdings total ruhig. Ich habe weder Berührungsängste noch spüre ich eine Anspannung, als ich zu ihm in den Behandlungsraum trete. Das ist ungewöhnlich. Ich bin sonst Skeptikerin. Naja. Meine Frau hat ja ebenfalls schon nicht in mein *altes* Weltbild gepasst. Also lasse ich mich ein. Und stelle fest: Jemanden so profund wie ehrlich habe ich noch nie zuvor getroffen. – Nicht mal meine Frau. Aber das ist was anderes. – Denn hier geht es um mich und meine Genesung. Das erinnert mich an eine Szene aus dem Film »Das Ende einer Nacht« von Matti Geschonneck. Da sitzt ein Manager im Knast, und sein bester Freund, ein Anwalt, soll ihn rausboxen. Stattdessen tritt eine Frau auf, ebenfalls Anwältin, die ihn verteidigen soll. Er brüllt, will, dass sie geht. Daraufhin erwidert sie sinngemäß: »Hatten Sie schon mal einen Unfall? Da liegen Sie voll Blut im Graben. Ihr bester Freund kommt. Sie sind unglaublich erleichtert. Er hält Ihre Hand. Aber nach einiger Zeit wird klar, das ist zwar schön, aber er kann Ihnen nicht helfen. Sie brauchen einen Notarzt. Ich bin einfach nur der verdammte Notarzt.« Genauso kommt mir das vor. Meine Frau kann meine Hand halten, aber es gibt etwas, dafür brauche ich einen »Notarzt«. Diese Kompetenz erlebe ich in der Begegnung mit Serge. Nicht medizinisch. Nein. Auf einer viel größeren, universellen Ebene. Mit nur wenigen Sätzen zu Beginn dieser Councelling-Sitzung wird erstmalig ohne Zurückhaltung angesprochen, was ich, seit ich denken kann, nur *fühlen* und nie beweisen konnte. Sogar verschwiegen habe. Es ist eine Begegnung auf Augenhöhe. Im universellen Sinne. Ich gehe im wahrsten Sinne des Wortes in die Knie. Ich habe das Gefühl, dass eine ganze Tonne an Bürde von mir abfällt. Nur durch wenige, mit Autorität gesprochene wahre Worte. Es ist *life-changing*.

Da sich meine Hüfte nach wie vor anfühlt wie rohes Fleisch, lasse ich mich noch von einem anderen Praktizierenden behandeln. Es ist eine rein auf solche Probleme ausgerichtete Körperbehandlung. »Don't even try it – it's hopeless. Nothing ever helped.« – »Nichts hat mir bisher geholfen«, sind meine ersten Worte zu dem Praktizierenden. Worauf der mir nur ein freundliches »Ok« entgegenbringt. Kein Heilversprechen. Keine wilden Diagnosen. Er hat einfach nur mein Bein gehalten. Schon bei der Berührung zucke ich zusammen. Es ist mein tiefsitzendes Misstrauen. Was kommt jetzt? Ohne Worte hält dieser junge Mann einfach nur mein Bein. Ich kann mich nicht erinnern, je so sanft von überhaupt jemandem berührt worden zu sein. Ich suche nach dem Haken. Wo ist das Huhn ohne Kopf, wo ist die Verschwörung, wo ist der Hexenbeweis? Nichts. Nur ein sanfter Mensch, der mir Raum gibt und mein Bein hält. Vollkommen bodenständig. Ich lasse langsam, sehr langsam zu, mal zu spüren, was das mit mir macht. Es ist kein Verbesserungsversuch. Keine invasive Korrektur. Keine Ergebnisorientierung. Das kenne ich so nicht. Ich kam ja mit einem »Problem«. Also muss doch jetzt die Lösung hervorgebracht werden. Es gibt aber keine. Da ist nur eine beständige, offene und unaufdringliche Qualität des Haltens. Mit jedem bisschen *Loslassen* erlebe ich etwas in meinem Körper, das ich lange nicht gespürt habe: *Entspannung*. Ich lasse zu. Und nach einer gefühlten halben Stunde breche ich in Tränen aus. In meiner Hüfte löst sich etwas. Das Trauma meines Unfalls, der Schock. Was ich da in meinem Körper *gehalten* habe. Unter Schock spürt man ja gar nicht, was der Körper alles kompensiert. Mir war überhaupt nicht bewusst, dass ich damit so lange rumgelaufen bin. Deshalb war mein Hüftbeuger bis hierhin ein Krampf! Ich lerne wieder was über mich, meinen Körper zu verstehen. Esoterisches Heilen also. Mein Körper schmilzt und genießt alles, was mir widerfährt. Nach drei Behandlungen in Folge schlafe ich erst einmal gefühlte drei Wochen am Stück. Es ist eine fast komatöse Erschöpfung, die sich da regeneriert. Danach habe ich erstmalig über eine lange Zeit keine Schmerzen mehr. Es ist keine *Wunderheilung* durch *Esoteric Healing* geschehen, ich konnte mir nur mit ihrer Unterstützung den Raum gegeben, mir selbst wieder zu begegnen. Mich selbst heilen zu lassen. Das war ein Pfeil, bei dem ich um Hilfe gebeten hatte, ihn zu ziehen. Und von da aus habe ich mich selbst wieder aufgerichtet. Jahre später bei einer Unterleibs-OP schält man mir auch das Narbengewebe mit raus, das da fröhlich vor sich hin gewuchert war. Für mich ein Beweis dafür, dass es nie eine alleinige Heil- oder Behandlungsberechtigung gibt – klassische Medizin oder Komplementäres. Ich erkenne vielmehr, dass die *Grundvoraussetzung,* zu heilen, die eigene Autorität ist. Das Hineinspüren in den Körper. Ganz profan. Und damit ein Erspüren dessen, was es wirklich gerade braucht. Nicht, was ich denke oder mir habe einreden lassen, was es brauchen *könnte.* Die Antwort auf die Frage kennen nur wir selbst. Niemand von außen. Es ist eine Qualität, die wir suchen: schnelle Lösung oder wahres Gesunden. Wir alle brauchen Hilfe und Unterstützung, und die sollten wir uns auch holen, wo immer es geht. Aber wirklich *heilen,* tief drin, tun wir uns selbst. Dafür gibt es keine Wunderpille auf Rezept. Sie selbst sind die Wunderpille! Es ist ihre Anbindung an Sie selbst. Ihr Körper und ihr freier Wille.

Die nachhaltige Wirkung und die unaufdringliche Qualität der Behandlung berühren mich. Ich grabe tiefer. Will mehr erfahren. Und dabei stoße ich auf eine ganze Community von Gleichgesinnten. In meinem Hirn zieht sich alles zusammen.

Die Menschen bilden sich fort, studieren den Umgang mit dem Körper, den Sternen, der uralten Weisheit. Das Angebot ähnelt im Prinzip dem an einer Uni. Ein Studium Generale. Astronomie, Psychologie, Medizin, die Wissenschaft der Zahlen, Ausschnitte aus der Quantenphysik, Anthropologie, Linguistik. Man sitzt zusammen, philosophiert, begegnet sich. Ich treffe auf einen Mix internationaler Menschen. Von Kanada bis Neuseeland, von Frankreich bis Polen, von China bis Deutschland. Und es sind Menschen aus den unterschiedlichsten Berufszweigen: Geschäftsleute, Musiker, Putzkräfte, Akademiker, Osteopathen, Hochschulprofessoren, Ärzte und Sozialarbeiter. Es ist alles dabei. Und – das imponiert mir am meisten – alle reden und handeln auf Augenhöhe! Da putzt die Führungskraft eines Millionenunternehmens die Toiletten. Der Musiker macht den Abwasch, und die Sozialarbeiterin hält einen Vortrag über häusliche Gewalt. Und ohne, dass jemand das angeordnet hätte. Es ist keiner Struktur, keinem Lehrer oder Lehre unterwürfiges Verhalten. Es ist selbstverständlich. Ich komme vor lauter Staunen kaum hinterher. Das habe ich so noch nie erlebt. Da sind zu viele Eindrücke, die mit meinem bisherigen Wahrnehmen von Welt überhaupt nicht zusammenpassen. Schablonen-Error.

Pause. Ich muss das alles erstmal sacken lassen.

Ich suche die Stille. Diese großartige Qualität, die ich seit meinem Unfall zu schätzen weiß. Ohne mit jemand anderem zu sprechen. Ich höre *mir* zu. Ich nehme mir die Zeit, mir wieder zu vertrauen: *meinem* Gefühl zu vertrauen. Mein Vertrauen in *mich* zu vertiefen.

Und in mir wird die anfängliche Überforderung über die Offenheit und Vielfalt, auf die ich treffe, zu einer Freude. Urteilsfrei und wachsam. Und so greife ich den Faden wieder auf. Genau ein Jahr später besuche ich weitere Kurse. Bilde mich in verschiedenen Körperbehandlungsmethoden fort. *Esoteric Healing*. Massage. Bindegewebstechniken. Es ist eine Bereicherung. Mit jeder Behandlung kann ich selbst mehr und mehr alte Pfeile entsorgen. Ein weiteres, großes Geschenk: Ich erlebe, wie andere ihre Wunden, körperliche wie emotionale, heilen und selbst zu ihrer Kraft zurückfinden. »Esoterisch«, so entscheide ich für mich, bekommt eine neue Bedeutung. Es ist nicht mehr dieses merkwürdig verkrüppelte Wort, das ich nur als Zuschreibung für bekloppte Menschen mit wenig Bodenhaftung kannte: bisschen verrückt und realitätsfern, eben nicht ernst zu nehmen. Nein: »esoterisch« ist was ganz Profanes, Greifbares, Lebensnahes. Es heißt gemäß seinem sprachlichen Ursprung einfach: »aus dem Inneren«. Ja, da kann ich mitgehen. Aus meinem Inneren. Ohne Klangschalen und äußere Anweisungen. Ohne dieses *Richtig & Falsch*. Es ist universell. *Universal Medicine*. Das passt. Und so nehme ich *mich* mit. Das Gefühl kenne ich ja seit meinem Unfall, nur mit dem Unterschied, dass es ab hier ein Weg ist, den ich offenbar nicht mehr alleine gehen muss. Ab hier also esoterisch: aus meinem Inneren. Im wahrsten Sinne also …

Mit den wachsenden Erfahrungen steigt auch die Qualität meiner Arbeit. Ich bin präsent, wach, habe mehr Ausdauer. Mein gesamtes Leben erfährt ein neues Qualitätsniveau. Alkohol, lange Nächte und Motorradfahren lege ich ins Archiv. Brauche ich nicht mehr. Schließlich lerne ich meine Grenzen besser kennen, *weil* ich auf mich höre. Nicht, weil ich weiter versuche, sie im Außen erfahrbar zu machen, und sei es durch die Belastbarkeitsgrenze meines Körpers. Oder meine Eigenschaft »durchzuhalten« oder zu »funktionieren«. Also auch nicht, weil mir das *jemand* sagt oder mich drängt. Mein Körper ist mein Boss. Niemand sonst. Das schiebt in meinem Freundeskreis erstmal die unterschiedlichsten Reaktionen an. Die einen finden es super, meine Entwicklung zu sehen, die anderen vermissen die gemeinsamen Rituale – das Anstoßen mit einem Glas Wein. So oder so ist es erstaunlich zu beobachten, was eine Veränderung im Selbst auch im Umfeld auslöst. Das ist, wie einen Stein ins Wasser zu werfen. Es zieht seine Kreise. Je mehr ich sehen, wahrnehmen, je mehr ich spüren kann, desto mehr wird klar, was »Geisterfahrer« eigentlich bedeutet: gegen den Strom schwimmen. Unwahrheiten aufdecken. Mal anhalten. Das Funktionieren überwinden. Kurz: immer weniger dem Ideal des Normals zu entsprechen. Das macht mich nicht zu etwas Besonderem. Die Qualität eines *neuen* Normals ist offenbar allgegenwärtig, sonst wäre es für mich ja nicht zugänglich.

Nur: Damit begegnet mir wieder, was mich als Kind so verängstigt hat und mich als Heranwachsende zu einer Fluchtexpertin hat werden lassen – und was ich schon vielfach beschrieben habe: Es wird über mein Verhalten *gerichtet*. Das Außen erlaubt sich, ob ausgesprochen oder im Stillen, über *normal* und *nicht-normal* zu urteilen. Und mich auch je nach Urteil anzugreifen. Auch wenn es nicht mit *böser* Absicht geschieht, bleibt in mir dennoch die Frage: warum überhaupt? Weil wir ein *Normal* als Messlatte etabliert haben, in allen Lebensbereichen, beschränken wir uns selbst auf ein Funktionieren in diesem Rahmen. Das Leben als Lernaufgabe klammern wir damit aus. Wir halten lieber fest an dem *alten* Normal. *Lieber der bekannte Käfig als die unbekannte Freiheit!* Der Grund für diese Panik: Wir legen all diese Messlatten des *Normals* an uns selbst an. Getrieben und geprägt vom inneren Uneins-Sein mit uns selbst, dem Streben nach Anerkennung durch andere, dem Blick nach außen, dem eigenen *Gott-Spielen-Wollen* – oder zumindest dem, was wir dafür halten. Damit sind wir blind in die Knechtschaft des selbstgeschaffenen *Normals* gerannt.

Diesmal erlebe ich das alles nur mit einem signifikanten Unterschied: Ich lasse mich davon nicht mehr einschüchtern.

Dieser Gegenwind wird für mich zu einem Windkanal, in dem ich von nun an aufrecht stehe. In dem ich nicht mehr umfalle oder meine Richtung ändere bei dem Versuch, mich anzupassen. Ich habe *mich* wieder. Meine Anbindung als oberstes Gut zurückerobert. Diese Losgelöstheit ermöglicht mir den Blick hinter die Kulissen. Gelöst von der Erwartung an ein Ergebnis ...

In dem Zusammenhang habe ich mich – meine alte Leidenschaft Jura noch im Gepäck – mal mit dem Phänomen des *Richtens* ausgiebig beschäftigt. Denn: dass überhaupt jemand darüber richten *darf* bzw. sich *anmaßt*, das zu tun, ob es beispielsweise »ok ist«, in einer gleichgeschlechtlichen Beziehung zu leben oder zu heiraten, finde ich mehr als irritierend. Gehört aber zum Tagesgeschehen. Es spielt sich einer vor dem anderen auf. Wir *nehmen* uns einfach das Recht, über Millionen von Lebensweisen, die nicht dem Bild des *Normals* entsprechen, zu richten. Wir legen unsere Schablonen und Ideale ungefragt aneinander an. Es ist der Mensch, der sich seinen *Mit*menschen gegenüber so aufbläht. Egal, ob ein Haarschnitt, eine Figur oder eine Art zu arbeiten beurteilt wird. Ständig und meist auch noch ungefragt verbreiten wir achtlos, was wir von unseren Mitmenschen halten. Alles unter der Fahne der Meinungsfreiheit. Im Internet, gerade bei Personen des öffentlichen Interesses, ist das keine Seltenheit, eher eine Selbstverständlichkeit. Negatives, und sei es nur ein Verdacht, bleibt schädigend und irreparabel im Weltgefüge hängen. Lügen können Existenz ruinieren. Gegendarstellungen werden dann nur als Rechtfertigung ausgelegt, und die Betroffenen nicht mehr ernst genommen. Wir sind uns selbst Folterknechte und Geknechtete in einem.

So lässt sich auch die anfängliche Warnung meiner Schauspielagentin erklären, als ich bekunde, nicht länger wegen meiner Beziehung lügen, mich nicht länger verstecken zu wollen. Ihre fürsorglichen Worte, das vielleicht besser nicht zu tun, basierten sicherlich darauf, mich schützen wollen, in dem Wissen um den verrohten zwischenmenschlichen Umgang. Ein Miteinander, bei dem nicht die *Großartigkeit* der Einzelnen zählt, sondern ihre *Angreifbarkeit*. Weder meine Agentinnen noch meine Freunde möchten erleben, wie ich öffentlich angeprangert werde. Verstehe ich. Aber ich kann nicht anders. Ich sehe die Sicherheitsoption: *Nicht angreifbar machen!* Aber verstecken – vor wem und für wen bitte? Und zu welchem Preis? Zum Schutz dieses *Normals*, das für mich möglicherweise keinen Platz hat, oder wenn, dann nur irgendwo am Rand? Nein. Mich bewegt etwas viel Größeres …: Wenn nicht ein jeder beginnt, Sicherheit gegen Wahrheit einzutauschen, das ICH gegen das WIR am Horizont, wie sollen wir dann als Kollektiv jemals etwas verändern? Ich habe lange genug geschwiegen: Aus einem merkwürdig devoten Sicherheitsbestreben, mich dem *Normal* ergeben – den Anpassungsmodus eingenommen, an dem ich fast zugrunde gegangen wäre. Aber seitdem ich mehr und mehr hinter die Kulissen blicke, ist mir klar: Sicherheit ist eine Illusion. Ein von uns selbst geschaffenes Korsett.

Die kritischen Blicke drängen mich ab jetzt in die *Beweispflicht*, mein in mir verankertes Leben rechtfertigen zu müssen. Will ich gar nicht. Mir werden aber Schablonen des vermeintlichen *Normals* angeheftet wie Urteile. Übergestülpt wie ein Büßerhemd. Ich soll erklären, warum ich jetzt früh ins Bett gehe, keinen Alkohol mehr trinken möchte und: – da muss ich schon lachen –, keinen Mann will. Ich bitte Sie: Allein das ist doch schon absurd! Aber eben wieder auch irgendwie verständlich, *weil* es eben zum kollektiv verankerten *Normal* gehört: Hetero zu sein, Nächte durchzufeiern, Alkohol zu trinken. Gemessen an dieser Werteskala, bin ich ab jetzt also nicht mehr *normal*. Ich soll mich erklären. Ok! Spotlight an! Rücken wir die Dinge doch mal ins Rampenlicht: Es soll also *normal* sein, Alkohol in sich reinzuschütten … Wenn ich meinen Körper dazu befrage, sagt der: »Auf keinen Fall! Das ist eine Substanz, die zu hundert Prozent von meiner chemischen Struktur abweicht. Es ist ein Gift für mich. Erspar mir das bitte.« Ein Tagesbeginn ohne Kaffee: definitiv *nicht normal*. Wieder der Praxistest: Nachdem ich sechs Jahre lang keinen Kaffee getrunken hatte und vor lauter Müdigkeit bei einem Nachtdreh einmal wieder darauf zurückgegriffen habe, war fast zwei Tage lang am Stück wach! Von nur einem kleinen Kaffee. Meine Erkenntnis: Das ist eine krasse Droge. Alkohol ist nur *normal*, weil wir uns geeinigt haben, dass das ein *legales* Betäubungsmittel ist. Genauso wie Zucker und Koffein. Das kann ja jeder nehmen, wie er mag. Unser Begriff von *Normal* scheint mir nur, ehrlich gesagt, *wenigstens* hinterfragenswert!

Ok: Ich habe mich entschieden, keinen Alkohol mehr zu trinken. Ist *nicht normal*. Ich gehe gerne früh ins Bett: *nicht normal*. Und stehe gerne zwischen 3 und 5 Uhr morgens auf: *nicht normal*. Ich glaube an Reinkarnation: *nicht normal*. Ich lebe mit einer Frau zusammen: *nicht normal*. Ich lebe ein Leben als Frau, ohne ein Kind geboren zu haben: *nicht normal*. Ich respektiere meinen Körper als Instrument im Dienst der Allgemeinheit: *nicht normal*. Ich sehe das Leben als einen Ort des Lernens, nicht des Leistens oder Scheiterns: *nicht normal*. Eine Menge von dem, was Sie bereits über mich gelesen haben: *nicht normal*?

Und …?

Was ist mit Ihnen? Gibt es Dinge in Ihrem Leben, die *nicht normal* sind? Und was macht das mit Ihnen? Gibt es Bereiche in Ihrem Leben, in denen Sie sich entschieden haben, alte Pfade zu verlassen und neue Wege zu gehen? Sind Sie vielleicht aus der Kirche ausgetreten? Oder haben sich mal gegen die Gewalt an Frauen ausgesprochen? Oder eine andere Ungerechtigkeit aufgedeckt? Vielleicht engagieren Sie sich in einem Verein oder einer Organisation, der nicht dem *Normal* entspricht? Vielleicht sind Sie ja auch auf Ihre Weise revolutionär: Kaufen beim Einzelhändler im Ort statt im Internet? Verweigern sich oder gehen bewusst mit den sozialen Medien um? Essen selbst angebautes Gemüse, vermeiden Industrieware? Glauben Sie gar an das Verantwortungsprinzip der Reinkarnation?

Ich verbringe mit einigen Menschen Zeit, die das Leben auch aus der Perspektive von Energie betrachten: *nicht normal*? Menschen, die sich nicht mit dem *Normal* abfinden, bereit sind, neue Wege zu gehen, ehrlich zu sein, das Unausgesprochene anzusprechen: alles *Nicht-Normalos*! Ich lebe in dem Bewusstsein, dass wir eine Verantwortung haben, *weil* alles zusammenhängt: *nicht normal*. Und ganz ehrlich …: Was daran ist so schlimm?

Verstehen Sie mich nicht falsch: Es geht mir nicht darum, ein neues *Normal* zu etablieren, das wieder nur ein anderes Modell der Gleichförmigkeit anbietet, dem wir wie die Lemminge folgen können. Es geht mir nicht darum, ein neues *Richtig* zu finden. Es geht mir darum, den Respekt des Einzelnen als *Normal* zu achten. Wissend, dass es das für die Gemeinschaft braucht. Wir wissen ja, wie wir das Individuelle schützen müssen, um es am Leben zu halten. Alles, was es bräuchte, wäre ein Prioritätenwechsel … Das Individuelle nicht mehr für uns selbst, sondern im Sinnzusammenhang einer größeren Ordnung. Es geht nur darum zu *akzeptieren. Zuzulassen*. Mal ehrlich zu werden mit unseren Motivationen und dem, was wir da wirklich treiben. Jeder Mensch ist so einzigartig wie göttlich. Ein jeder, eine jede kann uns bereichern. Ob das eine Begegnung auf der Straße ist oder Ihr Ehepartner.

In der Einzigartigkeit liegt die Großartigkeit des Ganzen.

Was machen wir stattdessen? Wir stigmatisieren diejenigen, die nicht ins System passen. Und im schlimmsten Fall kollektiver Übereinstimmung von mehreren *Normalos* werden die *Ausreißer* ausgeschlossen oder gejagt. Da genügt schon ein kurzer Blick in die Geschichte: wer unbequem wurde, war eben ein Ketzer. Eine Hexe. Ein Jude. Zur Verfolgung frei gegeben.

Sollten Sie sich übrigens auch irgendwo in ihrem Leben als *Nicht-Normalo* begreifen, müssten Sie sich also einer Anklage, oder wenigstens den Fragen stellen, die nach der Moral, nach dem Richtig & Falsch, dem Gut & Böse rufen. Das sind ja die Argumente der Gewohnheit, des *Normals*. Vielleicht messen Sie sich ja selbst schon daran und haben damit Ihren eigenen inneren Wettkampf oder *Kampf*.

Hier wird eine weitere Grundsatzfrage relevant: Auf welcher Basis steht diese gesellschaftliche *Moral*? Sie ist wesentlich geprägt von den christlich-traditionellen Werten, die wiederum auf die *institutionalisierten* Kirchen zurückzuführen ist. Deren Geschichte allerdings bis in die heutige Zeit immer wieder zeigt, dass sie ihren eigenen Werten nicht mal selbst gerecht wird. Diese Tatsache alleine macht das Wort *Moral* für mich schon zu einer nicht belastbaren Größe. Standards, die ich selbst lebe und repräsentiere: fein. Da bin ich hundertprozentig voll tiefem Respekt. Das ist für mich gelebte Wahrheit. Aber die Moral als »*So-hätte-ich-es-gern, will-aber-selbst-dafür-nichts-tun*«-Horizont? Das ist wie die Karotte vor dem Esel. Zuvor im Prinzip Hoffnung enttarnt. Denn obwohl zahlreiche dieser Moralvorstellungen nicht nur aus der Zeit gefallen sind, sondern sich auch grundsätzlich als fragwürdig bis unwahr erwiesen haben, prägen sie nach wie vor das *Normal* unserer Kultur.

Das *moralische Normal*. Eine Perspektive, auf die sich sogar Staatsregierungen berufen, möchte ich kurz genauer beleuchten. »Moral« – Nächstenliebe, Brüderlichkeit, Augenhöhe. Werte, die wir aus einem christlichen Kontext kennen. Alles schön und gut. Aber diese Begriffe hängen im luftleeren Raum. Aus meiner Sicht werden sie ausschließlich zu einer der eigenen Bequemlichkeit und Frömmigkeit dienenden Größe stilisiert, die wir nach Belieben vergewaltigten – also behaupten, sie zu leben. Werte sind – nach meinem Empfinden – nicht an eine *Be-wert-ung* gebunden. Es sind Qualitäten, die es zunächst erstmal zu *offerieren* gilt. Nicht von anderen *einzufordern*. Würden wir erstmal leben, was das heißt, hätten wir genug zu tun! Es ist nicht der *moralgebundene,* auf christlichen Werten basierende Glaube, der unser *Normal* begründet. Es ist die Interpretation von Moral, ob *christlich* oder gesellschaftlich, die uns zu schaffen macht.

Dieser Parameter ist übrigens nicht mehr als eine weitere Erscheinung unserer Bequemlichkeit, unseres Sicherheitsbestrebens im *Richtig & Falsch*-Brummkreisel. Wird Ihnen auch schon schwindelig? Dann schnallen Sie sich mal an! Es geht noch weiter! Gemessen an diesem Zerrspiegel der *christlichen Moral* müssten Sie sich früher oder später auch fragen lassen, ob Sie vielleicht Mitglied in einer Sekte sind. Ja! Denn aus Perspektive der anerkannten Kirchen – also der Interessensgemeinschaften – wären Sie in einer Sekte, wenn Sie Ihr *Nicht-Normal-Sein* mit anderen teilen. Also eine religionsähnliche Gemeinschaft bilden. Ernsthaft! »Sekte« stigmatisiert letztlich alles, was von der *christlichen* Moralvorstellung abweicht, die von unserem gesellschaftlichen *Normal* bereits akzeptiert wurde. So jedenfalls die Definition von »Sekte« laut einer Institution, die ihrerseits von der Moral und den Werten einer institutionalisierten Kirche geprägt ist. Selbsternannt: Sekteninfo. Dass es so etwas überhaupt gibt, finde ich schon wieder befremdlich.

Ich muss wieder schmunzeln … darüber, woran wir so alles glauben – was wir zum Inhalt unserer Verehrung gemacht haben! Alles kann zur persönlichen oder auch kollektiven Religion werden. Sei es ein Fußballclub, die Familie als höchstes Gut, die sozialen Medien! Popstars, Schauspieler, Künstler, Politiker werden verherrlicht, manches Mal sogar ange*himmelt*. So machen manche sogar Sex, Drogen oder Sport zu ihrer Religion. Alleine nur dadurch, dass man sich einer Sache, Person oder Idee verschreibt, sich an sie bindet. Alles *nicht-moralische* Angelegenheiten! Darüber zu richten, maßen sich wieder andere an. Achtung! Vielleicht steckt ja der Teufel in Ihrem Instagram-Account oder Ihrem Tennisschläger! Verzeihen Sie den Sarkasmus, aber aus meiner Sicht ist die Orientierung unserer *wahren* Urteilsfähigkeit mehr als getrübt. Mal ehrlich betrachtet, müsste so ziemlich jeder Fußballclub, jede institutionalisierte Kirche, Facebook, jeder überzeugte Naturschützerverband, Vegetarier oder jede auf Crowd-funding basierende Organisation als Sekte etikettiert werden. Ein Jurist könnte alle *nicht-normalen* Lebensinhalte unter diesen Begriff subsumieren und argumentieren. Ich weiß wieder, warum Jura nix für mich war. Alles Auslegungssache. Nachträglich kann man so ein Stigma zwar juristisch bereinigen, es gibt also auch hier eine Kopfschmerztablette, aber in den Köpfen bleibt es kleben, wie ein Kaugummi am Schuh. Drum labeln wir gerne dort, wo es der Sicherheit unseres *Normals* zuträglich ist. Da sind Fußball und Facebook harmlos. Keine Gefahr, weil sie schon zum *Normal*-Paket gehören.

Warum schleudere ich Sie überhaupt mit in diese Umlaufbahn, filetiere Definitionen in dieser Genauigkeit? Weil sie uns betreffen. Weil sie wie Tretminen unser Miteinander säumen. Ich habe mich außerdem vertiefend damit befasst, weil »Sekte« ein Label ist, das man möglicherweise versuchen wird, auch mir anzuheften. Denn wie ich lebe, in vielen Punkten ja schon als *nicht normal* eingestuft, schmeckt nicht jedem. Und da sucht man nach einem richtigen Aufräumer. *Universal Medicine* kommt da gerade recht. The Way of the Livingness – Das Studium des Lebens – bekommt dieses Stigma verpasst. Und damit zwangsläufig auch einige Menschen, mit denen ich Zeit verbringe. Das schließt mich folglich mit ein. Diese Tretmine betrifft mich also.

2018 kam es zu einem Gerichtsprozess, in dem der Begründer, Serge Benhayon, verleumderischen Aktivitäten gegen *Universal Medicine* juristisch ein *Nein* entgegensetzt. Mit fatalen Folgen. Der Spieß wird umgedreht und so wird es später in einer reißerischen Tagespresse heißen: *Universal Medicine* sei eine sozial schädigende Sekte. Da musste ich erstmal richtig *laut* lachen, als ich das gelesen habe. Und natürlich habe ich, mit juristischer Freude, genauer auf die Urteilsbegründung der Jury geschaut. Da wurden die Vorwürfe der Verleumdung von *Universal Medicine* zwar eingeräumt. Formaljuristisch anerkannt. Aber zugunsten der *Meinungsfreiheit* wurde die Klage zurückgewiesen.

Der Systemerhalt schlägt zurück: Ein Akt der *Normalos*. Hier wird mir das Ausmaß der schon vielfach angesprochenen Clubmitgliedschaften bewusst ... Und beschämt blicke auch ich auf die Zeit zurück, in der ich einst ähnliche Fragen an »Sondergruppen« hatte. Einziger Grund: Schablonen-Error. Keine Berührungspunkte. Sie erinnern sich?

Manchmal muss man eben mal genauer hinschauen ...

Wenn man sich bei der ganzen Verdrehtheit den Humor bewahrt, kann man sagen: In einem Punkt stimmt die Headline der australischen Zeitung ja auch irgendwie. Wenn von *sozial-schädigend* gesprochen wird. Es müsste nur dem Wortlaut nach anders heißen: »das *Normal* schädigend« wäre treffender. Das beweist aus meiner Sicht nur, dass da eine starke und liebevolle Gruppe von Menschen mutig genug ist, das wenigstens frag-würdige *Normal* nicht länger unhinterfragt hinzunehmen, die Dinge mal ehrlich zu benennen, wie sie sind. Die sich erlauben, *nicht normal* zu sein. Die aufstehen gegen den kollektiven Wahnsinn. Eine Gegenkraft setzen gegen die immer stärker werdende Verrohung unserer Gesellschaft. Aber nicht einmal mit öffentlichen Protesten oder Petitionen oder Konvertierungsangeboten. Sondern einfach nur mit ein paar absolut vernünftigen und pragmatischen Veränderungen in ihren persönlichen Leben. Veränderungen, die jeder nach eigenem Belieben ausprobieren, für passend befinden oder verwerfen kann: früh schlafen gehen, kein Alkohol, gesunde Ernährung, Selbstfürsorge statt Missachtung des Körpers etc. So wie auch ich mein Leben verändert habe. Grundsätzlich ist das alles akzeptiert, oft sogar befürwortet – nur bei *Universal Medicine*, da wird es zu einem Stigma gemacht. Und das klebt jetzt an Hunderten von Menschen. Manche hat es sogar ihre Jobs gekostet und ihre öffentliche Reputation nachhaltig geschädigt. Und doch ist das alles nur auf *eine einzige* Person und ihre – juristisch bestätigte – Verleumdung zurückzuführen. Aber darüber schreibt keine Zeitung. Nicht headline-tauglich.

Einer reicht, um Hunderte zu beschmutzen. Eine Person hat durch verleumderische Aktivitäten einen *riesigen* Schaden angerichtet. Und das war nur möglich, weil der Zweifel gewonnen hat. Ein tiefsitzender Stachel im *Normalo-Horizont*. Anstatt *zu leben und leben zu lassen.* Nur: ähnlich wie Behauptungen wie: Fremdgeher, Kinderschänder, Schlampe, Psycho, Scharlatan, Guru oder mancherorts und zu mancher Zeit Hexe oder Ketzer sind diese Stigmata kaum abzuschütteln. Sie liegen, oft durch haltlose Anschuldigungen, aus wie Köder für die, in deren Weltsicht sie passen.

Ein bisschen haben Sie über mich ja schon erfahren. So bin ich zum Beispiel so, dass wenn ich spüre, dass etwas ungerecht ist, dann beziehe ich Position. Und wenn mich je irgendwer zu irgendetwas zwingen wollte: Ich wäre längst über alle Berge. Da bin ich zu sehr an Wahrheit interessiert. Auch ein Grund, warum ich aus der Kirche ausgetreten bin. Beichtstuhl und Erstkommunion – Sie erinnern sich? Hat mir damals gar nicht geschmeckt … Ich lasse mich zu nichts zwingen. Laut *Sekteninfo* ist aber gerade das ein Merkmal von Sekten: dass ihre Mitglieder gezwungen werden. Wäre *Universal Medicine* also tatsächlich eine Sekte: Ich wäre weg. Das einzige, was mich interessiert, ist die Wahrheit. Was Leute reden, dagegen kann man eh nichts machen. Jeder hat seinen eigenen Kopf und macht damit, was er will. Freier Wille. Das bringt eben manchmal die seltsamsten Verhaltensweisen hervor …

Wir Menschen sind in unserem Sicherheitsbestreben so eng geworden, dass wir eben urteilen. Wir spielen Richter und Moralinstanzen, aus lauter Angst vor dem *Nicht-Norma-len*, dem Angebot an Veränderung. Das ist für viele einfach zu viel. Haltlos im Weltgefüge hängenzubleiben, wenn die bisher existent geglaubten Sicherheitsnetze wegfallen würden. Das macht mir keine Angst mehr. Es bringt mich vielmehr dazu zu sagen: »Wenn es nicht so traurig wäre, würde ich lachen!«

Mir bleibt mein *Erleben* auf dieser Strecke als Christina Hecke. Was mir als Kind mal Angst gemacht und mich eingeschüchtert hat, sehe ich heute meistens gelassen und kann es auch dort lassen, wo es hingehört. Nämlich beim Absender. Als Folge seiner oder ihrer auf Verletzungen basierenden Ängsten und Zwängen. Meine Füße sind fest auf dem Boden, während mein Kopf den Himmel angenommen hat. Für mich gibt es nur einen Weg – die Wahrheit meiner Sensibilität. Das ist mein *Highway to Heaven*. Für mich. Zurück zum: *vom* ICH *zum*

WIR *durch das* ICH *als Teil des* WIR. Und das weiß ich ja nicht erst, seit ich auf meine Frau oder *Univeral Medicine* gestoßen bin. Das sind halt nur Gleichbekloppte – vielmehr: Menschen, die sich genauso auf den Weg gemacht haben wie ich. Auf den Weg zu sich selbst, einem harmonischen WIR und echter Verantwortung. Die haben auch ihre Macken. Die gleichen wie wir alle. Aber ich mag, dass auch deren oberstes Gebot ein ehrlicher Umgang damit ist – die raus wollen aus den bequemen Nischen. Die hinschauen und die sich um ihre Macken kümmern, um für andere nicht länger ein Minenfeld zu sein, sondern langfristig Partner zum gegenseitigen Wachsen. Das ist für mich wahr. Das ist mein *Normal*. Und von dieser Art gibt es noch so viel mehr Menschen. Die haben gar nichts mit *Universal Medicine* zu tun. Diese Suche ist ein menschliches Bestreben. Wir spüren alle, dass wir als Gesellschaft im roten Bereich sind und suchen. Das ist mir so gewiss, wie ich Wollsocken und Kaminfeuer liebe. Wer andere Wege geht oder ablehnt: Das mag doch bitte jeder selbst entscheiden. Einige meiner Weggefährten werden jetzt als Geächtete gelabelt. Das tut richtig weh, aber ich kann noch nicht mal was dagegen unternehmen.

Das Phänomen einer aufgezwungenen Stigmatisierung kenne ich ja schon. Ich musste mich ja längst mit den Homo-Verächtern rumschlagen. Dann eben auch dies … Und wissen Sie was …: *I'll keep loving!* Ich lasse mich nicht mehr erschrecken.

Da wird mein Herz leicht. Urteile gehören für mich seit jeher zur *Richtig & Falsch*-Partei. In der bin ich schon lange kein Mitglied mehr. Würde ich mich heute noch von den Urteilen anderer verängstigen und einnehmen lassen, hätte ich diesen unverfangenen Blick gar nicht einnehmen, dieses Buch nicht schreiben können. Ich wäre überhaupt zu etwas geworden, das *andere* aus mir machen wollten. Und vielleicht wäre ich dann schon tot. Dazu habe ich NEIN gesagt. Das JA ging an *mich*. Ein JA zum Leben. Und das bereichert mich. Das entdecke ich täglich tiefer und weiter und beständig fort. Da gibt es kein Ende. Es gibt nur das Jetzt. Und die ständige Freude über die Erkenntnisse dessen, was wirklich wahr und universell ist ...

Altersweisheit

Leichtigkeit! Die zieht immer mehr ein. Sie kommt mit der Erkenntnis, dass eben alles nur ein Lernen ist. Energie. Ein Selbstverständnis. Sich *selbst verstehen*! Da ist sie: die Kongruenz zwischen dem Wahrnehmen und dem Leben. Es geht! Es ist sogar eine wahnsinnige Freude. Ein multidimensionales Bewusstsein in einem ganz praktischen Leben! Nicht, dass damit das Leben ein reibungsloses Wolkenkuckucksheim wäre. Im Gegenteil. Je mehr man mitbekommt und mitzubekommen zulässt, was so um einen rum los ist, desto mehr möchte man sich eigentlich wieder abschießen. Den Rollladen wieder zumachen. Zurück in den Autopiloten … Manches Mal, wenn es am Set hektisch und ruppig zugeht, weil das Drehen mal wieder ein Wettrennen gegen die Zeit ist, möchte ich auch nicht mehr mitbekommen, was ich so wahrnehme. Es locken Kaffee, Zucker, Identifikation in Emotionen. Alles, was das »hellfühlen« wieder abstellt. Aber: nur eigentlich! Denn was sich mit der Umarmung der Wahrheit alles eröffnet, sprengt diesen Bedarfshorizont. Dann sind es nicht mehr lange Arbeitsstunden und Zeitdruck, die für Spannung sorgen. Es ist mehr die Tatsache, dass es weh tut zu sehen, wie wir unsere Körper unter Druck, ob Zeit- oder Leistungsdruck – den wir übrigens meist selbst herstellen – ignorieren oder bis an die Grenzen auslutschen, um ein Ergebnis zu erzielen. Wie wir da zum Teil miteinander umgehen, tut mir jedenfalls weh. Es ist noch nicht mal eine böse oder aggressive Gefahr. Aber allein das manipulativ Höfliche zieht mir manchmal alles zusammen. Eigentlich ... Denn einmal aus der Sympathie rausgetreten und hinter die Motivationen geblickt, wird uns ein anderer Einblick gewährt. Das Leben ist ein Spielplatz für den Geist. Mit seiner beständigen und unermüdlichen Lehrerin, der Seele, an seiner Seite. Der Welleneffekt der Ehrlichkeit wird gerade hier als etwas Wunderschönes sichtbar! Das sind *die* Momente, in denen sich der Geist von der Seele führen lässt. Ein *ehrliches* Lächeln, ein *ehrliches* Wort bewegt tausend Schritte zugleich. Der Horizont weitet sich und bleibt offen. Ein lediglich *höfliches* oder *unehrliches* Wort dagegen drängt nahezu rückwärts in das Korsett der Dreidimensionalität. Dieses Nett-Sein, Normal-Sein, Anpassen begrenzt unseren Horizont auf die Größe eines Donuts. Bequem oder unbequem, diese Frage spielt im Wɪʀ gar keine Rolle mehr. Es ist ein Lebensgefühl von Nahbarkeit. Und damit aufrichtig. Damit bekommen lange Arbeitstage eine ganz andere *Qualität*. Das Zusammenarbeiten hat eine andere Qualität. Wir können ja das Leben nicht einfach abschalten. Es dreht sich weiter. So wie sich die Erde dreht. Es ist vollkommen unvollkommen! Und wunderschön in dieser Imperfektion! Ein Lernen und Wachsen, ein stetes Vertiefen und auch das gelegentliche Angegriffen-Werden. Es ist das Leben: Ein Leben- und Lesenlernen der Energie *hinter* den Dingen. Die wahren Motivationen begreifend. Für mich ist diese Lebensperspektive definitiv ein Kurswechsel! Sie schenkt ein gegenseitiges Voranbringen. Vorausgesetzt natürlich, Ihr Gegenüber zieht mit. Wobei Sie auch selbst Ihre Erkenntnisse gewinnen können ohne die Rückmeldung oder den Zuspruch Dritter. Es braucht ja keinen Konsens. Dieses Bestreben wird nur aus dem Bedürfnis geboren, selbst überzeugen zu wollen, gesehen zu werden oder auch eine Diskussion zu führen. Machen Sie sich frei! Es ist eine göttliche Erfahrung, in die Größe zurückzugehen, die wir eigentlich sind. Auch wenn es immer wieder eine Herausforderung ist, weil die Verlockungen gar zu groß sind, nur das Menschliche in den Dingen zu sehen. Aber die Wahrheit dahinter trägt zu einer Gelassenheit – *der* Liebe – bei, an der es uns definitiv mangelt! Aus dieser Gelassenheit, aus dieser allumfassenden, respektvollen Liebe: Hauen Sie mal jemandem den Schädel ein. Oder nehmen sich mehr, als Sie brauchen. Das ist unmöglich, wenn Sie mit diesem Gefühl der Liebe verbunden sind!

Auf diese Weise umarme ich, mit jedem Tag neu, alles und jeden auf eine ganz andere Weise: *esoterisch*. Nicht mehr funktional. Klingt fast rebellisch, wie sich die Nutzung dieses Wortes auf einmal anfühlt, finde Sie nicht!? Etwas, das wir in uns tragen. Und von dem ich mehr und mehr erkenne: Auch andere sind auf dem Weg. Wir sind nicht getrennt!

Spüren Sie was …? Es wird leicht! *Einfach* aus dem Inneren. Basta. Die Alternative, *im Außen* zu hängen, habe ich ja über 30 Jahre praktiziert. Sie konnten selbst lesen: Für mich hat das *nicht* funktioniert. Es *war* schwer. »Aller Anfang ist schwer …« Die ersten Worte dieses Buches. Ich sag Ihnen was: Anfänglich mag es Ihnen noch schwer erscheinen, sich auf den Weg zu machen, einen Perspektivwechsel einzuläuten. Aber es lohnt sich! Fangen Sie einfach irgendwo an: »Frei von der Seele weg«. Starten Sie einfach durch, auch auf die Gefahr hin, dass Sie an die Wand fahren. Denn selbst wenn: Sie werden um eine Erfahrung reicher sein. Altklug daherquatschen kann im Vorfeld jeder. Es wagen: das ist die Kür. Danach auch zu *leben* …! Oft gilt: alt und klug – aber kein bisschen weise. Altklug, das haben Sie bestimmt auch schon erlebt, ist kein an ein Alter gebundener Begriff. Dieses Label hauen wir schon den Kindern um die Ohren. Ein Wort, mit dem wir ihre Aussagen auch einfach mal plattmachen. Denn: alt und klug: Diese Kombi haben wir akzeptiert. Nicht aber jung und weise. Wenngleich wir auch sagen: »Kindermund tut Weisheit

kund!« Da säumen sehr kluge Sprüche unsere alten Trampel-
pfade.

Unser aktuelles Lebensmodell bietet allerdings eine andere
Hierarchie an. In allen Kirchen, Verbänden, Familien und Par-
teien gibt es graue Eminenzen. Anführer, wenn Sie so wollen.
Vorstände. Gerne lauschen wir den Rednern. Die bekommen
von uns Autorität nur aufgrund ihres Alters zugeschrieben.
In unserem *normalen* Denkmodell wird also denjenigen eine
Weisheit zugestanden, die durch ihr Alter und beständiges
Erweitern von Wissen und Lebenserfahrung diesen Respekt
von uns verdient haben. Da erlauben wir uns ein Zuhören.
Ein Zugestehen von »Wahrheit sprechen«. Es wurde ja schon
gelebt, das Leben. In Anbetracht der Endlichkeit gestehen wir
dem Alternden einen gewissen Erfahrungshorizont zu und
nennen das Altersweisheit. Alters*weisheit* hat aber mit Alter
nichts zu tun. *Alterslose* Weisheit wäre vielleicht treffender.
Denn das Leben an sich ist *alterslos*. Zeitlos, um noch genauer
zu sein. Und dadurch mit seinen Inspirationen und seinen
Weisheiten für jeden zugänglich. Jederzeit. Aber auch hier
fällt uns das Endlichkeitsmodell – die Vorstellung dieser linearen Strecke zwischen Geburt und Tod – auf die Füße. Dass
wir schon eine Weisheit *mitbringen* und dass uns Weisheit *gegeben* ist, ist hier keine Option. In dem bestehenden Denkmodell ist Weisheit ein Verdienst. Eine Auszeichnung. Ein Leben
lang hart erarbeitet, womöglich bis in hohe Alter. Ich habe
viele Begegnungen mit alten Menschen, Akademikern – vielen Studierten gehabt – die mir allerdings wenig lebensklug
erschienen ...
Also mal ehrlich: Was ist das mit dem Alter ...?

Da bin ich jetzt beispielsweise eine Frau von vierzig. Alleine
dieser Satz reißt schon wieder einen Horizont der Schablonen
auf. Herrlich! Meine Motivation: Ärmel hoch und einen ehrli-

chen Blick drauf werfen! In meinem Beruf heißt es jetzt: Mutterfach oder gar nicht mehr besetzt! Vierzig wird zur beruflichen Schallgrenze. Nicht mehr attraktiv genug für die Mattscheibe? Oder schon wieder schrumpelig und deshalb spannend genug, weiterhin eingesetzt und gesehen zu werden? Interessante Männerfiguren ab vierzig: kein Problem. Hier beginnen die spannenden Geschichten von Männern: Geschichten von Männern, die aufbrechen, ihre Midlife-Crisis erleben oder die endlich die Welt verbessern. Frauenrollen in diesem Alter: Liebhaberinnen oder Mütter. Klischee? Ja, es gibt inzwischen verstärkt Frauenrollen, die auch eine andere Seite beleuchten. Nicht nur die traditionelle Linie von Frauen, die Mädchen waren, Frauen sind – Mütter und schließlich Großmütter. Frauen, die auch im Aufbruch sind. Frauen, die etwas verändern. Aber dieser Sinneswandel ist jung. Und noch lange nicht in seiner vollen Blüte. Schalten Sie den Fernseher mal ein. Das mag an unserem gesellschaftlichen Zusammenleben liegen. Was machen Frauen um die vierzig eigentlich? Karriere oder Kind? Dieser Frage hat sich jede Frau irgendwann gestellt oder sie gestellt bekommen. Meine Haltung dazu kennen Sie bereits. Ich sehe das Kinderkriegen als einen unglaublich verantwortungsvollen Akt und es nicht zu tun, keineswegs als Stigma oder Versagen. Kinder sind in meine Augen kein *Must-have*.

In meinem unmittelbaren Umfeld sind fast alle gerade mit Kinder-Machen, Kinder-Kriegen oder Kinder-Großziehen beschäftigt. Es heißt: »Vierzig ist das neue Dreißig!« Mutter zu werden mit vierzig oder älter bedeutete früher schon volles Risiko! Heute: normal. Wie schön zu sehen, dass es auch im Normal-Katalog Horizontverschiebungen zu verzeichnen gibt. Was das Schönheitsideal einer Frau und deren Kameratauglichkeit angeht, bin ich froh, dass ich nicht bei Besetzungsgesprächen dabei bin. Von *Sehgewohnheiten* wird da gesprochen. Es ist wieder nur der Versuch, Bilder zu erfüllen, die wir selbst von Gesellschaft erzählen wollen. Das hat wiederum mit Tradition zu tun. Mit dem, wie es schon immer war. Nur wenige sind mutig genug, sie aufzubrechen. Ehrlich: In diesem Punkt sehe ich noch keine wirkliche Horizonterweiterung.

Wie schon vielfach aufgedröselt, sehe ich die *Herausforderungen*, mit denen wir es zu tun haben, zwar mit jeder Generation gefühlt variieren, aber die Wurzeln bleiben dieselben. Es geht immer wieder um dieselben Themen. Nur in immer moderner werdendem Gewand. Vor hundert Jahren hatten vierzigjährige Frauen noch mit ganz anderen Themen zu jonglieren. Und noch weiter zurück in der Geschichte wurden Menschen oft noch nicht mal vierzig Jahre alt! Wenn ich den Geschichten in Familien oder bei Abendessen mit Freunden lausche, dann ähneln die sich alle. Nur die Jahreszahlen variieren. Mein Blick auf das Leben erlaubt mir dabei, eine weitere Weisheit zu entdecken: Wenn wir all die Energie, die wir in das *Richtig & Falsch*-Spiel, in den Erhalt dieser Bilder stecken, mal auf die *volle Kraft voraus* – also auf einen *gemeinsamen* Weg richten würden – was wäre das für ein Highway! Was würde das alleine für die Erziehung bedeuten! Wir verschwenden, nicht zuletzt durch den Abgleich an Bildern, so viel Zeit damit, uns mit der Frage zu beschäftigen, was wir wohl von anderen halten oder was die über uns denken, was wohl *unserem Alter entspricht*, statt uns selbst zuzuhören. Das fängt bei dem Dresscode an und hört bei der Wahl der Liebhaber oder beruflichen Tätigkeit auf. Die drohende 65er-Marke ist für viele schon der erste Fuß ins Grab.

Erst in Anbetracht des Todes, im Angesicht der drohenden Endlichkeit, tritt sie ein: die Demut. Vielerorts mit Alters*milde* beschrieben. Die Demut vor dem immer offensichtlicher werdenden Verfall. Die Hüllen *fallen*, da der langsam schrumpelig werdende Körper zu verstehen gibt: »Hör auf zu kämpfen und dich zu verstellen. Ich kann nicht mehr.« Im Alter sind viele wieder bereit, ehrlich zu werden. Sanft zu werden. Mit sich und anderen. Denn es gibt nichts mehr zu verlieren. Dieses kleine Wörtchen *verlieren* trägt eine große Wahrheit in diesem Zusammenhang. Was gab es denn also zu *sichern*, ein Leben lang? *Sicher*heit? Das oberste Gebot. Die drohende Illusion, die so manche Lebenswahrheit im Keim erstickt hat. Wer bereit ist, dieser Wahrheit ins Auge zu schauen, wird milde. Und die, die das nicht wollen, haben ja noch Demenz im Angebot. Auschecken, um nicht wahrhaben zu müssen, was wirklich ein Leben lang los war. Ich meine das nicht böse. Krankheiten sind für mich, wie Sie schon lesen konnten, keine Bürde. Sie verraten eine Menge über den Menschen, der sie hat. Es ist die Wahl des Körpers, mit unseren Entscheidungen umzugehen. Ich weiß, wie schlimm Demenz oder Alzheimer den Angehörigen erscheint. Ich selbst habe eine Alzheimerpatientin lange mit begleitet. Meine Mutter arbeitet seit Jahren mit Demenzkranken, und ich habe mich in dem Heim zwischenzeitlich kurz ehrenamtlich engagiert. Das kann ich alles nur so salopp sagen, weil ich *hinter* die »Krankheit« geschaut habe. Wie alles, was ich in diesem Buch beschrieben habe. Nichts basiert auf Gedankenkonstrukten. Das, was Sie zu lesen bekommen, ist das, was ich im Leben erfahren habe. Und mit diesen Erkenntnissen bin ich Ihnen gegenüber ehrlich. Ich habe nämlich nichts zu verlieren. Denn ich habe nichts, das ich glaube sichern zu müssen. Ich kann nur gewinnen. Wir können alle nur gewinnen! Ich weiß, wie schnell das Leben vorbei sein kann – und trage dankbar diese tiefe Gewissheit in mir, dass es weitergeht. Mit dem nächsten und nächsten und nächsten Leben. Also: Was haben wir zu verlieren? Es ist Zeit, diese Wahrheit anzusprechen. Warum erst warten, bis wir mit 65 dazu die Erlaubnis bekommen? Wir verbringen so viel Zeit damit, uns die Dinge schönzureden, all die vielen Ablenkungsmanöver zu fahren, die so im Angebot sind. Bausparverträge, Reihenhaus bauen, Reisen, Autos, Fußball, Geld verdienen … Aber es ist egal, ob wir fünfmal den Mount Everest erklimmen oder niemals in ein Flugzeug gestiegen sind: Entscheidend ist, in welcher *Qualität* wir leben oder gelebt haben. Welchen Fußabdruck wir hinterlassen – also in welche Stapfen wir wieder eintreten mit dem ersten Schritt in der nächsten Runde. Und wenn wir das nicht sehen wollen, rückblickend im Alter die Verantwortung für ein Leben in der Zurückhaltung oder Anpassung nicht ertragen oder sehen wollen, dann gibt es einen Mechanismus im körperlichen System, das wie ein Schock bei Unfällen funktioniert: Demenz. Wir vergessen. Wir überschreiben mit den glücklichen Bildern der Kindheit, was wir inzwischen alles angestellt haben. Als Kinder waren wir noch wir selbst. Später wurden wir zu etwas, das wir vielleicht nicht mögen. Oder bereuen. Ich weiß, für viele ist die Perspektive der »Wahl« einer Krankheit zu viel. Aber ist es nicht interessant, dass das letzte, was den Demenzpatienten in Erinnerung bleibt, die Kindertage sind? Ich erinnere mich, dass die Mutter meiner Freundin zuletzt niemanden mehr erkannt hat. Aber Kinderlieder, die konnte sie noch singen. Ich finde das alles spannend und wenigstens in Erwägung zu ziehen …

Mit meinem Vater habe ich vor wenigen Wochen ein langes Gespräch geführt. Dieses Gespräch war von einer Qualität, die alles bisher Gesprochene zwischen uns gesprengt hat. Ich habe zum ersten Mal alles, was ich wahrnehme, ohne Zurückhaltung geteilt. Keine Angst vor seiner Reaktion. Einem falschen Respekt vor seinem Alter. Ich habe ihn auf Augenhöhe angesprochen. Und ohne Urteil. Denn ich hatte selbst den Eindruck, dass er sich auf sein Leben zurückblickend im Alter von 70 so langsam in sich zurückzieht. Noch unentschieden, ob er vergessen will oder die Verantwortung umarmt, dass er so, wie er ist, wundervoll ist. Egal, was er je getan hat. Es waren Entscheidungen. Punkt.

Ich habe über unsere Dualität, die Aspekte von Seele und Geist, – unsere menschliche Wahrnehmung versus die multidimensionale Weitsicht – und die darüber hinausgehende eigentliche Aufgabe, die Wiedervereinigung von Geist mit seiner Lehrerin Seele, gesprochen. Über die Tatsache, dass ich nicht primär eine *Frau* geheiratet habe, sondern den konkreten Menschen, mit dem ich diese Dualität entlarven und mit entsprechender Bewusstheit leben kann. Mein Vater wurde ganz still. Er hatte noch bis zu dem Tage das Bedauern über ausbleibende Enkelkinder geäußert und mir Jahre zuvor Sprüche darüber an den Kopf geworfen, dass man mich noch vor 100 Jahren auf dem Schafott wegen meiner Liebe zu einer Frau verbrannt hätte. Und auf einmal saß da wer ganz anderer. Mit einer tiefen Wärme, die wir uns über all die Jahre im Stillen bewahrt und in immer ehrlicher werdenden Gesprächen zurückerobert hatten, hält er erstaunt inne. Über diese Dinge, die innere Zerrissenheit, die Dualität von Wahrnehmung und Realität, habe er noch mit niemandem bisher so sprechen können. Er kommt aus sich raus. Spricht davon, dass er das schon sein Leben lang gespürt hat und nie wusste, damit umzugehen. Ich staune still. »Das ist einzig. Das ist das Besondere zwischen uns. Du bist der einzige Mensch, mit dem ich so reden kann«, sagt er. Ich erlebte meinen Vater, den Mann mit Namen Martin, erstmalig als den Mann, der er wirklich ist. Ich konnte ihn spüren. Er hat mir nicht den intellektuellen Kämpfer angeboten, sondern den demütig Suchenden, den wieder vereinigungswilligen Geist. Den verängstigten und hochsensiblen Mann. So ehrlich und so pur wie nie zuvor. Seine Augen waren nicht mehr grau und trüb. Sie haben geleuchtet. *Beyond words,* was da aufgegangen ist, als Wahrheit gesprochen wurde … Seele an Seele im offenen Dialog. Das ist nur nichts *Besonderes.* Das ist das wunderschöne Resultat von Offenheit, Ehrlichkeit, der Liebe und der Bereitschaft zu *sein.* Dem Mut, an- und auszusprechen. Und dabei nicht zu *fordern*. Sondern nur anzubieten. Rückblende auf das Bild, wie ich als Kind auf der Brust meines Vaters Mittagsschlaf gehalten habe – *es gibt viel zu tun!* Da hat offenbar jeder so seine Arbeit gemacht, an seinen Hausaufgaben gearbeitet. Wenn auch im Stillen. Darüber hatte er in 20 Ehejahren mit meiner Mutter nicht gesprochen. Teil ihrer Verknotung in ihre Bilder voneinander und vom Leben. Ich bin sicher: Würden meine Eltern heute ein Gespräch führen und hätten diese Zeilen zuvor gelesen – sie hätten sich eine Menge zu sagen! Sie würden sich womöglich ganz neu kennenlernen. Denn die Gespräche, die ich heute mit meiner Mutter führen kann, haben ebenfalls eine neue, tief ehrliche Qualität erreicht. Einen weiten Weg, den auch wir gegangen sind. Als Kind noch geliebt, als Jugendliche schon an ihr verzweifelt. Wer da den ersten Schritt gemacht hat, ist doch egal. Hauptsache, wir sprechen *ehrlich* miteinander. Auch das hat manchmal weh getan. Aber es ist befreiend, die Verantwortung zu übernehmen, dass wir Teile eines Ganzen sind – und nicht nur Schubladen mit der Aufschrift: Meine Mutter, Mein Vater oder Meine Tochter.

Es bleibt immer noch die Frage: »Warum sprechen Menschen *nicht* über diese Wahrheiten?« Ich bin 30 Jahre jünger als mein Dad. Im Hinblick auf das Wort »Altersweisheit« hätte man sagen können, es wäre seine Aufgabe gewesen, die Dinge anzusprechen – sie in ein gerades Licht zu rücken. Hier wird klar: Weisheit kommt nicht mit dem Alter, sie kommt mit der Ehrlichkeit eines *jeden* Alters! Denn sie hat nichts mit »Alter«, sondern mit »Sein« zu tun. Die *Sein*-Wahrheit – das klingt nur irgendwie seltsam. Alter messen wir an der Zeit. Einer Größe, mit der wir auf diesem Planeten nun mal umgehen. Die besagt aber nicht mehr, als dass Sie an einem Punkt auf dieser Erde, die sich um sich selbst dreht, schon eine entsprechende Anzahl an Runden gedreht haben. Weise macht Sie das noch lange nicht. In 365 Tagen sind wir einmal um die Sonne gekreist. Dabei erleben wir in einem Tageskreislauf 12 Stunden lang die Sonne und 12 Stunden lang den Mond. Mehr nicht. Die Zeit bietet uns nur eine Orientierung im Umgang miteinander, aber zur eigenen Weiterentwicklung hat sie keinen unmittelbaren Bezug. Alter sagt nur etwas darüber aus, wie lange jemand in diesem Körper schon auf dem Globus unterwegs ist. Energie ist dabei das Benzin. Weisheit oder Ignoranz wählen wir. Energie kommt – *durch* Menschen. Nicht *von* einzelnen Menschen. Egal welchen Alters.

Aber das wollen wir nicht gerne sehen. Wer will schon gerne seine Eltern windeln, wenn sie körperlich abbauen. Schon gar nicht, wenn man mit ihnen nicht viel zu tun hatte. Oder sie nicht mag. Wir wählen im Umgang mit dem Alter neben der Wertschätzung, dem Respekt auch gerne das andere Extrem. Vor allem dann, wenn es zur Anstrengung wird, die für viele mit dem körperlichen Verfall kommt. Vor allem für die Angehörigen. Die Alten stören dann irgendwie. Und diesen Verfall will man auch nicht sehen. Aber: Auch da haben wir eine Möglichkeit etabliert, mit dem Alter umzugehen. Altersheime! Packen wir die Alten halt zur Seite. Bloß nicht damit konfrontiert zu sein. Es ist unbequem und lästig. Aber dieses unbehagliche Gefühl *denken* wir nicht nur – es wird für diejenigen, die alt werden, *spürbar*. Machen Sie mal den Praxistest. Gehen Sie in ein Altenheim, vielleicht sogar auf eine Demenzstation. Schauen Sie mal in die Augen derer, die da zwangsernährt oder stillgelegt in ihren Betten liegen. Der zerfressene, verängstigte, hilflose Blick, während sie *verwaltet* werden. Oder schauen Sie manch altem Menschen auf der Straße in die Augen. Auch wenn es Sie womöglich schon langweilt zu lesen: Wir hängen zusammen und bekommen weit mehr mit, als wir uns gegenüber eingestehen oder es wagen, im Gespräch ehrlich zu adressieren. Wir kommen aber nicht drumrum. Wir müssen über diese Dinge reden, wenn wir was verändern wollen. Die Angst vor dem Tod ist noch immer eine dominante Größe. Die Endlichkeit: das Tabu der Illusionierten.

Ich habe bei einer Frauengruppe in London dazu eine wahnsinnige Erkenntnis gewonnen. Da haben sich ganz viele Frauen eingefunden – jedweden Alters – und in Altersgruppen eingeteilt. Und jede Gruppe hat so von ihren saisonbedingten Erscheinungen gesprochen. Da stand eine Lady auf und sprach resümierend (ich übersetzte das mal so ungefähr) folgende Worte: »Ich bin über Siebzig. In dem Moment, als ich ins Rentenalter eingetreten bin, wurde ich nur noch als wandelndes Sinnbild für die Belastung des Sozialgefüges gesehen. Ich liege ab jetzt dem Gesundheitssystem auf der Tasche. Ich leiste keinen Beitrag mehr. Ich muss mitfinanziert werden. Man erwartet ständig mein Ableben. Aber HALLO! Erstens: Ich bin gesund. Zweitens: Ich habe bereits über 40 Jahre gearbeitet und damit Drittens: selbst bereits eine Menge mitfinanziert. Es ist, also ob man bitte schnell abdanken müsste. Aber ich bin noch lange nicht fertig! Schaut mich an: Ich habe so viel zu geben, und damit höre ich auch nicht auf – bis zu meinem letzten Atemzug. Das muss man nur zu nehmen wissen. Also: *get this*! Ich bin sexy!« Und damit drehte sie, in eine schwarze Lederhose gekleidet, eine Runde durch den Saal. Sie hätten mal erleben sollen, wie die anderen Frauen getobt haben. Jubel, Klatschen, Freude! Dieses Statement war die pure Inspiration! Für alle Beteiligten. Und die gelebte Bereitschaft, angenommen zu haben, dass wir wiederkommen. Aktiv bleiben, bis zum letzten Atemzug. Denn es geht ja irgendwann wieder weiter. Warum also überhaupt je aufhören oder anhalten?!

Wir sind immer Schüler und Lehrer zugleich. Das ist das Leben. Wir sind gefragt, Vorbilder zu sein, die sich im selben

Atemzug nicht zu fein sind, wieder auf der Schulbank zu sitzen. Egal in welchem Alter. Wir bestimmen nicht aufgrund eines Geburtsjahres, wer weise ist. Weise ist, wer den wahren Impuls in einer Situation hervorbringt. Durchlässt. Transparent machen kann. Das ist Augenhöhe. Das geht nur mit Offenheit, Klarheit, Respekt und: *Leichtigkeit!* Und was machen wir? Wir wählen: Es muss schwer sein. Gerade im Alter. Was oft zur Last wird, ist die zunehmende Trägheit und Gebrechlichkeit des Körpers. Na und? Dann geht's halt nicht mehr so schnell. Aber es geht doch. Solange Sie in Ihrem Bewusstsein aktiv sind. Das gehört eben dazu. Sie haben doch entschieden, wie Sie ein Leben lang mit Ihrem Körper umgegangen sind. Beschwerden über seinen Zustand gehören in Ihr eigenes Postfach. Müssen wir deshalb schwermütig werden? Das einzige, was daran schwer zu sein scheint, ist *akzeptieren* zu müssen, dass es so ist. Ich bin zwar noch keine Siebzig, aber wie es sich anfühlt, wenn der Körper nicht mehr so kann, wie man will, kenne ich aus der Zeit nach meinem Koma. Ich kann das hier also wenigstens nachempfinden.

Lästig wird alles nur, weil wir das Leben am vitalen Stadium eines zwanzigjährigen Körpers messen. Tschingderassabum! Macht Platz für den Vergleich! Der bietet sich jetzt mit Pauken und Trompeten an. Er versprüht einen Konfettiregen an Bildern, wie wir einst waren, als wir jung und fit waren. Er ist ein Stachel in unserem Bewusstsein … Tja: Ist man Teenager, möchte man respektiert werden, ist man alt, möchte man fit sein wie mit Zwanzig. Ausgangslage: die Bilder davon, wie wir in den einzelnen Lebensphasen zu sein haben. Dieser Zirkus begleitet unser *ganzes* Leben. Wir möchten den Körper reiten, bis er zusammenbricht, alles mitnehmen, was uns gefällt, und wenn er alt ist: weg damit. Das größte Geschenk, der klügste Begleiter – das himmlische Instrument – suchen wir bis zur Verrottung auszuquetschen wie eine Zitrone und sind am Ende nur Kläger über dessen Zustand. Und entweder wollen wir den Anblick der alten Körper möglichst von der Bildfläche haben oder restaurieren sie mit Schönheits-OPs bis zu Unkenntlichkeit. Und da sage mir nochmal jemand, wir wären klug, modern und hochentwickelt. Bei allem Respekt: Das sind wir nicht. Wir sind nicht hoch-*entwickelt*, wir sind tief *ver*-wickelt in die Respektlosigkeit vor dem Körper und der alterslosen Weisheit. Kein Wunder also, dass wir unsere Pflegekräfte schlechter bezahlen als Bankangestellte. Weil das *Geld* mehr wert ist als der *Körper*.

Das ist Teil des Kreislaufs, in dem wir stecken. Mit jedem Lebensabschnitt stehen wir nur vor neuen Herausforderungen, die zu unseren Hausaufgaben dazu kommen. Als *Kinder* sind wir gefragt, mit dem Lernen umzugehen. Ist vor allem gefragt, sich selbst nicht anzuzweifeln, das Licht anzulassen. Da haben die meisten schon zu kämpfen und beginnen sich anzupassen. Ihre Hellfühligkeit einzudämmen. Eigentlich sind kleine Menschen, in denen bereits ein voll ausgereifter Wille aktiv ist, eine großartige Reflexion in ihrer Feinfühligkeit. Und wir schicken sie in die Schule. In den *Teens* bricht das ganze Pubertät-Dings auf uns ein. Das Karma der letzten Leben. Das hatten wir ja schon. Da werden wir erstmals so richtig und voll umfänglich in die Verantwortung gerufen. Werden damit konfrontiert, was wir aus dem Leben machen könnten oder sollen. Bisher haben wir nur gesammelt. Jetzt sind wir gefragt zu handeln. Bis weit in die *Zwanziger* hinein suchen wir nach der ultimativen Lösung, wie unser Leben wohl aussehen könnte. Was wir werden wollen. Welche Berufe wir ergreifen sollen. Wer könnte ein »guter« Partner sein? Also beschäftigt uns vor allem die Zughörigkeitsfrage: Wo gehöre ich hin? Die ganze Phase ist durchtränkt von Bildern und Idealen. Je nachdem, in welche wir uns einkaufen, sind wir in den *Dreißigern* damit konfrontiert, sie erfüllen zu wollen. Dazu kommen unweigerlich die Fragen nach der Familiengründung: ja oder nein? Und wenn ja, mit wem? Und zu welchen Bedingungen? Dabei sind wir eigentlich gefragt, herauszufinden, was für uns stimmt. Sensibel und einfühlsam. Nicht, wie wir die Erwartungen bestmöglich erfüllen können. In den *Vierzigern* sind wir mit dem Fundament beschäftigt. Angelegt und darauf aufbauend, was wir können. Versuchen uns mit den getroffenen Entscheidungen einzuschwingen oder vor ihnen zu fliehen. Die Midlife-Crisis ist eigentlich nichts weiter als die Erkenntnis darüber, dass man sich in den Zwanzigern vielleicht an ein Bild oder Ideal verkauft hat, das man in den Dreißigern nicht überprüft, sondern noch vertieft hat, das gar nicht zu einem gehört. Es ist also keine wirkliche Krise: Es ist der bockige Versuch, aus der Verantwortung zu fliehen, das bisher Entschiedene nicht annehmen zu müssen. Oder umzugestalten. Wie ein Kind, das sich auf den Boden schmeißt und brüllt, wenn es sein Zimmer nicht aufräumen will. Es gilt, für alles und mit allem seinen Platz einzunehmen. Verantwortung zu tragen. Es ist die Zeit, in der wir das Fundament für die nächsten 40 Jahre legen. Kraftvoll und lässig, wie ich finde. In den *Fünfzigern* haben wir dann womöglich schon Familien großgezogen, berufliche Erfolge zu verbuchen oder sind angesichts der vergangenen Entscheidungen so frustriert, dass wir schon lebendig tot sind. Sind die familiären Aufgaben erfüllt, die beruflichen Ziele erreicht, kommt die Frage nach dem »Und jetzt?« Es gibt wieder eine Wahl: Wer Antworten für sich hat, wird mutig und spricht die Wahrheit aus. Wer sich dagegen entschieden hat, plant eben seine Rententage. Multidimensionalität des Daseins oder Bausparverträge und Lebensabendfinanzierung. Wir entscheiden. Dann kommen die *Sechziger*. Ab hier ist was neu. Das Wort: NEIN. Wenn Sie sich in den *Fünfzigern* vollends zu sich bekannt und mit sich vertieft haben, könnte jetzt eine Gelassenheit einziehen: die Selbstliebe. Hier können Sie heilen.

Wenn Sie es wollen. Alles, was Sie bisher nicht aufgeräumt haben – um bei dem bockigen-Teenager-Bild der Midlife-Crisis zu bleiben. Das sind also die wahren *rebellischen* Jahre! Nicht die Teenagertage. Hier zeigt sich, wer sich liebt und Grenzen setzt, also nicht mehr über jedes Stöckchen springt, sondern auswählt, wofür man sich einsetzt. Oder wer sich zum »alten Eisen« sortiert oder sortieren lässt und aufgibt. In den *Siebzigern* kommen die körperlichen Wehwehchen und der stete Verfall deutlich auf die Tagesordnung. Einmal mehr Grund, sich um seinen Körper zu kümmern und auf ihn zu hören! Nur weil er anfängt zu schrumpeln, ist er nicht weniger wert, ein nicht minder sensibles Instrument. Er braucht halt mehr Pflege. Bei Musikinstrumenten steigt der Wert mit dem Alter, bei Geigen zum Beispiel. Wofür entscheiden Sie sich? Werden Sie sanft mit sich. Sie sind es wert! In den *Achtzigern* beginnt das letzte Lebensviertel. Hier sind wir, wenn wir uns nicht unterwegs aufgegeben haben, weise und präzise. Wir heben alles hervor, was wir zu geben haben und was wir noch lernen wollen. Hier ist die Seele Seite an Seite mit uns. Es gibt *nichts* mehr zu verlieren. Nur noch zu gewinnen. Klingt nach Freiheit, finden Sie nicht? Und in den *Neunzigern* vollenden wir, was wir noch alles vollenden wollen, um in der nächsten Runde den Faden wieder aufzunehmen. Es ist eine Zeit des Komplettierens und Aussortierens. Und sollten Sie es in die *Hunderter* geschafft haben, sind Sie schon mittendrin: im Neuanfang! Das letzte Lebensviertel dreht sich also gänzlich um die Komplettierung. Sprechen Sie alles an, räumen Sie alles auf. Das kommt in der nächsten Runde nicht mehr mit in Ihren Rucksack! Sehen Sie die Schönheit, – das GOLD, das *jede* Lebensphase anzubieten hat? Es ist stets eine Herausforderung an ihr Hausaufgabenheft, keine Bürde. Und damit ein enormes Potenzial zu wachsen! Nur wenn Sie sich auf das Tschingderassabum einlassen und sich an und mit den *Bildern,* die mit diesen Lebensphasen kommen, vergleichen, dann wird es kompliziert. Und schwer. Es sind aber einfach nur Dekaden, die wiederkehren. Genauso wie Frühling, Sommer, Herbst und Winter. Und unsere Seelen sind, symbolisch, die Bäume, die beständig an Ort und Stelle wurzeln und die Gezeiten durchleben. Leben für Leben, Jahr für Jahr. Bis unser Geist durch unsere Entscheidungen eines Tages mit der Seele EINS werden kann, um damit im großen Ganzen, dem WIR, absorbiert zu werden.

Es ist, als säßen wir dabei alle nur an verschiedenen Tischen. Am gemeinsamen Buffet entscheidet sich schon: Wer lädt sich mehr auf, als er/sie braucht – schon bleibt weniger für andere. An den Tischen ist sichtbar, wer seinen Platz einnimmt und vor allem: wer ihn wie hinterlässt. Die einen lassen Bratensaucenflecken, Rotwein und Brotkrümel auf der weißen Tischdecke zurück, völlig unbekümmert nach dem Motto »Es räumt ja schon irgendwer hinter mir auf!« – und die anderen sorgen für einen sauberen Platz, eine liebevoll glatt gestrichene Tischdecke und einen sanft an seine Stelle zurückgeschobenen Stuhl. Zu diesem Bild eine ganz simple Frage: An welchen Platz möchten Sie zurückkehren? An den mit den Brotkrumen und dem Rotwein oder an den, der Sie einlädt, sich zu setzen und zu verweilen?

Wir wissen, was Verantwortung ist. Come on! Ich bitte Sie. Ok: Nehmen wir mal die Tische, an denen uns ein Platz zugeteilt wurde. »Familientische« zum Beispiel. Da gibt es schon Regeln und Rangordnungen. Die bisherigen BILDER von Familie sahen so aus: Heterosexuelles Ehepaar mit Kindern: der Mann ist erwerbstätig, die Frau ist Mutter und arbeitet zu Hause. Dann kamen neue Inspirationen dazu: Ehepaare ohne Kinder. Homosexuelle. Mit und ohne Kinder. Beide verdienen. Patchworkfamilien. Ob Sie damit einverstanden sind, dass an Ihrem Familientisch eine solche neue Konstellation Platz genommen hat oder nicht, liegt bei Ihnen. Sie wählen:

Bereicherung oder Belästigung? Mir beispielsweise ist schon das Bild der Blutsfamilie zu reduziert. Ich nehme also gerne die Menschen mit an diesen Tisch, die mein Leben beflügeln und teilen. Meine Frau und die Menschen, mit denen ich vorrangig meinen Alltag teile. Ohne Blutsverwandtschaft. Ich habe da meinen Platz. Jede Familie hat da ihren Platz. Egal, wie die aussieht.

Wir haben an *vielen* Tischen einen Platz. Beispielsweise gibt es da einen Tisch mit dem Schild »Frau«. Einen mit dem Schild »Mann«. Ein weiteres mit dem Schild »Arbeit«. Eines mit dem Schild »Beziehung«. An jedem Tisch haben Sie entsprechend Ihres Lebens einen Platz. Ob wir die Plätze einnehmen oder die Stühle leer stehen lassen: Alles ist ein Signal. Ob wir diesen Plätzen und Ihren Gästen ein Richtig oder Falsch zuschreiben: wieder eine Wahl. Wir sind einander Spiegel, Impulse: immer – ob wir die mögen oder nicht. Ich möchte mich gern an einem Beispiel vertiefen. Mein Platz am Tisch der »Frauen«. Da sitzen schon viele. Neben mir eine Frau, die ihre Butter fröhlich aufm Tisch verschmiert, laut Fasnachtslieder singt und über die Dummheit der Männer herzieht. Auf meiner anderen Seite sitzt eine Frau, die mich anlächelt, ihren Rock zurechtzieht, in Stille mit sich und der Welt im Einklang ist und nach meinem Befinden fragt. Wem wende ich mich als Gesprächspartnerin lieber zu? Geschmacksache – oder wieder die Frage nach der gemeinsamen Clubmitgliedschaft. Die Frage, die ich mir nur stellen muss, ist: Welches Angebot an das Frausein, an diese Runde möchte ich für die anderen Frauen sein? Welche Inspiration geben wir an andere Frauen weiter, die mit und nach uns an diesem Tisch sitzen? Ich beispielsweise habe lange Zeit ein Bild davon geprägt: »Ich schaff das schon!« Kein Klavier war schwer genug. Ich habe also – einfach gesprochen – die Sensibilität meines weiblichen Körpers vollkommen ignoriert. Immer schwer getragen, körperlich hart wie ein Mann gearbeitet. Ende vom Lied war ein abgerissenes Band an meiner Gebärmutter. Mit Mitte 30. Prolaps, wie es medizinisch heißt. Das musste operiert werden, das Band wurde künstlich rekonstruiert. Stellen Sie sich doch mal vor: Nur um mich zu beweisen, habe ich den Körper so belastet, dass ein Organ von seiner Aufhängung abgerissen ist! Ich war also an dem Tisch »Frauenrunde« lange eine Reflexion für »Geht nicht, gibt's nicht. Das schaffen wir auch ohne einen Mann!« Ich bin so dankbar, dass ich diese Schablone ablegen konnte, nicht zuletzt auch durch die Reflexion anderer Frauen an diesem Tisch, die sich zu ihrer Weiblichkeit bekannt haben. Ich frage heute nach Unterstützung, wenn ich etwas nicht kann. Ich stehe dazu, dass ein 20 kg-Koffer schon eine Herausforderung ist, an einem Bahngleis in einen oder aus einem Zug gewuchtet zu werden. Und jetzt kommt was ganz Wunderschönes ins Spiel: ... der Nachbartisch. Die Männer! Da sitzen sie, konfrontiert mit diesen »Wir-Frauen-können-alles-selbst«-Modellen. Ich habe noch nie so viel Unterstützung und leuchtende Augen bei denen vom Nachbartisch gesehen, als wenn ich mich einfach vorgestellt und um Hilfe gebeten habe. Nicht weil ich zu faul bin, sondern weil ich das meinem Körper nicht mehr antun mag. Da sind die Jungs, spüren das, wissen, dass sie das besser tragen können, und freuen sich, wenn sie gebraucht werden und unterstützen dürfen. Die meisten jedenfalls. Diese Reflexion biete ich heute der Tischrunde »Frau« an: in Wertschätzung meines Körpers und nicht zu fein oder zu stolz, um Hilfe zu bitten.

Vom Nachbartisch schallen andere Sprüche zu uns rüber: »Als Mann weint man nicht, Fußball muss weh tun und Frauen sind entweder Heilige oder Hure.« Puh. Die haben auch mit so einigem zu kämpfen. Patriarchale Strukturen. Geld-nach-Haus-Bringer. Alleskönner.

Ich habe mich eine Zeit lang mit *Women International* beschäftigt. Die haben sich zur Aufgabe gemacht, Frauen in Kriegsgebieten oder Ländern, in denen sie unterdrückt werden, Aufbauarbeit anzubieten. Da gab es ein Projekt, das sich den Männern gewidmet hat. Denn es gibt Kulturen auf diesem Erdball, da kommt man mit den Frauen nicht in Kontakt, ohne ihn vorher mit den Männern aufgenommen zu haben. Da sind Frauen Besitz. Eigentum. Bei diesem Projekt hat mich eine Geschichte sehr berührt. Da ging es um einen Mann, der seine Frau immer geschlagen hat. Nachdem ein Mitarbeiter von *Women International* Vertrauen zu ihm aufgebaut hatte, stellt er die Frage, warum der Mann seine Frau denn schlagen würde. Ob er sie nicht liebe? »Doch«, antwortet der Mann. Und seine Augen werden glasig. Erstaunt sagt er: »Aber das machen alle so. Das hat mein Vater mit meiner Mutter auch gemacht.« Er wusste gar nicht, dass man auch ein Leben führen kann ohne diese Misshandlungen. »Es tut mir immer selbst weh, wenn ich meine Frau schlage«, sagt er unter Tränen. Ich habe hier kein Mitleid oder sowas. Aber ich kann sehen, dass der Kreis der Vorbilder hier einen fatalen Beitrag geleistet hat. Manche Bräuche und Rituale kleben an den Tischen wie die Fliegen: Beschneidungen bei Jungs oder Mädchen etwa. Und es finden sich immer noch welche, die mitmachen. Da werden Bräuche weitergegeben, unter denen man womöglich selbst gelitten hat. Oder wenn es um Pornos und Prostitution geht. »Das gehört eben dazu«, sagen wir leichtfertig. Genauso wie Zucker in der Babynahrung und jeden Tag Alkohol des Genusses wegen. Häusliche Gewalt, Kindesmissbrauch, Menschenhandel. Was *normal* ist und was nicht, gestalten wir täglich mit nur dadurch, dass wir an diesen Tischen unseren Platz haben.

Welchen Beitrag leisten Sie?

Männer sind genauso sensibel und feinfühlig wie Frauen. Diese Illusion vom Männlichen und Weiblichen als Attribut biologischer Geschlechtsmerkmale müssen wir auch mal durchbrechen. Körper ist Körper. Die Fähigkeit zu empfangen, hat nichts mit »Empfängnis« zu tun. Es ist die Fähigkeit wahrzunehmen. Intellektuelle Debatten zu alle diesen Themen gibt es zum Erbrechen genug. Sprechen Sie einfach an, wenn etwas nicht stimmt! Leben Sie, was Sie behaupten! Leben und danach handeln – das ist unser Job. Als Angebot. Nicht als Mission. Dieses Sinnbild von den Tischen zeigt nur unsere Verantwortung auf. In allen Lebensbereichen. Entscheiden, neue Wege zu gehen, müssen die anderen dann schon selbst. Auch die, die uns am nächsten stehen. Ja, ich weiß, das wird wieder unbequem. Denn da sind wieder diese klebrigen, emotionalen Verpflichtungen und Verklebungen.

»Mit dem Alter kommt eine Gelassenheit« – so heißt es doch auch. Ich erlaube mir mal, das umzuformulieren und sage: »Mit Selbstliebe, Akzeptanz des freien Willens und Weitsicht kommt eine Gelassenheit!« Wir sind eh nie alleine. Für irgendeinen Club spielen wir ja immer. Wir entscheiden nur, welches Trikot wir uns überstülpen. Und dann wird uns gegeben. Wir wählen: fremde Ideale oder ein wage*mutiges* Selbst als Teil des WIR.

Last but not least: JA UND?

»Was jetzt …?«, möchte man fragen. »Wohin mit all dem?«
Wir stehen für mein Gefühl an einem ganz guten Punkt. In
vielerlei Hinsicht ist uns bewusst, dass es so nicht weitergehen kann. Mit *Fridays for Future* gehen wir zu Millionen auf
die Straße. Faktisch protestieren wir damit gegen die Folgen
unseres eigenen Verhaltens. Suchen Schuldige und bestimmen die Opfer. Tatsächliche Verursacher der Klimasituation:
wir selbst. Der CO_2-Ausstoß und andere Ursachen unseres
Handelns sind messbar. Wer in welchem Maß dazu beigetragen hat, ist eigentlich fast egal: Es ist nur ein Spiegel dafür,
dass uns überhaupt die *anderen*, und im Vorangegangen wir
selbst, gleichgültig sind. Wir erleben die Folgen des ICH-
Horizonts. Welchen Schaden wir *aneinander* anrichten, wenn
wir uns täglich mit emotionalen Attacken, Bildern und Erwartungen konfrontieren, können wir ebenfalls ablesen. Der
Funktionsmodus, das *Normal*, die Reduktion auf das verant-
wortungslose Dreidimensionale ist eine Katastrophe mit
ebenfalls schwindelerregendem Ausmaß. Was für das Klima
die CO_2-Werte sind, ist für uns Menschen das Normal-Maß.
Und auch das ist *messbar*: es wird an uns selbst deutlich. *Normal*zustand: hohe Krebsraten, Brexit, Burn-Out, Handy-Sucht,
Staatsverschuldung, Korruption, Flüchtlingskrise, Trump &
Putin & Co, Menschen- und Organhandel, Armut, Krieg, Verfolgung und Unterdrückung, hohe Suizidraten bei Jugendli-

chen, Abhängigkeit von Sozialen Medien, Prostitution, Machtmissbrauch, häusliche Gewalt, Beschneidung von Frauen, Hunger, Geburtenregelungen, illegale Stammzellenforschung an abgetriebenen Föten und so weiter und so weiter … Dafür bzw. dagegen gehen wir, jedenfalls bei uns, nicht auf die Straße. Das akzeptieren wir. Jeder Ausdruck, jeder Gedanke, jede Bewegung ist entweder toxisch oder klar. Sie entscheiden mit jedem Atemzug, wozu Sie beitragen wollen. Oder Sie lehnen sich zurück – und bedauern die Eisbären.

Verstehen Sie mich nicht falsch: Ich finde unfassbar großartig, dass wir offenbar überhaupt zum ersten Mal nach Dekaden wieder in einer Angelegenheit kollektiv an einer gemeinsamen Marschrichtung interessiert sind: dem Erhalt unseres Klimas. Wunderbar! Lassen Sie uns doch mal das ganze Elend aufdecken! Klima ist nicht nur CO_2. Es ist alles, was wir treiben. *Treib*-hauseffekt bekommt eine ganz neue Bedeutung. Wir können natürlich auch so weitermachen wie bisher. Es funktioniert ja. Irgendwie. Nur zu welchem Preis halten wir so hartnäckig an der Bequemlichkeit unseres Daseins fest? Die Frage bleibt: Wollen wir wirklich bis zum Totenbett warten oder bis zu einer tiefen Krise, bevor wir die Gemütlichkeit unseres Brummkreisel-Daseins endlich ablegen und loszulaufen wagen? Raus aus dem Hamsterrad. Rein in das Unbekannte. Ehrlich werden. Uns nicht mehr bei der *Richtig & Falsch*-Diskussion gegenseitig umbringen, foltern oder im Internet anonym denunzieren. Es ist tatsächlich so, dass wir leider meist erst durch einen Schock oder in Anbetracht der Endlichkeit eines Lebens aufwachen und bereit sind, uns mal in eine andere Richtung in Bewegung zu setzen. Das Klima ist nur ein Spiegel dafür: Es wird Zeit … Kein Stein wird dabei auf dem anderen bleiben. Aber diese Arbeit gilt es zu leisten. Gemeinsam. Und das ist es auch wert. Wɪʀ sind das wert. Aus meiner Sicht.

Wenn Sie innerlich gerade bereit sind zu sagen »Ok. Leuchtet mir ein. Und wie geht das jetzt alles? Energie lesen lernen? Verstehen lernen?« Dann kann ich Ihnen nur eines anbieten: Schauen Sie nicht weg. Erlauben Sie sich einen aufrichtigen Blick. Auf die Welt und auf sich selbst. Und von da aus wieder auf andere. Wir müssen ja nicht jeder erst selbst einen Unfall oder eine Krankheit erfahren oder mit einem frühen Tod konfrontiert werden, damit wir mal umlenken. Aufrichtigkeit ist der erste Schritt hin zur Wahrheit. Irgendwo, irgendwann geht es los. Es ist nur ein Schritt. Ganz unaufgeregt. Mehr nicht. Kein Hexenhokuspokus. Sie entscheiden, ob und wann. Es gibt nichts, das Sie sich erst noch aneignen müssten. Nochmal: Wir sind immer – und damit meine ich: *immer* – ausführende Organe. Egal, für welchen Club Sie spielen. Wir folgen *immer* gehorsam einer *Energie*. Wir sind nie die Quelle selbst. Wir sind also letztlich egal. Und doch so wichtig … Weil wir nur durch unseren freien Willen an dieser Situation etwas ändern können. Um letztlich wieder zusammenzufinden.

Das schulische Prinzip sucht und fordert hier unmittelbar wieder Lösungen und Komplexität. Vermutlich wünschen auch Sie sich jetzt ein konkreteres Ergebnis. Eine Lösung. Aber es gibt keine Blaupause für das Menschsein. Wir sind alle *unfassbar* großartig. Einzigartig. Liebenswert in unserer Unvollkommenheit. Ein einzigartiger Blickwinkel des Universums. Lachen Sie nicht. Ich meine das vollkommen ernst. Jede und jeder von uns. JEDE/R! Nur so kommen wir gemeinsam voran. Führungsqualitäten können wir alle haben, genauso wie die Fähigkeit mitzugehen, wenn ein anderer den Impuls für die Führung in einer Situation setzt. Im Zuhören findet sich, wessen Impulse dem *Ganzen* dienen und welche nur *individuelle* Bedürfnisse erfüllen.

Das Einzige, was ich Ihnen also für den ersten Schritt anbieten kann, ist: Schulen Sie Ihre Wahrnehmung. Nehmen Sie Ihren Körper an. Erlauben Sie, sich zu *spüren* und was Sie wahrnehmen. Erlauben Sie sich, auch mal in Stille zu sein, mit sich selbst zu sein und sich selbst zuzuhören – und *dann* erst zu handeln. Überprüfen Sie mal die Qualität Ihrer bisherigen Art zu agieren. Zack-Zack – schnell-schnell – oder präsent? Welche Rolle spielen Erwartungen für Sie – Ihre eigenen und die der anderen? Wofür stehen Sie wirklich ein? Wo sind Schablonen und Ideale Ihre Messlatte, und wo ist es Ihr eigener Standard, Ihr Wert: Ihr Selbstwert? Und: Setzen Sie die nur für Ihre eigenen Interessen um, oder haben Sie dabei einen weiten Horizont – auch über die Blutslinie hinaus? Ich spreche bei alldem nicht von selbstaufopferndem Altruismus. Ich spreche Ihren sechsten Sinn an. Stellen Sie sich nicht dumm. Sie spüren, welche Ihrer Handlungen aus der universellen Weisheit gespeist werden und welche aus der Enge der Ignoranz. Der Stagnation. Das können wir nicht *denken*. Das können wir nur *spüren*. Das eine ist weit, das andere ist eng. Das ist schon mal ein guter Anhaltspunkt in Ihrem Körpergefühl. Sie stehen dabei nicht bei null. Sie erinnern rückblickend garantiert Momente, in denen Sie spüren konnten, wenn in einer Situation etwas nicht gestimmt hat. Wenn etwas gefährlich, unehrlich oder manipulativ war. Wenn Sie zu hart mit sich oder anderen umgegangen sind, sich verkauft haben für ein bisschen Aufmerksamkeit. Auch wenn Ihnen die Erkenntnis erst später gekommen ist. Vertrauen Sie Ihrem Gespür. Der sechste Sinn ist nichts, was Sie ansteuern, kaufen oder erst noch erlernen müssten. Den haben Sie bereits. Ihre Körperpartikel sind multidimensional geeicht. Ich kenne so viele Menschen, die sagen: »Als Kind hatte ich ein Gefühl dafür, dass es mehr gibt …« Das ist keine Einbildung. Das ist der Beweis für dieses Gespür. Es liegt nur bei vielen brach, lange missachtet oder zu oft überschrieben, weil es keiner sehen oder hören wollte. Der Himmel, das Göttliche oder das Wir – wie Sie wollen –, das lässt uns wahrnehmen, dass wir im Team arbeiten. Die Kreation, das *Normal*, vielmehr der

Ich-Horizont machen uns blind dafür. Uns wird sogar das Gegenteil eingetrichtert. Und wir glauben es gerne, weil es immer mit einer Belohnung verbunden ist: Aufmerksamkeit, Erfolg, Anerkennung, und sei es durch Schläge. Sogar *das* wählen manche lieber als die Liebe! Erlauben Sie sich den Blick hinter die Kulissen ...

Den Körper zu stärken, ist dabei ebenfalls unterstützend. Nicht, um einem Fitness-Wettbewerb standzuhalten, sondern für Ihr eigenes Körperbewusstsein, Ihre innere Stabilität. Schließlich ist es ja der Körper, der so fein wahrnehmen kann, wenn wir ihn nicht permanent unter die Diktatur unseres Verstandes stellen. Ich empfehle Ihnen da Ihr *eigenes* Fitness-Studio. Spüren Sie mal, welche Bewegung in welchem Maß für Sie förderlich ist. Oder suchen Sie sich jemanden, der Sie anfänglich darin unterstützt oder begleitet, wenn Sie unsicher sind. Ich spreche hier nicht von Sportarten mit Wettbewerbscharakter. Die folgen ja wieder dem Belohnungsprinzip. Die Belohnung, wenn Sie so wollen, sind Sie selbst! Die Verbindung zu Ihnen. Das Durchbrechen sämtlicher Abhängigkeiten! Ich meine also Ihre Lust daran, sich zu bewegen. Zu gehen. Einfach nur zu gehen. Das kann schon unfassbar stärkend sein – *wenn* Sie dabei *mit sich* sind. Ihre Größe laufen. Nicht kleiner, nicht größer. Ihr Potenzial!

Ein bewusstes Im- und Mit-dem-Körper-Sein ermöglicht, einfach nur Ihre Feinsinnigkeit zu vertiefen. Spüren Sie mal in Ihre Bewegungen rein, in die Musik, die Sie hören, das Essen, das Sie essen: Wie fühlt sich das an, neben der Tatsache, dass sie gut klingt oder es gut schmeckt? Es gibt einen wunderschönen Spruch: »What's candy to your eyes can be poison for your body!« Übersetzt: Was Ihren Augen gefällt, kann Gift für Ihren Körper sein. Studieren Sie sich und Ihr Umfeld. Kurz: das Leben. Was sieht schön aus, tut Ihnen aber nicht gut? Was schmeckt lecker, tut Ihnen aber nicht gut? Wer redet schön daher, fühlt sich aber nach einem Lügner an? Wählen Sie selbst. Sie werden es fühlen. Es gibt Unterschiede. Auch bei den Dingen, die uns zunächst gleich erscheinen. Man kann eine Spülmaschine grob, unachtsam und genervt oder sanft, achtsam und präsent ausräumen. Egal, was zu welcher Qualität beigetragen hat: Sie haben es selbst im Vorfeld entschieden.

Wenn ich sage: »Einfach ist es zunächst nicht«, spreche ich aus Erfahrung. Denn das Gewohnheitstier mit seinen Tentakeln greift beständig nach uns. Alles, was uns bisher Identifikation geschenkt hat, kämpft aufs Äußerste, nicht arbeitslos zu werden. Genauso wie die Bilder und Ideale, die wir zugelassen haben. Unsere Vorlagen für das »richtige« Menschsein. Ich habe auch schon mit zunehmend bewusster Wahrnehmung heulend in meinem Trailer am Set gesessen und wollte nicht mehr raus. Weil es weh tut zu sehen, wie wir alle blind sind für die Wahrheit *hinter* der Realität. Zu spüren, wie sämtliche Umgangsformen verrohen. Der Umgang miteinander, mit uns selbst, mit unseren Körpern. Ein Zerfleischen ums Überleben mit stets höflichem Gebaren. Bitte planen Sie jetzt nicht, dass Sie sich besser gleich zu Hause verbarrikadieren, bei alldem, was dauernd auf uns einprasselt! Nein: Wir müssen raus! Egal in welchem Alter. Ob im Beruf oder nicht. Reflektieren und lernen. Das ist unser einziger Job. Sonst kommen wir nicht vom Fleck. Das Leben ist da, um gelebt zu werden. Unsere Körper sind Leihgaben, damit wir lernen können. Klar, können Sie auch weiterhin sagen: Leihwagen mit Vollkasko – also schrotten im Namen der Lust oder des Genusses. Sie bekommen ja wieder einen neuen. Aber was werden Sie dann bekommen? Nur wenn wir achtsam mittendrin sind, können wir lernen, dieses Spiel zu verstehen.

Letztlich erleben wir dabei eine Menge. Täglich. So ist es ja auch gedacht. Alles ist zum Lernen da. Die Dinge werden von der einen oder anderen Kraft gespeist. Durch andere und uns selbst. Das ist manchmal zum Lachen und manchmal zum Heulen. Aber nur dabei lernen wir, auch Angriffe als Energie zu verstehen und sie nicht einem *Menschen* zuzuordnen. Wir können lernen zu *entpersonifizieren*. Ja, ein Mensch hat zugelassen, ein Instrument für das eine oder andere zu sein. Freier Wille! Sie sind bestimmt auch nicht immer nur ein Engel! Aber Sie können entscheiden, was Sie damit machen. Lassen Sie zu, dass ein Angriff Sie manipuliert, erschreckt, vielleicht sogar zum Schweigen bringt? Tragen Sie zur Verschmutzung der Welt durch Ihre emotionale Reaktion bei – oder sind Sie wie die Grünpflanzen, die beständig etwas anderes anbieten? Bleiben Sie bei sich. Und lernen damit, alles bei Ihrem Gegenüber zu lassen. Und manches sogar zu verstehen als Reaktion auf Ihr Angebot, beständig, weitblickend und ehrlich zu sein. Wir *erleben*, aber wir *sind* nicht die Ereignisse. Wir sind nur Teil einer Erfahrbarkeit. Die Kunst ist, den Unterschied in der Qualität der Dinge erkennen zu können. Und danach entsprechend zu entscheiden. Das ist mit *Energie lesen* gemeint.

Und dabei sitzen wir in unseren Wohnungen vor unseren Fernsehern, gehen in unsere Vereinsheime und kaufen an Weihnachten Tannenbäume ... Wir sind bezaubernd!

Die gute Nachricht: Wir werden weiterleben, bis wir es kapieren. Womöglich werden wir dabei dieselben Dinge tun. Nur in einer ganz anderen Qualität. Und Krankheiten, Unfälle, alle Ereignisse werden eine andere Bedeutung bekommen. Wir werden lernen, sie im großen Zusammenhang zu verstehen. Etwas, das wir eigentlich seit Jahrtausenden bereits wissen. Ereignisse in unserem *Erleben* sind und waren immer da, um uns zu genau den entsprechenden Zeitpunkten in eine bestimmte Richtung anzuschubsen oder unsere Stabilität zu testen. Ob durch schmerzliche Stopps oder wohltuende Wertschätzung. Es ist einfach nur unsere Aufgabe, daraus zu lernen und daran zu wachsen – und nicht, uns gegenseitig für alles und jedes auf die Anklagebank zu zerren. Das klingt zu einfach …? Klar! Die Komplexität unseres bisherigen Seins hasst Simplizität. Sie ist der Tod der Komplexität. Es gelingt uns also nur, wenn wir die Energie hinter den Ereignissen, also die Clubstruktur verstehen wollen. Die Energiegeber. Die Auslöser der Ereignisse. Sind oder waren es Angriffe oder Wachstumsangebote? Wieder: Es ist eine Frage von Qualität, die Sie spüren können. Nur wahrhaft fühlen zu wollen, was gerade um uns herum geschieht – zu lesen, statt zu interpretieren – ist dabei der Kompass. Wir sind *ständig* gefragt, wach zu sein, ohne in Hab-Acht-Stellung zu gehen. Ehrlich und nicht protektiv. Offenherzig, dabei nicht bedingungslos hinnehmend. Urteilsfrei, aber absolut. Liebend, aber nicht gefällig … Ein Leben in der Gegenwart zu leben. Im Hier und Jetzt. Präsent und durchlässig.

So – und bevor Sie das jetzt vollkommen erschlägt, eine kleine, praktische Geschichte aus dem Alltag: Ich saß vor einigen Tagen mit einer namenhaften Kollegin bei einer Abendveranstaltung zusammen. Wir kennen uns schon eine Weile und schätzen uns sehr. Ich nenne sie mal *Sabine*. Sie fragt mich salopp: »Ey, Hecke, du lebst doch so gesund. Ich will mit'm Rauchen aufhören. Haste 'nen heißen Tipp?« Ich musste schmunzeln. Hielt einen Moment inne und fragte »Willst du eine ehrliche Antwort?« Sie überlegte einen Moment und dann, entschlossen: »Schieß los!« Ich wiederum: »Erinnerst du dich an den Moment, als du deine Tochter zum ersten Mal im Arm gehalten hast?« Sie etwas erstaunt über die scheinbar zusammenhanglose Frage: »Ja, klar!« Und ihre Augen leuchten. Ich weiter: »Wenn du es schaffst, dich selbst mit diesen Augen zu sehen, dich selbst in dieser Qualität zu halten und dich so zu behandeln wie deine Kleine, dann wirst du dir nie wieder eine Zigarette in den Mund stecken …«

Schweigen.

Sabine: »Ich weiß nicht, ob ich das kann!« Ich wiederum: »Wenn du für einen anderen Menschen so viel Liebe empfinden kannst, hast du sie ja. In dir. Die Liebe. Wieso die nicht für dich einnehmen?« Worauf mir die verwunderte Antwort entgegen kam: »… ich glaube, ich will das gar nicht … Ich feier zu gerne …« Und in diesem Moment der Ehrlichkeit hat sich das Blatt gewendet. Denn sie hat gespürt, was sie da gerade zu mir gesagt hatte. Eigentlich war Sabines Subtext: »Ich habe viel mehr Spaß daran, mich zu schrotten, einem coolen Bild zu entsprechen, als mich wertzuschätzen, mich zu lieben.« Sie war selbst über diese Ehrlichkeit erschrocken. Soweit ich weiß, lebt sie seit einigen Wochen rauchfrei. Ihre Entscheidung. Was das sagen will, ist: Sie sind nie Opfer einer Situation. Sie können alles – und ich meine: *alles* – entscheiden. Auch wenn das Leben auf Sie eindonnert. Den Umgang damit haben Sie selbst in der Hand. Die Antwort auf Sabines Frage ehrt in dem Fall nicht mich als *kluge* Ratgeberin. Es ehrt sie. Denn Sabine war bereit für eine ehrliche Antwort. Und ich habe mich bereitgehalten, ihr zu antworten, was sie hören musste. Nicht, was ich Kluges dazu zu sagen hatte, also *gute* Tipps zu geben. Ich habe mich einfach aus dem Weg genommen: und mir wurde gegeben.

Wir sind einander Weggefährten. Ob wir uns schon *gut* und lange kennen oder gerade zum ersten Mal miteinander sprechen.

Einem Leben in der Gegenwart steht vor allem unser gedankliches Schielen auf das Gestern oder Morgen im Weg. Es ist die Flucht vor dem Jetzt. Das ist, als wären wir bereit zu schwimmen, würden uns aber konsequent am Beckenrand festhalten. Wir wissen, wie es geht – das Leben. Wir wissen, was Verantwortung ist. Aber die wollen wir nicht. Wir wollen festhalten, weil wir – vielleicht wie bei Sabine – einfach noch zu viel Freude an etwas anderem haben. Seien es emotionale

Abhängigkeiten, Gewohnheiten, Rituale ... Wenn es beispielsweise um den morgendlichen Kaffee geht, sagen die
meisten »Ich könnte nicht ohne meinen Kaffee in den Tag.«
Meine leise Frage: »Aus Gewohnheit oder weil Ihr Körper das
wirklich *braucht*?« Sie werden es rausfinden, wenn Sie ihn einfach mal weglassen. Klar, er lässt uns funktionieren. Für den
Moment. Aber auf lange Strecke? Und mal ehrlich: Er über-
malt nur die Müdigkeit. Überschreibt die vielen Momente, in
denen Sie nicht auf sich gehört oder für sich gesorgt haben.
Die Frage beginnt also viel früher: Ist es wirklich Ihr Kaffee,
den Sie *brauchen*, damit Sie den Tag bewältigen können, Ihr
Marmeladen-Toast, das Feierabendbier – oder haben Sie im
Vorfeld einfach nicht für genügend Ruhephasen gesorgt, sodass Sie schon entkräftet in den Tag starten mussten ...? Oder
haben Sie so viel »ausgehalten«, dass Sie am Abend Ihr Bier
verdient haben ...? Wir sind Meister unserer Geister! Wir stellen uns nur manchmal ein bisschen blöd an. Das meine ich,
wenn ich von Identifikation spreche. Wir wollen diese Dinge,
die Spaß machen. Die uns Aufmerksamkeit geben. Die uns
»besonders« machen. Mal ehrlich: Das ist wie bei Unfällen
mit Bäumen. In über 90 % der Fälle, wenn ein Auto gegen einen Baum fährt, trifft das genau die Mitte der Motorhaube.
Warum? Weil wir, am Steuer sitzend, den Baum kommen sehen und sagen »Oh, Gott, ein Baum!« Damit fokussieren wir
den Baum, anstatt zu schauen »Oh, je ein Baum – wo ist Platz
zum Ausweichen?« Klar, man muss manches Trauma auch
erstmal zulassen und die Bereitschaft haben zu sagen: »Ja, ich
will sehen. Ich will fühlen. Ich will ... Da steckt ein *Pfeil*. Da ist
oder war ein Baum!« Das ist der erste Schritt. Dann kann die
Arbeit beginnen!

Und die Arbeit ist also: Identifikationen, Idealbilder und
Abhängigkeiten zu überwinden. Schmerzhaftes *und* Schönes.
Das nimmt Ihnen niemand. Es bleibt Ihr Erleben. Wir können
das Leben nicht festhalten. Es pulsiert. Wenn Sie das *Gestern*

festhalten oder nur das Morgen immerzu planen, wie soll dann das Jetzt zu Ihnen durchdringen? Es kommt mit jedem Atemzug etwas Neues. Und sei es einfach mal eine Pause … Das hören die wenigsten gerne. Wir sind vielfach identifiziert mit den schönen Erinnerungen oder den traumatischen Erlebnissen, genauso wie mit der Vorfreude oder dem vollkommenen Stress bei der Planung des *Morgen*. Beweis dafür: Wir reden gerne immer und immer wieder darüber. Über die schönen wie die schlimmen Dinge. Über Ereignisse in der Vergangenheit oder der Zukunft. Alles, was ein bisschen Abstand zum *Jetzt* gewährt. Oder eben das Wetter …

Ich zeichne im Unterricht gerne eine Skala an mein Whiteboard. Nehmen Sie sich mal ein Blatt Papier und zeichnen eine Linie von rechts nach links, mit einem Anfangs- und einem Endpunkt. Und darüber schlängeln Sie eine andere, eine zweite Linie in Auf- und Ab-Bewegungen mit demselben Anfangs- und Endpunkt. So ein Zickzack, wie beim Messen von Hirnströmen. Diese beiden Linien liegen also übereinander. Wenn beides Wege wären, um von A nach B zu kommen: Das kann ein Tag sein von morgens bis abends, ein Jahr oder ein ganzes Leben. Und beide Wegstrecken wären ein Angebot an Sie, gegangen zu werden – welchen würden Sie wählen? Mich erschöpft die Zickzack-Linie schon beim Hinschauen. Es ist der *deutlich* längere Weg. Sinnbildlich steht die Zickzack-Linie für die Zustände von himmelhoch jauchzend und zu Tode betrübt. Die Ausschläge nach oben sind die schönen Ereignisse, die nach unten die nicht so schönen Dinge. Schon denkt der eine oder die andere: Die gerade Strecke könnte man auch als Nulllinie betrachten und würde rufen: »Boah, das wäre aber langweilig.« Was aber, wenn das die Qualität Ihrer inneren Stabilität, Ihrer Sensibilität ist? Ihre wahre Größe: Ihre Stärke! Und die Zickzack-Linie wäre die Ihres individuellen Vergnügens, des Verzögerns, des Chaos' und damit Sich-nicht-für-die-Gemeinschaft-Anbietens? Die nicht so schönen Dinge, die Ausschläge nach unten, sind wir relativ schnell bereit abzulegen. Schmerz, Gewalt, Trauer – die will keiner. Das ist mit den schönen Dingen anders. Spaß, Freudentänze, die Welt der Kicks, des Vergessens, des Ablenkens, die *glorifizieren* wir. Die *guten* Emotionen.

Gerne möchte ich kurz skizzieren, wie ich den Unterschied zwischen Gefühlen und Emotionen begreifen konnte: Emotionen sind gebunden an Verletzungen oder Erwartungen. Sie haben ein Ziel. Sie suchen durch ihren Ausdruck etwas zu *erreichen*. Sie sind manipulativ. Ob auf uns selbst oder andere bezogen. Gefühle sind eher vergleichbar mit Informationen. Die wollen nichts. Sie sind ein Angebot zu verstehen: sich selbst und andere. Sie sind ein Sprachrohr des WIR. Emotionen sind schon verdammt verführerisch, denn sie stehen im Austausch mit etwas. Wir haben was davon. Warum sonst halten wir so wehmütig daran fest? Das gleiche gilt übrigens auch für die *nicht so guten Emotionen*. Wieder gilt: freier Wille ... Das Problem bei der Sache mit den Amplituden ist nur, dass die Ausschläge nach oben nicht ohne die Ausschläge nach unten auskommen. Da fragen wir nur nicht gerne, woher das Angebot kam. Von welcher Energie es gespeist wurde, was uns illuster ablenkt von der Sensibilität des gegenwärtigen Wahrnehmens. Aber eins bedingt das andere. Wir sind also nur gefragt zu schauen: Zu welchem Preis halten wir an den Amplituden nach oben fest, an dem, was dem individuellen Vergnügen oder Sicherheitsgefühl dient? Was nehmen wir dafür in Kauf, welchen Schmerz oder Tiefschlag – womöglich immer wieder?

Das offeriert, nochmal aus einer anderen Perspektive: Sie sind der Dreh- und Angelpunkt für alles. Alles kommt irgendwann auf Sie zurück. Was die anderen angeht: Sie können *nie* für jemand anderen entscheiden, nur für sich selbst. Und wieder die Frage: mal ehrlich ...? Wie oft versuchen wir andere zu überzeugen, zu manipulieren, anderen etwas scheinbar »Gutes« zu tun? Meist aus Selbstzweck, Selbstschutz oder entsprechend unserer Überzeugung, einem Ideal. Oder weil ein anderer seinen Freibrief für den Übergriff geliefert hat, indem er/sie sich selbst aus der Verantwortung gezogen hat. Jeder hat seinen Rhythmus. Den können wir von außen ohne die Zuarbeit des anderen gar nicht beeinflussen. Seien Sie einfach Sie selbst. Das ist das größte Geschenk an uns alle! Ihre Reflexion wird vielleicht *nie* gesehen, wahrgenommen oder erst in einem anderen Leben verstanden. Aber sorgen Sie im Hier & Jetzt für das Angebot. Wir sitzen eh gemeinsam an irgendeinem Tisch. Und ob sich da jemand selbst aufgeben möchte oder Sie als Inspiration begreift: Das liegt nicht bei Ihnen. Darauf haben Sie keinen Einfluss. Sie müssen auch nicht verzweifelt versuchen, irgendwem zu helfen, wenn derjenige das nicht hören will.

Alles freier Wille …

Ja: Dabei werden wir angegriffen. Fakt. Und sei es nur, weil wir sind. Die pure Reflexion dieser Lebensweisheit ist für andere schon Provokation. Wir attackieren uns gegenseitig. Aus Neid. Weil wir das wollen, was die anderen haben. Nur sind wir nicht bereit, dafür etwas zu tun, geschweige denn, unsere »Kinderstube« selbst aufzuräumen. Ich weiß, wie herausfordernd es sein kann, mit manchen Situationen umzugehen, weil sie sogar regelrecht darauf ausgelegt sind, uns zu zerschmettern. Was da zerschmettert werden soll? Unsere Verbindung zu unserer Seele. Das Vertrauen. In uns selbst und die göttliche Ordnung hinter den Dingen. Unsere Stabilität soll geschwächt werden. Damit wir wieder aufgeben. Diese »Ehe« mit uns selbst aufgeben, damit wir ja keine Andockstelle für die Wahrheit mehr sind und damit keine Reflexion mehr bieten für andere. Diese Verbindung mit uns selbst ist Intimität. Die bieten wir damit auch anderen an. Das Gegenteil von Trennung. Schweigen. Rückzug. Das ist das einzige Ziel von Attacken. Wir drehen uns dabei im Kreis. Vergessen Sie das nicht. Egal, wo Sie auf dem Globus sind: Sie sind nur an einem Punkt eines Planeten, der sich um die eigene Achse dreht. Faktisch sitzen wir in einem Karussell. Und weil wir das nicht mehr wahrhaben wollen, keiner mehr darüber spricht – sind wir mit Selbstzerfleischen beschäftigt. Lieben Gewinner und Verlierer. Deshalb lieben wir Fußball!

Ich verstehe alle Abzweige, Betäubungsversuche oder Entschuldigungen in diesem Zusammenhang nur zu gut. Ich habe ja auch eine ganze lange Strecke damit jongliert und bin noch nicht frei von allem. Wer angegriffen wird, sucht Verteidigung oder Schutz. Voll zuzulassen, was man da so alles wahrnehmen kann, kann richtig wehtun. Aber das ist nur so lange furchteinflößend, so lange wir nicht mit der Wahrheit gehen zu sehen: Es sind Attacken. Mehr nicht. Überlebensversuche einer Energie, die uns gegeneinander ausspielt – wenn wir das zulassen. Einmal *Autsch* oder ein Leben lang im Schmerz? Sie entscheiden. Es sind Angebote, uns dafür zu stabilisieren oder davor zu verbarrikadieren. Lerne ich ja selbst. Jeden Tag. Allein, mich an einem Filmset zu bewegen, ist manchmal eine Herausforderung. Da ist alles darauf ausgerichtet, dass ich an die Herrlichkeit meiner *Individualität* glaube. Die Entertainmentbranche lebt von den Amplituden. Ihre Nahrung ist das emotionale Auf und Ab. Dazu gehören auch Nebenschauplätze, wie der Starkult, die Wichtigkeit der einen im Verhältnis zu den anderen. Die Rangordnung am Set: Regie, Kamera und Schauspiel = wichtig; Setrunner, Praktikanten und Komparsen = unwichtig. Das ist doch überall so. Überall gibt es Ideale und Regeln, die Werte*pyramiden* begründen. Und darum versucht ein jeder, an die Spitze zu gelangen, um die Vorzüge dieser Position zu genießen. Oder man läuft davor weg. Es ist jedenfalls keine gleichberechtigte Ordnung, die einen Sinn ergibt. Überall gibt es dieses Spiel. Nur so lange, wie wir *willens* sind, diese Spielregeln oder jemanden anderen als Führung anzuerkennen – oder zu benutzen, um uns verstecken zu können, – werden wir das Spiel *immer* weiter am Laufen halten. Teilnehmer einer Rangordnung aus Besser & Schlechter gibt es nur, *weil* wir an irgendeiner Stelle unsere eigene Kraft, unsere Autorität, unseren Selbstwert abgegeben haben. An wen oder was auch immer. Wenn wir bei uns bleiben, mal *nicht* mitspielen, bieten wir schon etwas Neues an. Damit fallen wir womöglich auf. Da frage ich Sie leise …:

JA UND …?

Zu sehr aufzufallen, *das* scheuen wir! Nicht, wenn es ums Ego geht, natürlich. Das liebt Aufmerksamkeit. Aber wenn es um Wahrheit geht. Wenn es darum geht, bestehende Bilder, Rituale oder Umgangsformen infrage zu stellen. Sie womöglich sogar zu dekonstruieren. Ob das innerhalb der Familie, des Jobs, der Beziehung, des Freundeskreises oder der Sportmannschaft ist. Diese Kraft *sucht* nicht Aufmerksamkeit, sie *bietet* Liebe. Und womöglich große Veränderungen. Und das ist unbequem! Wir sind keine Eremiten. Darum will auch keiner *alleine* dastehen. Dieses Gefühl entsteht, wenn die Verbindung mit uns selbst und dem großen Ganzen nicht wertgeschätzt wird, wir nicht die Vereinigung von Geist und Seele anstreben, sondern bekämpfen. Deshalb sehen wir lieber das Menschliche vor dem Energetischen. Dreidimensionalität vor Multidimensionalität. Aber wenn wir uns wieder nur um das *eigene Glück* sorgen, die gegenwärtige Gesellschaft von irgendwem vorziehen, nur um nicht alleine dazustehen – Was ist dann mit dem Uhrwerk – das habe ich zuvor symbolisch skizziert –, das nur im Gemeinsamen funktioniert? Niemand ist unwichtig. Das Ganze funktioniert nur durch jede und jeden Einzelnen.

Doch so viele gibt es nicht, die sich präsent und ehrlich durch die Welt bewegen. Deshalb fühlen wir uns auch *alleine*, wenn wir uns dafür entscheiden. Das gefühlte WIR besteht derzeit im praktischen Zusammenspiel, nicht dem unvermeidlichen, energetischen Zusammenhang. Das klingt für Sie jetzt vielleicht wie bei STAR WARS. Der Krieg der *Guten* gegen die *Bösen*. Aber ehrlich: konsequenterweise ist es so. Es ist so absolut. Es gibt nur zwei Clubs. Den Himmelchor oder die *Hells Angels*. Schwarz oder weiß. Die Farben beziehen sich selbstverständlich nicht auf Hautfarben, versteht sich! Es gibt nicht Nichts.

Was, wenn es tatsächlich unsere einzige Aufgabe ist, das Bewusstsein über diese Zusammenhänge – die Allverbundenheit – wieder zu akzeptieren und diese Sensibilität zu kultivieren? Zurück in die Kraft, die wir sind. Jede und jeder Einzelne, als Teil des Ganzen. Wir alle – *ein* Uhrwerk!

Zu dieser Akzeptanzübung, der Rückkehr zu dem EINS-Sein, gehört auch das Training des eigenen freien Willens, den freien Willens anderer zu respektieren. Ob Sie den gutheißen oder nicht. Sie entscheiden, ob Sie reagieren und »in die Luft gehen« oder ob Sie bei sich bleiben und aus dem Beobachterstatus heraus agieren. Denn es passiert, dass sich jemand, den wir vertraut wähnen, den wir bisher als liebevoll eingeordnet haben, sich schockartig zu einem Monster entwickeln kann. Was uns dann tatsächlich attackiert, ist eben nicht die Person, sondern eine *Energie*, die durch die- oder denjenigen aktiv wird. Etwas, zu dem der- oder diejenige in dem Moment JA gesagt hat. Türöffner sind all die unerfüllten Erwartungen, ungeheilten Verletzungen, willenlosen Entscheidungsaussetzer: letztlich alles, was nicht präsent und bewusst geschehen ist. Es sind Reaktionen. Auf irgendetwas. Erinnern Sie sich, als ich mit Ihnen geteilt habe, dass ich als Teenie auf meine Mutter losgegangen bin? Ich liebe meine Mutter. Das war nie mein wahres ICH. Aber meine Anspannung, meine Verletzung, meine Anklage der Umstände damals habe ich im Fokus gehabt – und nicht die Liebe. Nur deshalb war Platz für die Ausbrüche, Angriffe und Suizidideen. Ich habe nach einer Ausflucht gerufen: Und mir wurde gegeben. Die ganze Palette des Aufgebens. Das zu verstehen, hilft zu erkennen: Es hat nie etwas mit *uns* zu tun. Wir alle sind Instrumente. Ausgestattet mit einem freien Willen. Einem Geist, der sich seiner Partnerin – der Seele – annähern will oder nicht. Und bei diesem Manöver, dem JA oder NEIN zu dieser Verbindung, ist niemand je *abgeschrieben*, nur weil er oder sie mal eine Unverschämtheit oder Gewalttat zugelassen hat. So lange die Bereitschaft da ist, sich dem WIR wieder zuzuwenden. Konsequent weiter gesprochen ist es so, dass Suizid nur die radikalste Weise ist, sich aus der Verantwortung zu stehlen. Es ist sogar mehr noch: Im nächsten Kreislauf stecken Sie nämlich noch viel tiefer in den emotionalen Verstrickungen drin und haben es noch schwerer, wieder auf die Hufe zu kommen. Es ist eine Illusion, dass wir aus diesem *Miteinander-verwoben-Sein* fliehen könnten. Es ist eine Auszeit, die Sie irgendwann schmerzlich bezahlen müssen. »Rauchen ist Selbstmord auf Raten«, sagt der Volksmund. Es ist genauso wie mit allen Betäubungsmitteln. Alles, was das bewusste Wahrnehmen hindert oder trübt, ist letztlich ein Akt der Feigheit, Bequemlichkeit oder Arroganz. Wie Suizid. Nur nicht so radikal und deshalb geduldet. Mancherorts sogar gefeiert! Vollkommen unemotional und unromantisch. Es ist schlichtweg verantwortungslos. Das eine wie das andere.

Wir sind aber nicht hier, um gemocht zu werden. Aber das denken wir immer noch, weil wir uns in Abhängigkeiten verwickelt haben. Menschlich, emotional oder wirtschaftlich. Wir sind hier, um irgendwann nicht mehr hier sein zu müssen.

Was glauben Sie, welche Auswirkungen das, was Sie hier alles zu lesen bekommen, auf mein Leben und damit auf mein Umfeld haben kann? Wenn meine Überzeugung und mein Handeln jemandem missfallen, bin ich für denjenigen fortan eine Zielscheibe. Es lauern all die Schablonen und Urteile dieses Gegenübers und womöglich auch noch die, in dich ich selbst noch verstrickt bin. Und die erneut versuchen werden, mich zu zerschmettern. Deren Selbsterhaltungsdrang nach Vernichtung schreit, wenn ich ihnen zu nahekomme. Ich bin mir dessen gewahr: Das ist eben das Spiel. Ich muss auch damit leben, dass sich Menschen, die ich liebe und die wissen, dass sie von mir geliebt sind, von mir abwenden, wenn denen das alles zu viel ist. »Christina, da gehe ich nicht mehr mit«, habe ich schon gehört. Und das kann wieder passieren. Meine langjährige Weggefährtin Gundi und ich haben vor Kurzem über den Tod gesprochen. Ein Bekannter von ihr war plötzlich verstorben. Ich sprach sanft von seiner Lebensuhr, davon, dass er bestimmt bald wieder irgendwo im Einsatz ist. Ich hörte sie die Worte sagen: »Ich wünschte, ich könnte das so sehen wie du ...«, und sie fängt an zu weinen. Für sie gibt es nur den Verlust. Anfang und Ende. Für sie kommt nach dem Tod das große schwarze Nichts. Vielleicht kommen wir in dieser Lebensansicht niemals zusammen. Aber um einen Konsens geht es gar nicht. Grundsätzlich geht es nie darum. Jeder hat seine Sicht, und die zu *respektieren*, gegenseitig, das ist alles, was es braucht. Andere Blickwinkel als Befruchtung zu umarmen und nicht als Feindesland. Lieben, im Sinne von respektieren, tun wir uns also allemal. Auch wenn sich, nachdem sie dieses Buch gelesen hat, unsere Wege nicht mehr finden sollten, dann wäre das so. Meinem Gefühl nach wird es nicht so kommen, aber man weiß es nie. Denn auch wenn die, die mich schon lange kennen – also auch die Zeiten miterlebt haben, als ich noch um mich geschlagen, Emotionen, Depressionen und Suizidbestrebungen geäußert habe –, wissen, wie ich heute aufgestellt bin: Es bleibt bei denen, ob sie das »gut« finden oder nicht. Mit dem Risiko muss ich leben. Und das will ich auch. Denn ich habe mich für die Liebe, für das WIR entschieden. Das ist wie mit der Parabel vom Krieger, der gefragt ist, das Schwert gegen seine eigene Sippe zu erheben, die ein ganzes Volk unterdrückt. Die Frage bleibt: gegenwärtige Harmonie mit wenigen oder das Potenzial der Wahrheit für Tausende?

Und damit ist nicht nur mein unmittelbares Umfeld Teil meines Lebens. Es ist ein viel größerer Zusammenhang, in dem eine Qualität zählt. Und die ist für mich zunächst: die Ehrlichkeit. Das auszusprechen, was ich erfahren konnte. Alleine die Zuschauer, die meine Filme sehen, sind für mich täglich Ansporn, klar zu bleiben und eine aufrichtige Reflexion zu liefern. Mein Schweigen, der Versuch, diese innere Stimme zum Schweigen zu bringen, war – wie Sie wissen – nicht von Erfolg gekrönt! Es hätte mich beinahe zerschmettert …

Mir war der Preis zu hoch! Suizid oder Knechtschaft. Beides keine Optionen mehr für mich. Und jetzt, da ich nicht mehr schweige, warten womöglich noch ganz andere Risiken. Aber: Ich stelle mich ihnen. Ich bin auch hier bereit zu *sein*, zu *lernen* und zu *wachsen*. Die Zeit der *Zurückhaltung* ist vorbei. Ich habe lange genug geschwiegen. Auch über die Tatsache, dass ich mit einer Frau verheiratet bin. Aus Angst vor den Schablonen wie »Dann wirst du als Schauspielerin nicht mehr besetzt! Du bist dann keine neutrale Projektionsfläche mehr. Du wirst Follower verlieren.« Und wieder frage ich: Mal ehrlich …: JA UND …? Das Armutszeugnis würde nicht ich einstecken. Das ginge an andere. Das steht fest.

Für diejenigen, die auf diese Verantwortung im Leben so überhaupt keine Lust haben, gibt es ja noch Kuchenteig zum Löffeln, vielfach aromatisierten Kaffee und Energydrinks. Dem Wahnsinn sind keine Grenzen gesetzt. Hauptsache, der

Resonanzkörper KÖRPER wird stillgelegt, dauerstimuliert oder verlangsamt in seiner Empfangsfähigkeit, um der Sensibilität keinen Platz einzuräumen. Früher zum Beispiel gab es Karamelle im Krämerladen. Eine, vielleicht zwei Sorten. Heute gibt es eben alles, was man sich nur vorstellen kann. Um nur ein Beispiel zu zeichnen. Wir haben unsere Verhaltensweisen nicht geändert. Wir sind nur immer extremer und radikaler geworden. Die Folge davon, den Intellekt vor den Karren gespannt zu haben, statt das Leben *aus* dem Leben – dem Lebendigen: dem Körper heraus anzunehmen und zu leben. Offenbar ist immer mehr universelle Liebe im Angebot, sonst wäre die Gegenkraft nicht so erfinderisch. Ob rechtsradikales Gedankengut, Ganzkörpertattoos, das romantische Hollywood oder Extremsport: Suchen Sie sich was aus. Die Palette ist groß und vielfältig. Aber die Qualität dahinter ist dieselbe.

»Wir brauchen mehr Persönlichkeiten in unserem Land.« Das hat Martin Eich, zwischenzeitlich verstorbener freier Journalist, zu mir gesagt, als er für die Sonntagsausgabe der Frankfurter Allgemeinen Zeitung ein großes Porträt über mich gemacht hat. Gerade auf dem politischen Terrain und unter den Führungskräften unseres Landes wünsche er sich mehr Profil. Ich weiß, was er meinte. Es braucht mehr Menschen, die bereit sind, von der Komfortcouch aufzustehen. Und zu leben, was sie sagen: *to walk the talk*! Sich in den Wind zu stellen. Wenn aktuell beispielsweise der Klimawandel schreit, sind wir bereit, Veränderungen vorzunehmen. Dann denken wir darüber nach, wie man Autos bauen kann, die weniger Sprit brauchen, wie Kuhmist effizienter genutzt oder das Bienensterben verhindert werden kann. Wir sind bereit zu handeln. Nur: bis zu welchem Punkt? Wenn die Einsicht dazu führen müsste, dass Sie kein Auto mehr fahren könnten, wären Sie dann noch dabei? Oder was Existenzielleres: Wären

Sie bereit anzusprechen, wenn in Ihrer Firma ein achtloser oder korrupter Umgang herrscht – oder ist der Kontostand am Ende des Monats verlockender und Grund zu schweigen? Wir sind bereit zu gehen, aber nur so lange, wie es uns nicht zu sehr einschränkt, so lange es uns die Komfortzone unserer eigenen Bequemlichkeit erhält. Deshalb sind Existenzangst, Verlust der eigenen Reputation oder Gefährdung der eigenen Familienmitglieder geeignete Mittel, uns im Zaum zu halten. Wir sind bereit, unsere Lebensenergie an das Schweigen, Mitspielen oder Anpassen abzugeben – den Preis zu bezahlen –, damit wir vermeintlich vor etwaigen Folgen geschützt sind ...

Ein Gedankenexperiment: Wenn es die Möglichkeit einer Katastrophe gibt, also dem »negativen« Ausgang einer Situation – ziehen Sie in Erwägung, dass auch das Gegenteil möglich ist? Dass es auch ein Potenzial für Wachstum geben kann? Wer weiß, was wirklich passiert, wenn Sie mal Ihre Kraft einnehmen. Ihre Stimme erheben. Seien Sie nicht überrascht, wenn Folgen auf Sie zukommen, mit denen Sie nie gerechnet hätten. Der Himmel ist sehr reich an Angeboten! Vielleicht werden Sie erstmal gefeuert. Aber weil Sie etwas angesprochen haben, werden Dinge in Gang gebracht. Und vielleicht wartet dann schon ein ganz anderer Job auf Sie? Ein Arbeitsplatz, an dem man Ihre Qualität zu schätzen weiß ... Das bekannte Gefängnis oder die unbekannte Freiheit? Nur im Loslassen lernen wir Vertrauen ...

Manchmal inspiriert die Lässigkeit derer, die schon im Wind gestanden haben. »Die einen kennen mich, die anderen können mich!«, so Konrad Adenauer. Ich würde nur liebevoll ergänzen: »... können mich *kennenlernen*.« Und das meine ich nicht als Provokation, sondern als Angebot.

Ich kann sagen, dass diese unabhängige, *esoterische* Lebensweise mich mit jedem Tag mehr und mehr stärkt und wachsen lässt. Ich liebe es, rauszugehen. Meine Arbeit zu machen, Menschen zu begegnen, zu reisen. Ins Leben zu gehen! Energie lesen und leben zu lernen. Das Leben als Ort, zu wachsen und Hausaufgaben abzuarbeiten. Eines Tages haben wir vielleicht keine mehr abzuarbeiten. Dann können wir von Aufräumern unseres eigenen Chaos' zu Unterstützern der anderen werden. Neues entdecken – uns selbst noch weiter vertiefen. Wir werden das so lange machen, bis wir alle wieder im WIR angekommen sind.

Ich habe mir diesen Schritt erlaubt. Habe mich auf die allverbindende Wahrheit wieder eingelassen. Es ist ja nur der Anfang von etwas Großem. Lernbereit und bereit, Haltung zu beziehen. Bereit, im Sturm zu stehen. Ich stehe nicht mehr Kopf. Ich bin. Lieber ehrlich, als mich einem System zu verschreiben, dem mich anzupassen mich innerlich zerreißt. Sollen die Label doch kommen: Homo, Sekte, bekloppt, abgedreht, realitätsfern.

JA UND ...?

Ich werde weiter lieben und auf mein Inneres hören und das WIR im Fokus behalten. In meiner vollkommenen Imperfektion!

Und darin freue ich mich. Jeden Tag. Auf Sie. Auf mich. Auf das Lernen. Auf alles und jeden, was und wer meinen Weg noch kreuzen wird. Alles, was ich dabei tun kann, ist einfach nur, zuzuhören und stets offen, präsent und bereit zu bleiben, mutig auch nach den entsprechenden Impulsen zu handeln, die mir gegeben werden. Das Gleiche gilt für Sie.

In dieser Qualität ist dieses Buch entstanden. So ist sogar jüngst ein Album entstanden. Meine Frau hatte eines Tages ein Lied komponiert. Und ich sollte dazu Klavier spielen. »Kann ich nicht«, war meine spontane Reaktion. »Doch«, sagt sie nur und lässt mich mit einer Audioaufnahme am Klavier zurück. Sie hat eine wundervolle Stimme. Als ich versucht habe, in die Tasten zu bringen, was sie gesungen hat – vom Kopf –, war ich heillos aufgeschmissen. Ich habe früher Nɪᴇ frei gespielt. Nach Noten: ja. Ich habe also Kenntnisse über den Quintenzirkel bemüht, leicht behäbig irgendwelche Tastenkombinationen ausprobiert. Nichts hat funktioniert. Mein Körper hat beständig gesagt: entweder ich führe, oder hier läuft gar nichts. Mein Verstand hatte sich demütig zu fügen. Qualität zuerst. Nicht Wissen. Gut: Irgendwann habe ich meine Finger auf die Tasten gelegt, die Augen geschlossen und vertraut ... Wie damals bei meinem Unfall. Ich habe losgelassen – und: losgespielt. So spiele ich seitdem. Es fließt einfach aus den Fingern. Ohne hartes Proben oder Nachdenken. Da gibt es nämlich etwas, das können wir nicht *erlernen*. Das wird uns gegeben. Sicherlich erkennen Sie hier das Fundament, das in den Klavierstunden meiner Kindertage gelegt wurde. Das hat bestimmt nicht geschadet! Aber Musik zu *machen*, begleitend und komponierend – das hatte ich *nie* geplant! Aus der Synergie zwischen meiner Frau und mir ist so tatsächlich eine ganze Reihe von Songs entstanden. Ein komplettes Album! Ein Resultat unseres gemeinsamen Weges voran. Nicht für uns – ein Teil des Wɪʀ. Ob klangschön oder nichts für Ihre Ohren: Das entscheiden Sie und andere. Ob ich diese Urteile annehme, mich gar wieder zurückziehe oder sie bei den Adressaten lasse: Das ist wieder meine Wahl ...

Mich überrascht nichts mehr.

So ging es mir auch beim Schreiben: Hätte ich versucht aus diesem Buch eine Profilierungsnummer zu machen, wäre ich gänzlich gegen die Wand gefahren. Und es war verlockend, das Ganze als solche so anzugehen. Die Verlockung: mich eloquent, intellektuell, sprachlich auszutoben. Mich darzustellen. Futter für den Iᴄʜ-Modus. Die ersten Seiten drohten auch dahin abzudriften. Grund: Ich wollte mich doch irgendwie schützen. Mich nicht zu sehr zeigen. Mich hinter meiner sprachlichen Eloquenz verstecken. Aber ein leises Anklopfen von Lektoratsseite hat mich wachgerüttelt: »Wenn man Sie persönlich trifft, dann ist alles so nahbar, so ehrlich und berührend. Das bisher Geschriebene hat eine Distanz.« Das hat gesessen. Und *gespürt* hatte ich das schon während des Schreibens. Also landet alles Geschriebene in der Tonne. Und ich habe ein halbes Jahr nicht geschrieben. Ich habe die Zeit genutzt, um in diese Aufgabe hineinzuwachsen und hinzufühlen: Was es wirklich braucht. Mich wirklich zu zeigen. Ohne Restriktionen. Im Sinne des WIR. Nicht des ICH. Und von da aus zu erzählen. Mehr nicht. Und an einem stillen Nachmittag habe ich mich darauf eingelassen und angefangen zu schreiben. Pur und ungeschönt.

Spätestens seit dieser Erfahrung erlaube ich mir, mich zurückzulehnen und zuzulassen, was da eben kommen mag. Wie bei meinem Klavierspiel. So arbeite ich auch vor der Kamera. Das Handwerk habe ich gelernt. Die Umsetzung übernimmt mein Körper. Ich bin *in service*. Mein Beruf als Schauspielerin, die Truth-in-Acting-Methode, Coaching, Musik machen, Schreiben …: Nichts von alledem habe ich je geplant oder mir vorgenommen. Ärztin wollte ich werden. Ich habe verstanden: *Uns wird gegeben.*

Es geht also nur um eins: um die Qualität, in der wir uns bewegen, in der wir *sind* – und damit um die Qualität, die unser Handeln, unser Denken – und damit die Produkte prägt, für die wir stehen. Die andere erreicht. Energie zuerst. Dabei gibt es kein Besser oder Schlechter. Es gibt nur Wahrheit oder Illusion.

Ich bin mit meinem Ausdruck, meinem Blickwinkel *ein* Angebot. Ob und was das für Sie bedeutet, entscheiden Sie.

With love. Always.